AF727963

INVENTAIRE
Y2 4304

LE GARÇON SANS SOUCI,

PAR

PIGAULT-LEBRUN.

ÉDITION ILLUSTRÉE DE 19 VIGNETTES PAR BERTALL.

PRIX : 70 CENTIMES.

PARIS,

PUBLIÉ PAR GUSTAVE BARBA, LIBRAIRE-EDITEUR,

8, RUE CASSETTE.

Toute traduction ou contrefaçon est interdite en France et à l'étranger. (Propriété de l'Éditeur.)

Y2

LE
GARCON SANS SOUCI

PAR

PIGAULT-LEBRUN.

On ne connaît pas toujours son père; c'est un malheur. On est sûr d'en avoir un; cela console. Il est des familles où les femmes ne se marient jamais; cette négligence n'exclut pas le respect des mœurs publiques. Mademoiselle Rosalie était une petite brune piquante, et mademoiselle sa mère, connue sous le nom de madame Dupré, lui avait donné une éducation aussi soignée qu'elle peut l'être quand on n'est pas riche et que les maîtres sont chers. Rosalie, à quinze ans, savait bien lire, mal écrire, raccommodait fort bien un bas, et ne manquait jamais, le dimanche, d'aller danser à la guinguette, où mademoiselle sa mère ne manquait pas de l'accompagner, par respect pour les mœurs publiques.

Un garçon orfévre, âgé de dix-huit ans, bien tourné, et porteur d'une figure heureuse, aimait beaucoup la danse et les jolies filles. Mademoiselle sa mère ne le contraignait en rien, parce que le respect des mœurs publiques ne saurait s'étendre jusqu'à suivre un garçon partout. Latour portait régulièrement, le dimanche, au Grand-Salon, le quart du produit de sa semaine, et on fait là une figure brillante avec un écu de cent sous. Il laissait le surplus à mademoiselle sa mère, et elle se chargeait, avec cela, de le nourrir, de le désaltérer, de le chauffer, de l'éclairer, de l'habiller, de le blanchir; et, le dimanche, M. Latour avait une fort jolie tournure.

La petite Rosalie dans son tonneau payé par Latour.

Mademoiselle Rosalie lavait, le samedi soir, la robe unique qu'elle eût, et elle s'en parait le dimanche matin. Elle ne portait pas de fraise, parce qu'elle n'en avait pas; son grand fichu blanc, à force d'être frotté, s'était troué du côté gauche, et Rosalie n'en était que plus parée. Elle avait l'œil animé, le nez en l'air, la bouche rosée, le pied mignon, la jambe fine, et de longues tresses de cheveux couronnaient sa tête : ce diadème-là ne coûte pas cher, et quelquefois il en vaut bien un autre.

Ces charmes naissants, qui ne devaient rien à l'art, frappèrent vivement Latour, et, en garçon qui sait vivre, il tourna à la mère une espèce de compliment afin d'approcher la fille. Cette méthode-là est en usage partout, depuis le palais jusqu'à la chaumière, ce qui prouve incontestablement qu'elle est la meilleure.

Madame Dupré avait déjà jeté les yeux sur un buffet très-passablement garni. Un rognon de veau un peu brûlé et une salade qui na-

1

geait dans le vinaigre fixaient particulièrement son attention. Latour était fort bien élevé, j'ai déjà eu l'honneur de vous le dire, ou j'ai celui de vous l'apprendre. Il siffle; un garçon se présente, et le rognon de veau et la salade passent du buffet sur une table qui n'avait que trois pieds, parce qu'un fort de la halle avait brisé le quatrième en voulant caresser du genou celui d'une demoiselle estimable qui ne lui avait encore rien accordé.

Un certain je ne sais quoi indiquait à Latour le parti qu'on peut tirer d'une table qui n'a que trois pieds, et, plus heureux que son prédécesseur, il commença, par-dessous, une conversation fort intéressante avec Rosalie, pendant que, par-dessus, il faisait les honneurs du goûter.

Madame Dupré fut enchantée de ses procédés, et, pendant qu'il dansait avec sa fille, elle voulut bien garder une bouteille de vin de Champigny, qui se trouva vide à la fin de la contredanse.

Un jeune homme et une jolie fille ne dansent pas ensemble sans se parler. Derrière le Grand-Salon est un petit jardin; au fond du petit jardin est une petite porte qui ouvre sur la plaine, et il y avait là un champ de blé...

A force de soigner la bouteille, madame Dupré avait fini par n'y plus voir trop clair; mais une fille de quinze ans est toujours timorée, et une robe se chiffonne en *dansant*. Rosalie marqua de l'inquiétude; Latour passa le bras rondelet sous le sien, et, tout en parlant de la valse, du présent et de l'avenir, nos jeunes gens traversèrent Paris et se trouvèrent au haut du faubourg Saint-Marceau. Il était tard, on était fatigué, et, avant que de s'occuper du lendemain, on jugea à propos de se reposer. Tout est si cher à Paris! et puis, pourquoi deux chambres, quand une peut suffire?

Madame Dupré avait cédé aux douceurs d'un sommeil digestif. A onze heures, le garçon qui était accouru au coup de sifflet de Latour l'éveilla et lui présenta la carte. Madame Dupré savait qu'une mère qui va au bal avec une jolie fille de quinze ans n'a pas besoin d'argent. Elle n'avait pas le sou, et, au Grand-Salon, il faut payer d'une manière ou d'une autre. Le garçon la débarrassa de son tablier de taffetas noir et de son fichu, et madame Dupré disait et répétait, en gagnant son domicile et en chancelant un peu, qu'il fallait respecter bien peu les mœurs publiques pour renvoyer une femme dans un pareil état. On m'a assuré que personne ne s'en est aperçu.

Le grand air avait rafraîchi la tête de madame Dupré. Elle retrouvait des idées, et son premier soin, en rentrant chez elle, fut de chercher sa fille, qu'elle ne trouva point, par la raison infiniment simple qu'elle était ailleurs.

De son côté, madame Latour attendait M. son fils, qui ne pensait pas à rentrer. Madame Dupré passa le reste de la nuit à ronfler; madame Latour, à pleurer. Au point du jour, elle réfléchit, très-judicieusement, que les larmes ne remédient à rien, et elle cessa d'en verser

Rosalie venait de passer à un état tout nouveau pour elle. Les charmes du mariage lui paraissaient inexprimables, et elle ne croyait pas qu'on pût contester la validité du sien, puisqu'elle s'était mariée à la manière de mademoiselle sa mère.

Latour était enchanté de la petite, et on prévoit aisément que son premier soin fut d'assurer son bonheur. Il avait son écu dans sa poche, une montre d'argent dans son gousset, et avec cela on va loin.

Vous savez que Rosalie entendait fort bien l'art de raccommoder un bas. Latour achète un tonneau, et voilà la boutique. Les chalands y abonderont, parce que la fillette est jolie. Une grande chambre n'est pas nécessaire; on se retirera dans un petit cabinet, et le gargotier du coin dispensera des embarras de la cuisine.

Latour ne retournera pas chez son orfèvre, où sa mère ne manquerait pas de le trouver. Bon ouvrier, il cherche et se procure sans peine un autre atelier dans un quartier éloigné.

Sans doute il est affreux d'abandonner ainsi deux mères au déclin de leurs ans. Mais l'amour permet-il de raisonner, et puis n'est-il pas probable que les demoiselles douairières ont eu envers leurs mamans le tort dont nos jeunes gens sont coupables à leur égard? Je ne me permettrai pas de prononcer sur un point aussi délicat. Je m'en rapporte au jugement du lecteur.

Madame Dupré avait été l'institutrice de sa fille : elle reprit l'aiguille et le vieux bas. Elle travaillait lentement, parce qu'elle voulait conserver un petit air de jeunesse, et, pour tout au monde, elle ne se serait pas servie de lunettes. Cet amour-propre, bien ou mal entendu, rendait très-modique le produit de ses journées; mais il la consolait un peu, et, tant bien que mal, elle vivait.

Madame Latour n'avait pas pour les mœurs publiques le respect dont madame Dupré ne s'est jamais écartée. Elle ne savait rien faire, et il faut vivre. Après avoir cherché inutilement son fils, elle se voua au soulagement des amants malheureux.

Elle avait de l'usage du monde, et surtout beaucoup de jugement. Elle sentit qu'on ne pénètre pas dans le cabinet d'un grand seigneur si on n'est favorablement annoncé par une mise un peu recherchée, et celle de madame Latour ne pouvait la conduire au delà de la loge du suisse. Décidée cependant à ne pas exercer crapuleusement la profession qu'elle venait de choisir, elle conçut l'heureuse idée de se mettre en sous-ordre jusqu'à ce que les circonstances lui permissent de prendre le premier rang.

En conséquence, elle fut rendre une visite de cérémonie à une dame opulente qui avait vieilli au service de la cour et de la ville, et elle lui prodigua les égards qu'un subordonné doit à son supérieur. On m'a même assuré qu'elle glissa dans la conversation quelques mots flatteurs qui n'avaient rien de trop direct, et qui, par là, dispensent une femme de faire semblant de rougir. Ce début annonçait quelque connaissance du cœur humain, et cependant madame Latour aurait été éconduite si les circonstances ne l'eussent rendue nécessaire.

M. Duplant exerçait une des premières charges de la magistrature. Homme érudit, savant et même profond dans sa partie, intègre jusqu'au scrupule, jeune encore et fort aimable, il payait cependant, comme un autre, son tribut à la faible humanité. Marié très-jeune à une riche héritière qu'il n'aimait pas, il avait toujours vécu très-bien avec elle; mais il n'avait jamais pu persuader à madame Duplant que des procédés tinssent lieu d'amour. Elle était sage, et cependant... Le diable est si fin!

M. Duplant, de son côté, sentait battre son cœur. Il en fit successivement hommage à quelques dames du plus haut rang, qui l'accueillirent, qui même lui avaient fait de ces avances indirectes que saisit toujours un homme d'esprit, et en qui il ne trouva que l'amour... du plaisir.

M. Duplant pensa que, puisque l'amour de cœur n'existe plus, il était bien dupe de s'asservir à des soins, des attentions, des prévenances, des assiduités qui souvent nuisaient à l'exercice de ses fonctions, et qu'avec un peu d'argent il se débarrasserait de tout cela. Cette manière de voir est sans doute très-immorale; cette manière de juger les femmes est inexacte et même outrageante, car je déclare que, dans le cours d'une assez longue vie, je n'ai trouvé que des femmes vertueuses. Enfin, M. Duplant voyait ainsi : ce n'est pas ma faute.

Les convenances ne lui permettaient pas de se montrer dans les foyers, dans les coulisses et surtout dans les loges de ces dames. La revendeuse à la toilette, dont madame Latour brigue en ce moment la protection, se chargeait des arrangements. Elle était discrète dans la proportion des honoraires qu'elle recevait, et jusqu'alors un voile impénétrable avait couvert les petits péchés de M. le président.

Qui ne cède enfin à l'empire lent mais sûr de l'uniformité? M. Duplant se fatigua de ses conquêtes faciles; il lui passa même par la tête que ces dames pouvaient jouer la comédie au boudoir comme sur la scène, et peut-être avait-il raison. Quoi qu'il en soit, il voulut savoir s'il est impossible à un homme qui a un état brillant, de la jeunesse et des agréments, d'être réellement aimé.

Il résolut, en conséquence, de se rapprocher de la nature et de la saisir dans son ignorance et sa fraîcheur. Mais où trouver un jeune objet sensible, innocent et cependant assez décidé pour tout quitter, tout braver pour un homme qu'il ne connaît pas? La difficulté du succès effraya madame Dupont. Elle sentait que ce n'est guère qu'au village qu'elle trouverait ce que désirait M. le président. Mais des principes à détruire, des parents à gagner ou à tromper, des poursuites à craindre, tout cela n'était pas encourageant. Madame Dupont se souvenait, d'ailleurs, d'avoir eu des démêlés avec la justice, au sujet de certaine affaire, un peu délicate, qu'elle s'était chargée de conduire, et elle était dans un état de perplexité vraiment touchant quand madame Latour se présenta chez elle.

Madame Dupont, qui n'avait jamais lu La Fontaine, s'était cependant quelquefois servie de la patte du chat pour tirer les marrons du feu Elle commença par sonder les dispositions du sujet qui avait l'audace d'entrer, d'abord, dans la carrière qu'elle avait illustrée. Étonnée de sa pénétration, de la rectitude de son jugement et de sa connaissance des prérogatives de MM. les commissaires de police, elle résolut de la charger des périls, et de ne se réserver que quatre cinquièmes dans les bénéfices.

Madame Latour jugea qu'il était plus court et plus sûr de transformer une Parisienne en paysanne que de courir les aventures dans les environs de Paris. Ses premières démarches tendirent donc à tromper, d'abord, sa protectrice. Oh! quel vice infâme que l'ingratitude! Et il se fourre partout.

Il y a sans doute des femmes très-respectables dans le faubourg Saint-Marceau. Il en est aussi... C'est une terrible chose que la pauvreté et le désir d'un bonnet ou d'un châle, qu'on se procure si aisément!... C'est de ce côté-là que madame Latour se dirigea.

Son bavolet de côté, la chansonnette à la bouche, le sourire sur les lèvres, Rosalie travaillait et comptait les minutes qui la séparaient encore de son doux ami. Madame Latour, grande physionomiste, n'eut besoin que d'un coup d'œil pour se décider.

Elle aborda la petite, lui parla d'abord de l'ouvrage qu'elle comptait lui donner et qu'elle n'avait pas. Elle la plaignit ensuite d'être ainsi exposée aux intempéries de l'air. Ses lèvres étaient gercées, ses petites mains étaient rouges. Combien de jeunes filles qui ne la valaient pas avaient de belles robes, des dentelles, des bijoux, et, quelquefois même, un carrosse!...

Oh! comme la vanité et le désir de l'abondance ouvrent les oreilles d'une fillette! Dès ce moment, c'en était fait de Rosalie si l'extérieur de madame Latour lui eût inspiré plus de confiance. Oh! combien madame Latour se fût repentie si elle eût su que c'était sa bru qu'elle avait entrepris de séduire... Que dis-je! peut-être se fût-elle applaudie de jouer un tour cruel au fils dénaturé qui l'avait délaissée. C'est une chose si drôle qu'un cœur humain, que le plus fin observateur ne sait quelquefois qu'en dire.

Madame Latour retourna chez madame Dupont. Elle lui dit qu'elle avait trouvé ce qui convenait à M. le président; mais qu'elle ne pouvait faire de propositions directes qu'autant qu'elle serait mise convenablement, et qu'elle ferait briller un peu d'or. Madame Dupont était défiante. Elle prononça qu'elle ne donnerait rien qu'au cas où le mobilier de madame Latour répondrait des avances, et qu'alors il lui en serait fait un abandon absolu, sauf à elle à le restituer ou à le faire vendre, selon les circonstances. Un arrière-petit-cousin de madame Dupont avait été commis-greffier au Châtelet, et sa mémoire était arrivée jusqu'à elle de génération en génération. Certes l'arrière-petit-cousin n'aurait pas procédé plus régulièrement.

Les faits convenus et dûment arrêtés, madame Latour, parée comme une châsse, prend un fiacre, se fait conduire rue de l'Oursine, arrête en face du tonneau, et dit à Rosalie avec ce ton d'impudence que donne la fortune, bien ou mal acquise : — Montez, petite. Je vais vous conduire chez moi et je vous donnerai de l'ouvrage. Et vite Rosalie serre ce qu'elle a dans son tonneau, et elle saute dans le fiacre.

Elle ne reconnut pas madame Latour, parce qu'elle n'osait fixer une femme si richement mise. Et puis, comment se douter, à quinze ans, que celle qui jouait, la veille, un rôle si modeste, paraissait avec autant d'avantages aujourd'hui. Depuis vingt ans, on a vu beaucoup de ces choses-là. Des gens humoristes et grondeurs en ont parlé avec acrimonie et n'ont pas corrigé les intrigants, les ambitieux, les fripons à visage découvert ou masqué, etc., etc.

On pense bien que madame Latour s'était assuré, pour la quinzaine, un logement très-décent, dans un hôtel garni, situé à l'autre bout de Paris; on prévoit qu'elle avait ordonné un joli dîner. L'appartement devait éblouir mademoiselle Rosalie, et les mets satisfaire un de ses goûts dominants. Sur une ottomane était un costume de paysanne, bien complet, non de ces villageoises qui perdent leurs attraits sous la bure et le gros mouchoir d'indienne; qui logent un petit pied dans un gros sabot, une jambe fine dans un bas de laine; madame Latour avait déshabillé une petite-cousine qu'elle avait été chercher à Sèvres, qui n'était pas si jolie que Rosalie, qui était tout aussi sage, qui avait trouvé beaucoup mieux qu'un garçon orfévre, et qui était mise avec une élégance champêtre tout à fait remarquable.

Madame Latour descend de voiture, et monte chez elle d'un air tout à la fois aisé et imposant. Rosalie la suit les yeux baissés, les mains croisées sur son corset. Madame Latour lui dit de s'asseoir d'un ton de protection; elle lui passe la main sous le menton et va chercher de l'ouvrage dans une commode où il n'y a rien. — Ah! nous avons le temps de parler ouvrage. J'aime la jeunesse; petite, vous dînerez avec moi. — Madame, vous me faites... bien de l'honneur... — A la bonne heure, mon enfant; mais nous dînerons ensemble. — Mais, mon mari, madame... — Eh bien, votre mari dînera seul; voyez le grand malheur! Y a-t-il longtemps que vous êtes mariée? — Il y a huit jours, madame. — Et c'est votre premier mari? — Je n'ai que quinze ans, madame. — Bon, il y a encore du remède... Voilà qui est décidé : vous dînez ici.

Rosalie aimait tendrement Latour. Elle résistait, elle se défendait et elle approchait de la porte en se défendant et à reculons, lorsque cette porte s'ouvrit. L'odeur des mets cloue Rosalie sur le parquet. Elle est incertaine; elle balance; elle hésite. La table est couverte, et la jouissance des yeux ajoute à celle de l'odorat. Madame Latour prend un ton caressant; elle attire la petite mollement; la plus douce bienveillance se peint dans ses regards : comment résister à tant de séductions? Rosalie s'assied d'abord sur un coin de fauteuil, ensuite au milieu, enfin dans le fond. Elle a l'appétit de son âge et la gourmandise que donnent les privations. Elle dîne pour le jour et le lendemain.

De temps en temps son mari de huit jours obtenait un souvenir. Madame Latour versait un doigt de beaune, de muscat, quand la petite prenait son air rêveur; elle faisait un conte pour rire, on trinquait, on buvait, et le pauvre mari était oublié.

De temps en temps Rosalie regardait l'habit de paysanne. — Il y a donc, dit-elle en soupirant, des demoiselles de village qui sont mises ainsi, tandis que moi, bourgeoise de Paris... — Ah! voyons donc, mon enfant, comment tout cela vous irait... Et Rosalie se laisse déshabiller et rhabiller en se regardant avec complaisance dans une glace, la plus grande qu'elle ait encore vue.

— En vérité, elle est jolie comme un ange! s'écria la dame Latour, et cela était vrai. — Ah! quel chagrin qu'il faille quitter ces beaux habits! balbutiait la petite. — Eh, pourquoi donc? répliqua madame Latour; vous pouvez garder toutes ces choses-là; vous en aurez même de plus belles, si vous le voulez. — Vraiment, madame! s'écria Rosalie. Oh! expliquez-vous, de grâce!

C'était là qu'on l'attendait. Madame Latour commence par lui prouver qu'elle ne doit rien à un mari de huit jours, et qu'au contraire il est chargé d'une éternelle reconnaissance pour un cadeau qu'on ne peut faire qu'une fois. Elle parle d'un appartement plus beau que celui où on a dîné, d'une chère plus recherchée que celle de ce repas. Elle peint les douceurs du luxe, l'attrait de tous les plaisirs, la somptuosité, l'élégance de la toilette, et elle appuie sur la satisfaction de commander à des laquais, à une femme de chambre, après avoir été aux ordres de tout le monde. Rosalie est ivre de joie et d'espérance. Elle ne voit plus son petit époux qu'à travers un nuage épais. Elle ne consent pas précisément encore, mais elle ne trouve plus d'objections.

Dès le lendemain, les promesses de madame Latour doivent être réalisées; mais il faut préalablement être présentée à madame Dupont. On apprend ce qu'il est essentiel de lui dire, et on se laisse conduire à une voiture qui attend à la porte.

Madame Dupont est enchantée de ce qu'elle a vu, et que n'a-t-elle pas voulu voir? Elle rend à madame Latour l'acte sous seing privé qui la rendait maîtresse de son mobilier; elle accorde une gratification à laquelle elle ne s'était pas obligée; elle congédie sa lieutenante et elle donne à mademoiselle Rosalie ses dernières instructions. Elle lui en donne de très-particulières.

La maison était bien montée. Rosalie était satisfaite et comptait l'être bientôt davantage. Le souvenir de Latour n'était plus pour elle qu'une idée fatigante, pénible, que déjà elle repoussait avec facilité.

Le quatrième jour fut marqué pour la première entrevue. Après le soleil couché, M. le président se rendit dans une maison qui ne pouvait être soupçonnée du public, bien que, depuis des années, on y fît un commerce illicite : les gens graves en apparence calculent, mesurent tout, et ne se compromettent jamais.

M. le président fut ivre de son bonheur, et la petite, qui avait commencé par répondre modestement à tout : Vous me faites bien de l'honneur, osa lever enfin les yeux sur son président, et le trouva fort à son gré. L'intimité réciproque commença à s'établir. Rosalie avait de l'esprit naturel, et le plaisir faisait jaillir l'éclair de la saillie.

Il fut arrêté, séance tenante, que la jeune demoiselle, que M. Duplant était bien loin de croire veuve, serait logée dans un quartier éloigné; qu'on ferait de suite sa garde-robe; qu'on lui donnerait des maîtres, et surtout une femme sûre pour la diriger. Madame Dupont fut chargée d'exécuter les dispositions arrêtées.

Dès le lendemain, une petite maison était louée et meublée au haut du faubourg du Roule; la lingère, la dentellière, les couturières étaient en mouvement; des maîtres de langue, de dessin, de musique étaient arrêtés; une femme de chambre et une cuisinière étaient installées. Madame Latour fut la femme de confiance qui devait répondre de Rosalie : vous conviendrez qu'on ne pouvait la mettre en de meilleures mains.

M. le président s'était fait ordonner, par son médecin, l'exercice du cheval. En conséquence, il déposait le noir au sortir de l'audience, s'habillait en écuyer, et, suivi d'un domestique, il allait trotter aux Champs-Elysées et au bois de Boulogne. Il descendait à peu de distance de la petite maison, et il était sûr que son domestique, à qui il ordonnait de l'attendre, et qui avait deux chevaux à garder, ne le suivrait pas.

Tout allait au mieux. Assez souvent une visite clandestine, le soir, succédait à celle du matin. Rosalie se formait sensiblement au physique et au moral. Elle parlait français; elle débrouillait la romance; elle crayonnait, tant bien que mal, le portrait de M. le président, et son corset devenait trop étroit.

M. Duplant n'avait pas joui encore des douceurs de la paternité. Enchanté de devenir père, n'importe comment, il comblait Rosalie de caresses et de présents. Il ne se doutait pas, lui, qui s'était fait faire une ordonnance de médecin pour monter à cheval, que madame Duplant en avait commandé une pour aller respirer l'air de la mer.... à Bordeaux seulement. Un accroissement d'embonpoint, auquel le président n'avait aucune part, avait rendu cette mesure nécessaire.

M. Duplant profitait de la liberté que lui laissait son veuvage. Il donnait à Rosalie les moments qu'il consacrait à bâiller près de madame, et comme une fille grosse ne peut pas décemment s'appeler mademoiselle, il fut arrêté qu'à l'avenir Rosalie serait madame Dulac. Son changement d'état fut notifié à ses maîtres et à ses gens, assez accoutumés à ces petites variations, et qui, pour son argent, l'auraient appelée madame la comtesse, si on l'avait voulu.

Cependant madame Dulac, qui aimait beaucoup son président, aimait aussi le grand air. Ses bijoux, ses dentelles, ses bronzes dorés, qui l'avaient très-fortement occupée pendant un grand mois, ne produisaient plus qu'une impression très-légère : on se fait à tout. Elle se souvint qu'il y a à Paris des promenades et des spectacles. Elle demanda un jour à madame Latour, en bâillant à se démonter la mâchoire, si, pour bien aimer M. le président, il était indispensable de passer à la maison le temps où il n'y était pas. Madame Latour répondit que le désir de jouir de la promenade était bien naturel, mais très-difficile à satisfaire. Elle parla ensuite des malheurs du temps, des dettes qu'elle avait contractées pour l'avancement de madame, qui ne lui avait rien rapporté. Elle finit par déclarer franchement que pour dix louis madame aurait la permission de se promener : madame en aurait donné vingt de bon cœur.

Les médecins sont très-utiles en beaucoup de petites circonstances, et, pour la troisième fois, la médecine va s'immiscer dans les affaires de M. le président. Il avait été décidé que madame jouerait la petite santé, les maux de cœur, et un assez joli solitaire, glissé à propos à un petit doigt, dicta l'ordre positif d'aller tous les jours prendre le grand air en calèche.

M. le président alla plus loin que l'ordonnance. Il acheta deux chevaux, dont elle ne parlait pas, parce qu'on n'a pas encore perfectionné les voitures mécaniques au point de les faire rouler toutes seules. Or, il faut un cocher pour conduire les chevaux, un laquais pour ouvrir et fermer la calèche, et M. le président fit les choses avec une facilité, une grâce, dont madame Dulac fut enchantée.

Avec quelle promptitude elle avait passé du tonneau au carrosse! Ce que c'est qu'être jolie!

La dignité de la toge eût été singulièrement compromise si M. le président eût été connu à la petite maison du faubourg du Roule. Il y venait sous le nom de M. du Ponchelle et bien décidé à ne jamais sortir du plus rigoureux incognito. Il avait chargé madame Dupont de trouver un cocher et un laquais.

Madame Dupont était cousine de la femme de chambre de la marraine de l'orfévre chez qui travaillait Latour. Latour était très-bien vu dans la maison, parce que la maîtresse se connaissait en figures, et que le meilleur ami de madame est ordinairement un peu l'ami de monsieur. Latour, en forgeant un lingot, s'était écrasé trois doigts de manière à ne jamais s'en servir. Madame n'avait pas de prétexte pour garder chez elle un ouvrier inutile. Madame consentit donc à ce que monsieur le congédiât, et elle se consola par l'espérance qu'il aurait un digne successeur.

Cependant un bon cœur se fait toujours connaître. Madame alla recommander Latour à la marraine de son mari; la marraine le recommanda à sa femme de chambre, et la femme de chambre le recommanda à madame Dupont.

Vous sentez bien que Latour arriva au faubourg du Roule derrière la calèche de madame Dulac. Le voilà laquais de sa femme, et vous prévoyez des explications orageuses, des scènes tragiques, un poignard et du poison, la maréchaussée, le procureur général et le dénoûment en place de Grève : rien de tout cela n'arriva.

Mesdames Dulac et Latour vivaient en égales lorsque M. du Ponchelle était absent; en effet, l'une valait bien l'autre. Latour, endoctriné par le cocher, la femme de chambre, la cuisinière, se présente de fort bonne grâce, la serviette sur le bras, et avertit ces dames qu'elles sont servies. Sa maman jette un cri de surprise et d'effroi; la jeune femme rougit, pâlit et s'évanouit très-naturellement. Madame Latour court à elle et lui administre des sels en lançant à son fils des regards foudroyants. Madame Dulac retrouve l'usage de ses sens, et n'ose détacher ses yeux de son corsage arrondi. Latour ferme la porte, prend une chaise, s'assied sans façon entre elles deux, et leur parle ainsi, ou à peu près; je ne réponds pas de transcrire exactement ses paroles :

— J'ai eu des torts envers ma mère; Rosalie en a eu envers la sienne et envers moi. Ce que nous pouvons faire de mieux, c'est de nous pardonner mutuellement et de garder sur le passé un secret impénétrable.

La force des circonstances m'oblige à être votre laquais le jour; mais le soir, madame Latour voudra bien se souvenir que je suis son fils. Madame Dulac n'a pas oublié que j'ai été son premier mari; que mes droits sont plus anciens et, par conséquent, plus solides que ceux de M. du Ponchelle. J'entends y rentrer et en jouir dans toute leur étendue.... Vous ne répondez pas, Rosalie? J'ai du caractère, et bien certainement vous me reviendrez. Choisissez de m'avoir avec ou sans M. du Ponchelle. Si vous résistez, je lui raconte l'histoire du Grand-Salon, du champ de blé, du tonneau de la rue de l'Oursine, et il me croira, car je lui donnerai pour preuve de ma véracité certaine lentille que lui et moi seuls avons pu voir. Il saura que cette petite paysanne de Sèvres, qu'on lui a donnée comme parfaitement innocente, en savait tout autant que moi, et il est probable que nous déménagerons tous ensemble.

Répondez donc, Rosalie! Il n'est pas possible que vous ayez oublié Latour, qui, le premier, a fait palpiter votre cœur; Latour, qui n'a cessé de vous aimer, qui sera fier de vous servir le jour, si vous le dédommagez de la contrainte qu'il s'imposera.

Ah! l'on revient toujours, toujours,
A ses premiers amours,

dit une vieille chanson, qui souvent a été prophétique. Madame Latour tient à la cuisine et aux honoraires de M. le président; elle pousse Rosalie du coude; elle joint les remontrances au geste. Rosalie lève ses yeux charmants sur Latour, et elle laisse tomber mollement sa main dans la sienne.

Madame Dulac avait des principes. Elle regrettait quelquefois d'être bigame. Madame Latour opposait son expérience aux scrupules. Elle répéta si souvent à Rosalie qu'on ne voyait que bigamie, et même trigamie dans le monde, et qu'abondance de bien ne nuit jamais, qu'enfin les remords cessèrent de tourmenter la jeune femme; et, un jour qu'elle lisait *Candide*, elle s'écria avec Pangloss : — Tout est pour le mieux dans le meilleur des mondes possibles!

Il est fâcheux que, dans le meilleur des mondes possibles, il n'y ait pas de félicité durable. M. du Ponchelle, madame Dulac et Latour reposaient avec sécurité sur l'estrade que l'Amour avait jonchée de myrtes, de roses et des plus doux pavots. Madame Latour jouissait de la félicité de son fils, et la position où elle avait contribué à mettre madame Dulac lui donnait sur elle un empire que les femmes de toutes les classes aiment à exercer.

Un beau jour, un jour affreux plutôt, M. le président reçoit de madame la présidente une lettre violente, atterrante, désespérante. La dame reprochait amèrement à monsieur d'avoir une maîtresse, de la combler de biens, et surtout de lui avoir ôté son cœur, à elle, épouse aimante et fidèle. Un ami du président, qui l'était encore plus de madame, était resté à Paris. Il avait épié les démarches de M. Duplant, et il avait conseillé à sa tendre amie de faire une bonne scène à son époux, afin de le mettre dans l'impossibilité de crier trop haut si leur petit commerce se découvrait un jour, ce qui n'était pas impossible.

Ce moyen-là eût pu réussir avec un autre homme que le président. Celui-ci avait de l'esprit et de la pénétration; il se souvint que, dans les premiers temps de son mariage, madame avait paru très-affectée de son indifférence, et qu'ensuite elle s'était consolée; qu'elle ne lui avait fait aucun reproche de certaines intrigues dont il était difficile qu'elle ne sût rien; qu'après s'être consolée, elle avait cherché les plaisirs et s'était livrée à la gaieté; qu'il était assez extraordinaire qu'elle eût voulu aller prendre à Bordeaux l'air de la mer, qu'elle pouvait respirer à trente lieues de Paris. M. Duplant aurait pu faire ces réflexions-là plus tôt, mais il ne s'occupait pas assez de sa femme pour penser à la pénétrer. La lettre exagérée, outrée, de madame, amena une première idée, et celle-là en produit toujours d'autres.

A force de rêver à tout cela, le président imagina, le diable lui souffla peut-être, que le voyage de Bordeaux était la suite des consolations que madame s'était fait administrer. Le mari le moins fidèle a quelquefois le ridicule de prétendre que sa femme le soit toute sa vie, ce qui n'est pas aisé du tout. Quoi qu'il en soit, ce mari-ci fait venir des chevaux de poste, et va, courant jour et nuit, à la capitale de la Gascogne.

Il descend à l'endroit où il a l'habitude d'adresser ses lettres à sa femme. Madame n'était pas très-fine; mais, soit que l'air du pays ait influé sur elle, ou qu'elle ait été dirigée par son consolateur, elle avait jugé convenable de loger d'un côté et de faire arriver ses lettres de l'autre, afin d'avoir le temps d'être avertie en cas de mésaventure. En effet, M. le président n'avait pas dit quatre mots, qu'une vieille femme s'était détachée pour aller crier : *Garde à vous!*

M. Duplant la suit, la fait entrer au premier corps de garde, se nomme au commandant, et envoie chercher un commissaire de police. Le commissaire, trop heureux de se rendre agréable à M. le président, fait à la vieille une peur tellement laxative, qu'on est obligé de la chasser du corps de garde, après, toutefois, qu'elle a donné la véritable adresse de madame Duplant.

Monsieur trouve madame à la fin d'un très-joli dîner qu'égayait le champagne. Ce n'est point à la figure que se porte son premier coup d'œil, et, bien sûr de son fait, ayant trop d'usage du monde pour faire un éclat, il embrasse sa femme avec une cordialité au moins apparente. Il se place à côté d'elle et se fait donner un verre. Il lui conte que la dernière lettre qu'elle lui a écrite, annonçant une délivrance assez prochaine, il avait voulu être présent à un événement qui inquiète toujours une femme et se rassurer lui-même sur les suites qu'il pouvait avoir.

Il est clair pour les convives que monsieur est le mari; on le fête, on le caresse; on boit à lui, à madame, au fruit précieux de leurs amours. Madame, écrasée par l'apparition inattendue de son mari, a eu le temps de se remettre. Elle sent que, si elle avait tout à craindre du premier moment, elle peut être assez tranquille sur l'avenir, et elle se félicite d'avoir un mari qui ne s'affecte que jusqu'à un certain point de ce qui ferait le désespoir d'un original bizarre et quinteux. Elle témoigne au président la joie qu'elle a de le revoir; elle le remercie de la surprise agréable qu'il lui a ménagée, de ses attentions délicates qui ne varient jamais. Voilà, pour les spectateurs d'une scène jouée avec beaucoup de naturel, un des meilleurs ménages qu'on connaisse.

Cependant les convives disparaissent les uns après les autres. Madame se pince les lèvres en pensant au tête-à-tête qui va très-incessamment s'ouvrir. Son mari remarque son trouble, signe certain pour un homme au courant de ce qui se passe dans l'intérieur de madame. — Rassurez-vous, lui dit-il à l'oreille; je ne serai pas plus terrible dans le particulier que devant le public. Que de femmes voudraient avoir un mari comme M. Duplant!

Enfin, le moment de l'explication arrive. Madame prend la parole; elle rappelle à monsieur certaines aventures, dont toute sa prudence n'a pu dérober entièrement la connaissance au public. Elle appuie singulièrement sur ses relations actuelles avec la petite Dulac. — Vous voulez vous excuser, madame, en cherchant un premier coupable. Nous le sommes tous deux, convenons-en de bonne foi. Ainsi, laissons le passé et occupons-nous de l'avenir.

Je n'ai d'autre héritier de nos grands biens que des collatéraux assez éloignés. Vos parents, pour déterminer les miens à conclure notre mariage, m'ont assuré votre fortune après vous, si je vous survis. Les quatre-vingt mille livres de rente que vous m'avez apportées ne passeront pas à mes arrière-petits-cousins. Il est naturel, il est juste qu'un enfant hérite de sa mère, et je reconnaîtrai le vôtre; mais ne recommencez pas, ou je me fâcherai sérieusement.

Madame Duplant se précipite dans les bras de son mari et le presse contre son cœur. — Point de démonstrations, madame, je ne les aime pas. Ecoutez-moi jusqu'à la fin, je vous en prie.

Il est très-douteux que vous ayez désiré être mère. J'aime à croire, pour votre honneur, que cet événement est la suite d'une distraction, d'un moment d'oubli de la part de votre amant. La paternité n'entraîne pas, à beaucoup près, les mêmes inconvénients. Je vous avoue que je l'ai désirée avec ardeur, et, dans quelques mois, mes vœux à cet égard seront réalisés. Votre enfant sera élevé à l'hôtel. J'y introduirai le mien sous le titre modeste d'orphelin. Peut-être serons-nous assez heureux pour qu'ils soient de sexes différents. Alors une histoire, jetée dans le public, préparera leur union, et plus tard des arrangements solides leur assureront votre fortune et la mienne. Ces propositions vous conviennent-elles?

La présidente, trop heureuse de pouvoir jouir ouvertement des douceurs de la maternité, les accepta avec la joie la plus vive.

— Madame, vous reviendrez à Paris dès que vous aurez pris congé de vos amis de Bordeaux. Vous leur direz que des lettres de la plus haute importance ne m'ont pas permis de rester plus longtemps; que l'air de la mer a suffisamment rétabli votre santé, et que je désire que vous fassiez vos couches auprès de moi. Vous direz tout ce qu'il vous plaira, et je m'en rapporte à vous : dans votre position, une femme a toujours plus d'esprit qu'il n'en faut. Adieu, madame. Je vais, à l'instant même, remonter dans ma chaise de poste.

Si le diable, pour tout brouiller, a soufflé à madame Duplant la lettre foudroyante qu'elle a écrite à son mari; s'il a soufflé au mari de faire le voyage de Bordeaux, il faut avouer que ce diable-là a bien peu d'usage du monde. Il a confondu un président avec ces époux bourgeois, très-chatouilleux sur ce que l'on appelle honneur, et qui ont toujours leurs arguments et leur vengeance au bout des bras. Pauvre diable, que ce diable-là!

Celui de l'imprudente sécurité manœuvrait à Paris avec bien plus d'adresse. Il avait vu le président monter en voiture à Bordeaux, et, à l'aide de sa prévoyance diabolique, il avait jugé que l'indulgent époux arriverait de nuit dans la capitale. Il avait, au moment fatal, couvert Rosalie, Latour, sa mère, les domestiques, des plus soporifiques pavots.

Tout le monde sait qu'on s'échauffe en courant la poste, et notre magistrat était encore à l'âge heureux où on n'a pas besoin de stimulants. Il descend à la place Louis XV; il renvoie sa chaise par son valet de chambre, qui courait devant lui, et le cœur et la tête brûlants d'impatience et d'amour, il court au faubourg du Roule.

Il est à présumer qu'il avait décidé d'avance que ce serait là qu'il oublierait les fatigues d'un voyage long et rapide, car il avait emporté et rapporté avec lui la clef de la porte mystérieuse, par où il avait l'habitude de s'introduire le soir. Madame Dulac ne l'attendait que dans huit jours, et le sixième n'était pas écoulé encore. Madame Dulac n'avait pris aucune précaution, et toute autre y eût été prise comme elle; car enfin, qui peut s'imaginer qu'un président vole comme un aérostat? Peut-être aussi ce méchant diable dont je parlais tout à l'heure avait-il tout arrangé au plus mal.

Quoi qu'il en soit, le président insinue sa clef dans le trou de la serrure. La porte s'ouvre, et il se félicite de ce qu'on n'a pas mis les verrous. — Qu'elle sera aise de me revoir! Avec quels transports elle va me serrer dans ses bras! il avance en tâtonnant; il entre dans la chambre de Rosalie, et, à la faible lueur d'une lampe de nuit, il voit... il voit!.... C'est la tête de Méduse qui le pétrifie, ou c'est celle de Latour.

Il est des êtres beaucoup moins sensibles à l'infidélité de leur femme qu'à celle de leur maîtresse. Est-ce immoralité ou faiblesse? Peut-être est-ce l'effet de l'une et de l'autre. On combat ses passions; elles triomphent des principes, et on ne sait plus où on ira. Ce malheur-là est arrivé et arrivera encore à beaucoup d'honnêtes gens; mais ce n'est pas le moment de nous livrer à une discussion physique et métaphysique. Je ne peux me déterminer à laisser mon président debout devant le lit de mademoiselle Rosalie, plus belle encore des roses dont le sommeil colorait ses joues, ayant un bras tendrement passé autour du cou de Latour, qui avait aussi deux mains...

Le président sentait son sang bouillonner dans ses veines. L'indignation de l'amour outragé; le ressentiment que cause l'ingratitude; le mépris que lui inspirait son rival; toutes les passions, enfin, tourmentaient ce pauvre homme, qui, de sang-froid, avait vu sa femme au moment de lui donner un enfant, dont il n'était pas le père. Vingt fois il fut prêt à éclater. Un candélabre était levé sur deux têtes couronnées de myrtes, qu'il pouvait écraser d'un seul coup. L'homme qui délibère ne commet pas un crime, et il serait très-heureux qu'on persuadât à certains drôles de remettre au lendemain un vol ou un assassinat.

M. le président réfléchit qu'il suffirait d'un cri, échappé aux coupables, pour mettre sur pied madame Latour et les domestiques. Il pensa que le guet et un commissaire ne reconnaîtraient pas, dans un frac vert, galonné en or, un chef du premier corps de la magistrature française; qu'un président, connu par son intégrité et son désintéressement, ne devait pas se permettre un meurtre pour une amourette qui avait mal tourné; qu'un éclat violent tendrait au moins à le compromettre sérieusement, et il conclut que ce qu'il pouvait faire de mieux était de s'en retourner comme il était venu.

En conséquence de ce raisonnement, le candélabre est replacé sur la cheminée, et le président sort de cette maison en poussant des soupirs qui auraient attendri des tigres.

Sans inquiétudes désormais sur le sort de madame Dulac, il ne prit pas la peine de refermer la porte. Cette porte, d'ailleurs, serait trouvée ouverte le lendemain, et lui seul en avait la clef. Cette circonstance devait faire connaître aux coupables qu'ils étaient découverts, et dès ce moment le supplice de Rosalie devait commencer; ainsi pensait le président.

Le diable, non de la continence, ramenait dans le centre de Paris deux mousquetaires, qui venaient de souper à la Folie-Beaujon. On soupait dans ce temps-là, et c'est alors qu'on oubliait l'étiquette, la gravité du rang et la fatigue des affaires. Peut-être, maintenant, n'a-t-on pas besoin de souper pour oublier tout cela.

Un falot marchait devant ces messieurs : on n'avait pas encore imaginé les réverbères. De tristes lanternes, appliquées de loin en loin contre les maisons, prévenaient les contusions qu'on aurait pu se donner contre une charrette, la borne d'un coin de rue ou la saillie d'une boutique. Elles ne suffisaient pas à ceux qui couraient la nuit en escarpins et en bas de soie blancs. Le falot les suppléait. C'était une petite lanterne que portait un Savoyard, qui se contentait d'une très-légère rétribution. L'auteur des réverbères a réduit toute une nation au ramonage des cheminées. Il est vrai que les Savoyards excellent tellement dans cette partie, que partout on s'empresse de leur donner la préférence sur ses cohabitants.

A la lueur du falot qui marchait devant eux, nos mousquetaires aperçoivent une porte ouverte. S'il a suffi des deux compagnies de ce corps pour prendre autrefois Valenciennes, c'était bien assez de nos jeunes gens pour prendre une maison. Le champagne les avait montés sur le ton le plus gai, et le désir de courir les aventures, et l'espoir d'en trouver de piquantes, et certain pressentiment, qui, dit-on, ne trompe jamais, tout ordonnait impérativement que la lanterne passât des mains du porteur dans celles de ces messieurs.

Ils entrent avec les précautions qu'exige la tactique militaire; ils marchent sur la pointe des pieds, l'œil à tout et retenant leur haleine. Ils arrivent à la chambre de madame Latour, qui s'était arrangée avec le cocher, dont par conséquent elle arrêtait les mémoires sans les lire.

— Ce sont de vieux mariés, dit l'un à l'oreille de l'autre; passons, passons.

Dans la chambre voisine reposait la femme de chambre, ni grande ni petite, ni grasse ni maigre, ni laide ni jolie, ni sotte ni spirituelle. Ce dernier article était tout à fait indifférent à ces messieurs : Julie n'avait que vingt ans, et ils étaient mousquetaires.

Julie, qui s'ennuyait au faubourg du Roule, passait son temps à tirer les cartes, et son *grand jeu* était sur une table à côté de son lit. On joue à rouge ou noire, et le gagnant s'empare de sa conquête. Julie a l'habitude de capituler; un assaut l'éveille, l'étonne, l'indigne, et elle jette de grands cris. Latour et Rosalie s'éveillent en sursaut. L'amant, qui tremble d'être découvert, se sauve dans sa mansarde; Rosalie sonne à tout briser. Julie ne venait pas, et pour cause; elle avait, d'ailleurs, cessé de crier. Mais sa maîtresse voulait savoir la cause du tintamarre qui avait troublé son sommeil. Rassurée sur son cher Latour, elle se lève et passe chez sa femme de chambre. Le mousquetaire oisif jette à son tour des cris, mais qui n'ont rien d'effrayant : ils sont d'admiration.

Le jeune homme prend la main de madame Dulac et veut la reconduire chez elle. Madame Dulac dit qu'elle est mariée et qu'elle aime beaucoup son mari. — N'importe, n'importe! s'écrie le pétulant mousquetaire; ce sera le quarante-deuxième de ma façon. Il insiste; Rosalie se défend. Mais dans l'état où elle est, peut-on se défendre longtemps?

Madame Latour et son cocher, assis sur leur lit, comme deux singes, se demandaient des yeux ce que tant de mouvement voulait dire. Une patrouille du guet, qui passait par là, voit une porte ouverte, un petit Savoyard qui pleure son falot; elle entend les premiers cris de Julie, et elle entre dans la maison, prudemment, lentement, après avoir délibéré pendant un quart d'heure : on ne saurait prendre trop de précautions, quand on sait qu'on aura affaire à deux membres d'un corps redouté sous plus d'un rapport.

Le cocher, interpellé de répondre, répond qu'il ne sait rien, et il dit vrai. On allume une bougie à la lampe de nuit de madame Latour, et, la baïonnette en avant, on passe dans la chambre voisine. Le plus jeune des soldats du guet saute sur l'épée du mousquetaire, qui causait nez à nez avec Julie. Le mousquetaire crie au secours, aux armes, et son camarade paraît l'épée à la main. A cet aspect formidable, l'escouade recule jusque dans la chambre de madame Latour. Dans cette retraite précipitée, un soldat laisse tomber son fusil; le mousquetaire désarmé s'en saisit, et tous deux tombent sur les assaillants. — Rendez-moi mon épée, criait l'un. — Vous ne verrez pas la femme estimable qui a des bontés pour moi, criait l'autre. Et ils poussent la patrouille jusque dans la rue.

Moins prudents que les vainqueurs de Valenciennes, qui se retranchèrent dans la ville, en attendant qu'il y entrât des troupes françaises, ceux-ci se livrèrent à toute l'impétuosité de leur âge. Madame Latour, qui ne perdait jamais la tête, ordonna au cocher d'aller fermer la porte de la rue et de pousser les verrous. Voilà nos mousquetaires, en chemise, en plein vent, à deux heures du matin, n'ayant pour se garantir de la bise qu'une épée et un fusil.

Quand madame Latour crut n'avoir plus d'invasion à craindre, elle passa chez Rosalie, qui entra avec elle dans des détails qu'il était difficile de lui cacher. Julie, interrogée sur la cause de ses clameurs, répondit aussi de bonne foi. Madame Latour ne voyait pas grand mal à ce qui s'était passé ; vous savez qu'elle ne tenait pas aux mœurs publiques aussi rigoureusement que madame Dupré. Mais comment ces diables de mousquetaires étaient-ils entrés dans la maison, ou qui leur en avait ouvert la porte, que madame Latour fermait soigneusement tous les soirs?

Il fallait nécessairement passer, pour arriver à cette porte, par une antichambre où madame Latour couchait, dans une alcôve, fermant à deux battants. Elle était sûre que jamais Rosalie n'avait jamais parlé à un mousquetaire, et ces jeunes gens n'avaient pu chercher ce qu'ils ne connaissaient pas. Ils avaient donc trouvé cette porte ouverte, et ils avaient voulu profiter de l'occasion. Mais enfin, qui avait pu l'ouvrir?

M. du Ponchelle serait-il de retour? Serait-il entré furtivement? Aurait-il trouvé Latour avec Rosalie? Aurait-il eu la modération de se retirer sans bruit, et l'imprudence de ne pas refermer la porte? Après avoir épuisé les autres conjectures, il fallut bien s'arrêter à celle-ci, la seule qui fût vraisemblable, et le deuil se répandit aussitôt dans la maison.

La maîtresse abandonnée, sa directrice maltraitée, de paroles au moins, et maîtres et valets forcés de déloger en une heure, rendus à leur première misère, tel était le triste tableau qui se gravait dans tous les cœurs, et qui tirait des larmes de tous les yeux.

Cependant l'effroi se calme, comme toutes nos sensations, et le jugement reprend ses droits. Madame Latour, qui trouvait toujours un côté avantageux aux affaires les plus désastreuses, prononça que ce qui était donné était donné, et que tout ce que pourrait faire M. du Ponchelle serait de remettre la maison au propriétaire; qu'on se déferait des objets précieux et des meubles les plus élégants; qu'avec le produit on formerait un petit établissement, et, comme madame Latour avait, dès longtemps, l'excellente habitude de ne jamais s'oublier, elle ajouta qu'elle prendrait la direction du magasin.

Elle arrêta, en outre, qu'on ferait un paquet des habits et autres effets de MM. les mousquetaires, et que Latour le porterait de suite à l'hôtel du corps.

Mais que font-ils au milieu de la rue, dans le triste état où nous les avons laissés? Après avoir fait fuir le guet et avoir vainement essayé de rentrer chez Rosalie, ils avaient été forcés de se réfugier dans un corps de garde de cavalerie, où ils contèrent franchement leur mésaventure. Le chef du poste leur envoya chercher un fiacre, dans lequel il fit monter, avec eux, deux de ses cavaliers, pour les conduire à l'hôtel, et s'assurer que ces messieurs fussent effectivement mousquetaires. Dans le cas contraire, ils devaient les déposer chez un commissaire de police.

Le jour commençait à poindre quand nos jeunes gens arrivèrent à l'hôtel. Les trompettes venaient de sonner à cheval. Tout le monde était déjà debout, et on se préparait pour la grande revue de la plaine des Sablons. Il fallait être bien déterminé pour n'être pas confus, en paraissant en chemise, et escorté par deux cavaliers, devant une compagnie tout entière. Les plaisanteries de nos deux jeunes gens désarmèrent bien vite les railleurs. Les questions et les réponses se succédèrent avec rapidité, et tout allait le mieux du monde, quand un vieux maréchal des logis survint. Il se fit expliquer l'affaire dans toutes ses circonstances, se pinça plusieurs fois les lèvres pour ne pas rire, et finit par envoyer ces messieurs, pour quinze jours, dans leur chambre, afin, ajouta-t-il très-finement, qu'ils aient le temps de se réchauffer. Latour, qui arriva avec le paquet, acheva de terminer l'aventure. Retournons au faubourg du Roule.

Sur les dix heures du matin, on vit arriver madame Dupont; on s'y attendait. Son air était sévère et important; on s'en soucia peu. Elle débuta par des reproches sur l'abus qu'on avait fait de sa confiance; on ne l'écouta point. Elle parla, enfin, au nom de M. du Ponchelle, et on devint attentif.

Le président déclarait ne vouloir conserver aucune relation directe, ni indirecte, avec madame Dulac, et madame Dulac soupira : la bigamie et même la trigamie lui convenaient beaucoup. M. du Ponchelle lui laissait ce qu'il avait donné, et la mère Latour s'écria que cela allait sans le dire. M. du Ponchelle offrait un contrat de deux mille francs de rente viagère, à condition qu'on lui remettrait, au moment de sa naissance, l'enfant, dont il était sûr d'être père et qu'il élèverait convenablement. La conviction de M. du Ponchelle arracha un sourire à Latour, qui pensa à son premier mariage d'une semaine, et qui était également convaincu qu'il pouvait disputer au président, non les charges qu'il réclamait, mais les honneurs de la paternité. Rosalie, la mère Latour et lui tinrent conseil, pendant un quart de minute, et ils prononcèrent qu'un enfant de plus ne les enrichirait pas, et qu'un contrat de rente leur donnerait beaucoup moins d'embarras. En conséquence, madame Dupont tira le contrat de sa poche; on en portait alors, et on ne cherchait pas son mouchoir à chaque instant. Elle remit le titre à Rosalie après lui avoir fait signer un acte par lequel elle renonçait au bénéfice du contrat, si elle n'appelait ladite dame Dupont, lorsque les premières mouches la piqueraient, et si elle ne lui livrait l'enfant au moment où il sortirait de son enveloppe.

Madame Dupont assembla les domestiques, et leur donna le congé le plus solennel. Julie prit la livrée de Latour, et ne pouvant entrer aux mousquetaires en qualité de femme de chambre, elle s'y présenta en qualité de domestique, et fut reçue par le jeune homme que le guet avait interrompu si mal à propos. La cuisinière et le cocher, pour qui madame Latour n'entendait plus rien faire, allèrent battre le pavé, en attendant qu'une maison s'ouvrît pour eux. Les belles choses que je pourrais dire sur l'instabilité de la pauvre espèce humaine! Le lecteur, très-judicieux sans doute, se les dira à lui-même.

Quand madame Dupont fut sortie, la mère Latour revint à son projet d'établissement. Rosalie se trouvait fort bien de ne rien faire, et elle pensa que, moyennant *des épingles*, madame Dupont lui trouverait un second du Ponchelle. — Bah! s'écria Latour, elle trouvera quelque magot, qu'il faudra faire semblant d'aimer, et auprès de qui les journées paraîtront d'une longueur interminable. Nous voilà libres, ma chère Rosalie; nous nous aimons; nous pouvons vivre dans l'aisance; que nous faut-il de plus? Tu aimes la parure; eh bien, la femme d'un petit marchand n'est-elle pas mise, à Paris, comme celle d'un fermier général? Il est vrai que les maris font quelquefois banqueroute; mais cela ne nous arrivera pas, puisque tu as une garde-robe montée et deux mille livres de rente, et quand cela nous arriverait! On dit qu'à la troisième faillite, on a sa fortune faite.

Rosalie n'avait pas assez d'expérience pour rien opposer à des raisonnements de cette force-là. Latour lui donna un baiser, et il fut décidé qu'elle serait marchande de nouveautés... neuves comme elle.

On passa le reste de la journée à faire des projets plus séduisants les uns que les autres. On n'avait plus de domestiques; madame Latour dérogea jusqu'à la cuisine. Elle déclara même qu'elle voudrait bien s'en mêler un peu à l'avenir, et qu'il lui suffirait d'avoir une petite fille qui ferait le gros de la besogne.

Le lendemain on fit venir un tapissier et une revendeuse à la toilette; on loua une boutique et un entresol dans la rue de Bussy; quinze jours après, on avait ouvert, et la jolie figure de la marchande et son air gracieux attiraient les chalands. Cela durera-t-il? C'est ce que nous verrons.

Que fait, que pense, que dit M. le président? Trompé par les dames du grand ton, par les élèves de Thalie, par une petite paysanne et par madame la présidente, à qui désormais adressera-t-il ses vœux? Il n'en sait rien. Il récapitule les perfidies de toute espèce dont il a été victime, et il trouve que la moins coupable est sa femme. Puisqu'un autre l'a aimée, pensait-il, j'aurais pu l'aimer aussi. Je l'ai forcée, par mon indifférence, à se procurer ailleurs ce qu'elle ne trouvait pas chez elle. Elle eût été sage peut-être si je me fusse montré époux sensible et empressé. Ma foi, j'ai envie de me faire amoureux de ma femme. Pas de dépenses, pas de soins, pas de mystère. Elle sera toujours là, et cela est commode.

Madame la présidente, en revenant de Bordeaux, seule dans sa voiture avec une femme de chambre toute nouvelle, et qui, par conséquent, ne savait rien des petites affaires de madame; la présidente, dis-je, en courant la poste, n'avait rien de mieux à faire que de penser. Elle réfléchissait aux inconvénients, aux dangers d'une intrigue; aux regrets qu'elle cause tôt ou tard, au triste sort qu'elle aurait subi si son époux eût été moins indulgent. Ces idées prenaient plus de force à mesure qu'elle approchait de Paris, et, en arrivant dans la cour de son hôtel, elle disait en soupirant : Ah! si M. Duplant m'eût aimée!

Le président entend le bruit d'une voiture qui entre chez lui, et il met la tête à la fenêtre. Il reconnaît la berline de sa femme, et il s'élance dans la cour. Il lui présente la main avec empressement, et la conduit chez elle. Il s'assied en face, il la regarde cinq minutes sans rien dire, et il s'écrie tout à coup : — Oui, oui... vous êtes jolie, fort jolie, madame, et je ne m'en étais pas aperçu. Madame répond en inclinant la tête et en souriant d'une manière tout à fait agréable. La conversation s'engage. — Comment diable! s'écrie encore son mari, vous avez de l'esprit, beaucoup d'esprit, et je n'en savais rien! — Ce n'est pas ma faute, monsieur. — Je n'ai trouvé dans le monde que des sottes et des infidèles, et vous avez un défaut de moins que toutes ces femmes-là. — Je n'aurais pas l'autre, monsieur, si vous l'aviez voulu. — Et si je le voulais à présent, madame? — Je vous proteste que j'en serais enchantée. — Et vous me répondez de l'avenir? — Aujourd'hui même je romprai avec mon amant. — Attendez au moins, madame, que je l'aie mérité.

Ils étaient seuls, et il n'est pas facile d'assurer précisément ce qui se passa. Cependant, d'après quelques mots, échappés le lendemain au président, j'ai lieu de croire que le raccommodement fut scellé à l'instant même. Ce qu'il y a de constant, c'est que certain marquis fut prié le soir même de ne plus reparaître à l'hôtel, et comme ce marquis-là ne connaissait rien de si sot qu'une femme qui s'avise d'aimer son mari, il s'empressa de se pourvoir ailleurs.

Dans le monde galant, on appelle honnête homme celui qui ne paye pas ses dettes, mais qui ne perd pas de réputation les femmes qui ont eu des bontés pour lui. Sous ce rapport-là, M. le marquis était un très-honnête homme.

Rien ne troubla donc la tranquillité de madame la présidente et de son amant époux. Ils coulaient des jours *d'or et de soie*, et ils se proposaient bien, quand l'enfant de M. le marquis aurait vu le jour, d'en faire un qui serait vraiment à eux deux.

Un beau matin, Rosalie, madame Dulac, madame du Ponchelle, madame la mousquetaire, madame Latour bru, comme il vous plaira l'appeler, poussa des cris à amollir les rochers, et madame Dupont fut mandée aussitôt. Vers midi, elle constata la naissance d'un gros garçon bien constitué de toutes les manières. Elle s'emballa avec lui dans un fiacre et le porta à M. le président, qui l'arrosa de ses larmes paternelles. Madame la présidente lui sourit fort agréablement, et la mère Dupont alla le remettre dans les bras de la nourrice qu'on avait arrêtée.

Peu de jours après, madame la présidente paya à son tour le tribut à la volupté, à la nature, à la nécessité, à tout ce qu'il vous plaira. Le nom de Valentin n'est pas noble; mais c'était celui du président, et comme il voulait que son fils eût au moins son nom de baptême, on l'appela Valentin. Madame la présidente s'appelait Estelle, nom distingué, harmonieux, et que, par cette raison, les romanciers emploient très-souvent. La présidente voulut imiter son cher époux, et la fille à qui elle avait furtivement donné l'existence fut nommée Estelle. Voyons maintenant ce que nous allons faire d'Estelle et de Valentin.

Avant que je m'occupe particulièrement de deux enfants, qui deviendront deux héros, selon le privilége incontestable que me donne mon imagination, permettez-moi de faire, afin de n'y plus revenir, une courte digression sur madame Latour et son opulente et jolie compagne.

La vieille Latour connaissait le goût de sa bru pour la bigamie. Elle pouvait y joindre un jour celui du changement, et l'amant à présent en faveur serait éconduit. Une main de moins et des goussets vides ne mettent pas un jeune homme dans une position bien riante. Il reviendrait nécessairement à la charge de mademoiselle sa mère, qui avait très-promptement contracté l'habitude de l'aisance, et qui ne se souciait pas de retomber dans les mains crochues de la misère. Elle conçut un plan qui assurait son sort et celui de son fils. Elle résolut de le marier tout à fait à Rosalie, et de le rendre par là maître du contrat et du magasin. C'est ainsi qu'autrefois Agrippine assura l'empire à son fils.

Au premier mot de mariage qu'elle fit résonner aux oreilles de sa bru, celle-ci répondit que sa mère, sa grand'mère, sa bisaïeule ne s'étaient point mariées, et que, comme ces dames, elle voulait ne connaître que l'amour libre. La mère Latour cria à l'immoralité, parce que la morale lui convenait fort en ce moment, et l'intérêt du moment avait toujours été son guide, comme il est celui de tant d'honnêtes gens qui jouent un rôle brillant ou obscur dans ce monde.

Rosalie ne se connaissait pas plus en morale qu'en grec. Elle tourna le dos au prédicateur femelle; et madame Latour ne l'eût jamais persuadée, sans un petit accident qui soumit la jeune femme à ce joug si redouté.

Parmi les jeunes gens qu'attirait la mine piquante de la marchande, il en était un qui venait tous les jours, qui achetait tous les jours, et qui ne marchandait jamais. Une figure charmante, une jolie tournure avaient réveillé dans le cœur de Rosalie un ancien penchant à la bigamie. Le jeune homme ne parlait que des yeux, et toutes les femmes entendent ce langage-là. C'est ainsi sans doute qu'Adam fit l'amour à Ève avant qu'ils se fissent un jargon, qui ne devait pas être plus riche qu'harmonieux. Rosalie comprit à merveille ce que le beau garçon voulait lui dire; elle lui sourit, et dans ce cas-là, sourire c'est répondre.

Dès lors, les billets et les réponses commencèrent à circuler. On se les glissait sous un gant, dans un chapeau, quelquefois même dans la main. Il ne manquait plus que l'occasion, et elle se présenta bientôt.

Un rendez-vous fut donné dans une maison commode, où Rosalie vola sur les ailes de l'amour. Latour, qui ne pouvait rien faire, se promenait pendant les moments qu'il ne donnait pas à la table et au sommeil; il se promenait donc seize heures par jour à peu près.

Il remarque une femme qui trotte devant lui, et dont la tournure est bien celle de sa fidèle compagne. Il double le pas et il reconnaît d'abord le châle, puis la robe, puis le chapeau. Le diable de la jalousie lui inspire la pensée de suivre Rosalie, et il entre avec elle dans la maison où son nouvel amant l'attend. Le jeune homme, ivre de joie et d'amour, reçoit sa belle dans ses bras, et pendant qu'ils se livrent à des étreintes préliminaires, Latour, qui a oublié n'avoir qu'une main à son service, applique l'autre si rudement sur l'oreille de Rosalie, qu'il lui écrase son chapeau et fait jaillir le sang du nez. Rosalie pousse des cris affreux et tombe dans un fauteuil; le jeune homme tombe sur Latour et le bat à outrance. Les vociférations font trembler les vitres; l'hôtesse obligeante accourt pour tâcher de rétablir l'ordre; une patrouille, on en rencontre toujours quand on ne s'en soucie pas, une patrouille paraît, et sans entendre aucune explication, elle emmène hôtesse, jeune femme, amants nouveau et ancien.

Les parties bien et dûment ouïes, M. le commissaire relâcha le jeune homme qui appartenait à une famille distinguée, et qu'on ne pouvait décemment arrêter; il envoya à la Salpêtrière l'hôtesse, notée à la police pour être trop complaisante; il fit conduire Latour au Fort l'Évêque, jusqu'à ce qu'il eût prouvé que le mariage dont il arguait, et qui seul, dans cette circonstance, avait pu lui donner le droit de battre, avait été légalement célébré. Comme certains commissaires sont aussi indulgents pour les jolies femmes que pour les jeunes gens bien nés, il fut loisible à Rosalie de se retirer chez elle.

Il fallut bien qu'elle avouât à peu près à la mère Latour ce qui venait de se passer. La mère Latour pleura, gémit et fit semblant de s'arracher les cheveux. Elle redemandait son fils en suppliant, en menaçant, en tombant aux genoux de Rosalie. Si Latour eût été son mari, il n'eût fait que jouir de ses droits. Mais, devant les tribunaux, ce n'était qu'un garçon sans état, sans domicile, qui s'était porté à des violences dans une maison suspecte, et le mot terrible *Bicêtre* vint expirer sur les lèvres de la mère Latour.

Rosalie était bonne fille au fond. Elle était toujours prête à tromper Latour; mais elle n'oubliait pas qu'il avait eu les prémices de son cœur, et, semblable à Manon Lescaut qui revenait toujours à son chevalier, il ne fallait qu'une forte impulsion pour la ramener à ses premières amours. Ce mot redoutable *Bicêtre* la fit frissonner de la tête aux pieds. Elle promit tout à sa belle-mère, et elle courut chez le commissaire essayer ce que peut une jolie femme sur un cœur qui ne s'amollit pas aisément.

Elle déclara que, puisqu'il ne manquait à Latour que le titre d'époux pour être mis en liberté, elle était prête à le lui donner. Elle était de bonne foi en ce moment; des larmes roulaient dans ses yeux et la rendaient plus belle; ses bras, portés vers M. le commissaire, s'arrondissaient avec une grâce touchante; ses genoux fléchissaient de façon que le magistrat fut obligé de la soutenir, et un magistrat n'est pas de bronze. Son front se dérida; son sourcil, épais et tombant, se releva. Rosalie disait difficilement non, et à la fin d'une conversation qui dut être assez intéressante elle emporta l'ordre de l'élargissement de son Latour.

Dès le soir même le contrat fut signé. Huit jours après le sacrement fut administré, et tout changea de face dans la maison. Rosalie sentit bientôt que l'obligation d'aimer est le moyen le plus sûr d'éteindre l'amour, et on a tant de ressources à Paris! Latour commença, de son côté, à trouver le changement agréable, et un mari occupé est rarement à charge à sa femme. D'ailleurs on ne la rencontre pas toujours à propos.

Rosalie avait les inclinations relevées, et ses distractions ne lui coûtaient rien. Latour n'avait pas oublié les bonnes fortunes du Grand-Salon, et ses valses lui coûtaient cher quelquefois. La mère, qui prévoyait le dérangement prochain des affaires, faisait ce qu'elle appelait vulgairement *son petit magot*. Le magasin se fondit; le contrat de M. le président fut engagé. Rosalie ne cédait rien qu'en pleurant, mais elle cédait; enfin les huissiers mangèrent ce qui restait dans la maison. La mère Latour se retira dans un galetas; son fils, qu'elle ne voulait plus voir parce que son indigence lui fendait le cœur, son fils entra en qualité de valet dans une capucinière; et Rosalie!... Un cheval superbe brille pendant quelque temps devant un équipage magnifique; il passe ensuite à la modeste berline du Marais. Il va de là à la charrette ou au fiacre, et il finit chez l'écorcheur. Ma plume est trop chaste pour suivre Rosalie dans les rues de Paris. Décidément je ne veux plus me mêler des affaires de cette fille-là. Retournons chez M. le président : nous y serons plus à notre aise et surtout plus décemment, ce à quoi je tiens beaucoup.

M. Duplant et sa tendre épouse étaient cités comme des modèles par toute la noblesse de robe. L'hypocrisie fait si aisément des réputations! Ils étaient sincères en ce moment; mais que d'orages ils avaient suscités et supportés avant que d'entrer au port, et une profonde dissimulation couvrait si bien tout cela! La noblesse d'épée ne parlait de ces époux que comme de deux êtres absolument ridicules. Elle les eût estimés singulièrement dans le temps où madame la présidente était marquise, et où le président courait des aventures un peu grivoises, si la chronique scandaleuse en eût parlé. Quelles différences dans les usages et les opinions résultaient alors de la couleur d'un habit, d'un plumet et d'une épée de plus ou de moins, d'une grande perruque ou d'une bourse à cheveux, et surtout du quartier qu'on habitait!

Je m'étendrais bien, si je le voulais, sur ces scènes tendres, délicates, voluptueuses, qui se renouvelaient sans cesse entre M. et madame Duplant. Mais cela vous ennuierait et moi aussi : certains détails ne sont piquants pour ceux qui n'y sont pas intéressés qu'autant que l'amour est ballotté par la crainte et l'espérance, et les époux ne connaissent ni l'une ni l'autre.

Revenons à mademoiselle Duplant, qui n'est pas fille de son père, et à Valentin, qui peut-être ne l'est pas davantage. Mademoiselle Estelle avait déjà un petit air prétentieux qui annonçait la fille de qualité. Valentin était un beau garçon qui trouvait tout bien, qui trouvait tout bon, et qui riait toujours, lors même que son père nourricier battait sa femme, ou qu'il avait des maux de dents qui auraient donné des convulsions à tout autre enfant.

M. le président Duplant payait comme un autre son tribut à la faible humanité.

Le président et la présidente allaient voir régulièrement une fois par mois les jolis enfants. Chacun d'eux, pour complaire à l'autre, mangeait de caresses celui qui n'était pas le sien et dont peut-être au fond il se souciait très-peu. Les coffres de la berline étaient remplis au moment du départ, et on les vidait au profit de Valentin, d'Estelle et des deux nourrices. Quinze jours d'avance, elles parlaient de ce qui viendrait à la fin du mois, et la veille du jour heureux était un jour de fête. Hélas ! hélas ! hélas ! et quatre fois hélas !

Rappelez-vous, bénin lecteur, ce que je vous ai dit il n'y a pas longtemps. Lors de leur réconciliation, M. et madame Duplant s'étaient promis de la sceller en faisant un enfant qui serait bien à eux deux. Ce noble projet ne s'effectua qu'au bout de deux ans, quoiqu'on ait fait plus qu'il ne fallait pour le remplir après la délivrance de madame. Vous sentez quel changement dans les idées devait apporter cette légitime, très-légitime grossesse. M. le président se repentit d'avoir donné son nom à mademoiselle la marquise. Madame la présidente aurait voulu retirer son consentement à l'adoption de Valentin. On ne se disait pas cela, parce qu'on n'avoue des pensées qui ne sont pas délicates qu'autant qu'on ne peut s'en dispenser. Mais, quand on allait voir les enfants, les coffres de la berline étaient moins garnis, les caresses devenaient froides, et l'arrière-saison servit de prétexte plausible pour ne plus aller là du tout.

Madame la présidente accoucha d'un garçon, ce qui calma singulièrement les regrets et les plaintes qu'on n'avait encore osé se communiquer. Les biens de la maison étaient situés en Normandie, et la coutume de cette province donnait à peu près tout à l'aîné des garçons. Ainsi Estelle aurait une légitime quelconque, et on donnerait à Valentin l'éducation nécessaire pour en faire un sous-lieutenant, ce qui ne coûte pas cher. Chacun des époux, ayant en particulier arrangé ce nouveau plan, et le trouvant très-raisonnable, se laissa pénétrer davantage; bientôt on s'expliqua franchement, et on fut très-content l'un de l'autre.

Cependant on ne pouvait laisser Valentin et Estelle en nourrice jusqu'à vingt ans. On répandit dans le public qu'un conseiller au parlement de Rennes, ami intime de M. Duplant, et qui n'avait jamais existé, venait de mourir et avait laissé ses affaires plus que dérangées. Il n'avait qu'un fils en bas âge, dont M. Duplant allait se charger. Que d'éloges on lui prodigua! Il en était honteux, parce qu'il ne les méritait pas. On prenait certain embarras très-réel pour de la modestie, et un *crescendo* de louanges éclatait de tous côtés.

Des réputations, on ne sait pas pourquoi!

Valentin fit son entrée à l'hôtel sous le nom de Merville, et Estelle vint y prendre le rang que lui assignait le registre des baptêmes de la paroisse de M. le président.

On avait pris une nourrice à la maison pour le fils de l'hymen. Cette femme était soignée, caressée comme la nourrice d'un prince. On ne pouvait encore dire grand'chose à M. Hippolyte, parce qu'il ne répondait à rien, ou, si on l'entendait quelquefois, c'est lorsque madame sa mère l'approchait de trop près. Alors il jetait des cris perçants et tendait les bras à sa nourrice, qui le calmait aussitôt. Madame la présidente trouvait très-déplacée la préférence que monsieur son fils accordait à cette femme; mais le président avait l'*Emile* de Jean-Jacques, qu'il venait de faire brûler par la main du bourreau, et, comme la persécution répand toujours un ouvrage, madame Duplant voulut lire celui-ci, et elle y trouva qu'une mère n'a d'abord d'autre mérite que d'avoir joué à faire des enfants, et qu'elle ne doit rien attendre des siens qu'autant qu'elle remplit les devoirs que la nature lui impose. Madame la présidente appela Rousseau misanthrope, imbécile, et elle jeta le livre par la fenêtre.

Valentin était très-drôle et Estelle fort intéressante. On causait avec eux, on les caressait même quelquefois, en attendant que M. Hippolyte pût répondre convenablement aux sentiments qu'on avait pour lui.

Valentin, suivant toujours sa pente naturelle, recevait gaiement les baisers qu'on lui donnait; il en portait à Estelle quand on ne lui en accordait pas. Le mettait-on en pénitence, ce qui arrivait assez souvent, et, je dois être vrai, il le méritait quelquefois, il mangeait gaiement son assiette de soupe et son morceau de pain sec. Le punissait-on plus sévèrement, le mettait-on en prison dans sa chambre, il chantait une chanson villageoise, et s'endormait jusqu'à ce qu'on lui permît de sortir. Jouait-il, oh! il bouleversait tout dans la partie de l'hôtel où il était relégué avec Estelle. Les maîtres venaient-ils, il leur disait qu'on boit, qu'on mange, qu'on dort et qu'on joue fort bien sans savoir lire; que, quand on n'a rien, on n'a pas besoin d'apprendre à compter, et que, lorsque la danseuse plaît, on danse à merveille sans connaître d'autres positions que celles du plaisir. Ces raisonnements n'auraient pas été convaincants pour les maîtres... ô mon Dieu! qu'ai-je dit là? pour les *professeurs*, si Valentin ne leur eût donné très-exactement leurs cachets, qu'ils ne gagnaient pas trois jours dans le mois. Mais c'est ce dont ils s'embarrassaient fort peu.

Estelle, plus douce, était plus appliquée, et quelquefois elle se moquait de l'ignorance de Valentin, qu'elle aimait pourtant de tout son cœur. Les choses allèrent ainsi pendant deux ou trois ans, et alors leur union devint plus intime, parce que M. Hippolyte était l'objet de toutes les préférences, ce qui le rendait arrogant, grossier même envers ceux dont il n'avait rien à craindre. Il essayait sa tyrannie naissante sur les domestiques qui n'osaient répondre un mot, sur Estelle qui pleurait. Il ne se jouait plus à Valentin, qui répliquait toujours par quelque taloche. M. Hippolyte allait se plaindre à maman, et maman ne manquait pas de mettre Valentin au pain sec ou en prison, selon que le coup avait été plus ou moins fort.

Les années s'accumulaient, et notre bon Valentin ne savait rien. Estelle, qui avait profité de toutes les leçons de ses maîtres, proposa à son jeune ami d'en recevoir d'elle. Sa proposition fut accueillie, vous vous en doutez bien, et l'ami faisait auprès de l'amie des progrès incroyables.

Tout allait bien lorsque la femme de confiance de madame la présidente, et toutes les jeunes femmes en ont une à qui elles communiquent au moins des pensées; tout allait bien, dis-je, lorsque cette femme vit, par l'ouverture d'une porte entrebâillée, Valentin distribuant à ses maîtres les cachets de leçons qu'il était impossible qu'il eût prises. Annette voit ici une affaire compliquée dont la découverte lui fera honneur auprès de madame. Un petit paresseux, qui n'a pas le moindre égard pour M. Hippolyte; des maîtres fripons, qui reçoivent l'argent qu'ils n'ont pas gagné; la jeune Estelle, qui tolère tout cela; quel texte pour une bavarde!

Madame la présidente ajouta encore à ce que lui avait dit Annette,

Elle parsema son discours d'observations fines, de réflexions profondes, et elle conclut à ce qu'on prît un parti sérieux à l'égard de Valentin.

Le président, homme intègre, ainsi que j'ai eu l'honneur de vous le dire au commencement de cet intéressant ouvrage; le président, qui sentait quelquefois de l'émotion dans ses entrailles paternelles, écouta très-attentivement madame son épouse, puis il prononça qu'il allait juger par lui-même des torts de l'accusé.

Les mousquetaires surpris par le guet dans la petite maison du président.

En conséquence, il fit venir Valentin, et le pauvre enfant eut à soutenir une thèse en lecture, en arithmétique et en danse. Il était en état de répondre assez passablement, grâce aux soins de l'aimable Estelle; mais l'air sévère du président le déconcerta. Il balbutia; on le gronda, et il fut impossible de lui arracher un mot satisfaisant. Comme il se moquait de tout, il ne prenait jamais la peine de mentir. Il convint très-franchement qu'il donnait toujours ses cachets à ses maîtres et que jamais il ne prenait de leçons. En quittant le papa, il rencontra M. Hippolyte, qui jouait au charretier et qui lui donna un coup de fouet par la figure. Valentin lui arracha le fouet, le rossa si bien que toute la maison fut rassemblée en un instant. Le délit était très-grave; il était constaté, et il ne fut plus question que du jugement qu'on porterait contre le coupable.

Madame la présidente prononça que Valentin serait un fort mauvais sujet; qu'il était urgent de garantir Hippolyte de la contagion, et qu'il fallait, sans tarder, éloigner de l'hôtel celui qui avait osé le frapper avec un acharnement soutenu. Le président était plein de déférence pour sa femme. Il sentait peut-être que Valentin serait désormais très-malheureux à l'hôtel, et il alla de suite s'arranger avec le principal du collége de Sainte-Barbe, où on ne gâte pas les enfants, où on les instruit bien, et où on distingue ceux qui annoncent des dispositions.

Le soir, Valentin sortit gaiement de sa chambre, où on l'avait provisoirement enfermé; il monta gaiement dans le carrosse du papa, après avoir embrassé Estelle sur les deux joues, et il descendit au collége de Sainte-Barbe : c'était l'heure de la récréation. Il fut prendre la main de tous ses nouveaux camarades, et il leur tint ce discours, digne d'être remarqué : — Je suis un bon enfant. Si vous me ressemblez, nous vivrons à merveille ensemble. S'il en est quelques-uns qui aiment la guerre, je les préviens que j'ai les poings au bout des bras.

Le principal décida que cette courte harangue annonçait un grand caractère; le président fut du même avis. Il embrassa Valentin, et lui promit que, si on était content de lui, il viendrait dîner les dimanches à l'hôtel.

Il fallait colorer aux yeux de madame Duplant l'adoucissement qu'on venait de promettre à Valentin, et son mari lui rapporta avec emphase la harangue spartiate que cet enfant venait d'adresser à messieurs de Sainte-Barbe. Madame la trouva plate et triviale. *J'ai les poings au bout des bras* est une expression populacière, repoussante pour les gens comme il faut. Au reste, Valentin tient de sa mère. En faisant ces observations, madame oubliait que la pauvre Estelle était aussi l'enfant d'une fille.

Il n'y eut point de discussion entre monsieur et madame pour savoir si Valentin viendrait ou non le dimanche suivant à l'hôtel : les écoliers, comme les soldats, ont l'habitude de *tâter* les nouveaux venus. Valentin, offensé, donna le premier coup, et il fut puni parce qu'au collége il est défendu de se faire justice soi-même. Le lendemain, il écrivit son nom sur une carte; en entrant en classe, il déposa son billet de visite sur la chaire du régent de septième ou de huitième, et il alla courir de corridor en corridor et de cour en cour. Ne sachant trop que faire, il entonna la complainte de Geneviève de Brabant, qu'il avait apprise du cuisinier de l'hôtel. Un monsieur chargé de surveiller la conduite des écoliers, et que ces espiègles désignent par le nom de *gâcheux*, arriva aux accents mélodieux de sa voix et lui demanda pourquoi il n'était pas en classe. Valentin répondit qu'il avait donné son cachet, et qu'il comptait bien en faire autant tous les jours. Le gâcheux le prit par la main et le conduisit poliment sur son banc. Son régent sourit en le voyant, et par conséquent il ne put le punir. Valentin avait acquis sans efforts de très-jolis talents, et, ne voulant pas travailler, il s'amusa à faire des boulettes de papier mâché qu'il lançait du pouce et du second doigt avec une adresse toute particulière. Il en fit pleuvoir de tous les côtés et il mit le désordre dans les rangs. Le régent le regarde d'un air sévère, et une boulette tombe aussitôt sur le nez du régent. Ce crime irrémissible provoque un appel à l'exécuteur des hautes œuvres du collége, et Valentin, en recevant la correction, lui disait : — Je ne pleure jamais, je vous en préviens; faites ce que vous voudrez.

Premières épreuves du garçon sans souci.

Ce petit train de vie dura quinze jours. Le principal se plaignit au président, et menaçait de renvoyer l'enfant. Le président, qui jamais n'avait été embarrassé à l'audience, le fut beaucoup dans cette affaire-ci. Il se souvint enfin que Valentin aimait Estelle, et qu'elle obtiendrait peut-être ce qu'il refuserait à toute autre considération. Il la pressa d'écrire à son ami un billet propre à le faire changer de conduite.

Estelle n'avait pas besoin d'être pressée pour cela, ni d'écrire quatre pages pour se faire entendre. Elle n'écrivit que ces mots : « Tu ne veux donc plus me voir, puisque tu fais tout ce qu'il faut pour t'éloigner de l'hôtel. Moi, je désire t'embrasser. »

Valentin, aussi concis qu'elle, lui répondit : « Estelle, je t'embrasserai dimanche. »

Et en effet Valentin travailla avec ardeur toute la journée et les jours suivants. Il faisait mieux que tout autre quand il voulait en prendre la peine. Plus de boulettes, plus de querelles. Des prévenances, des égards pour son régent et M. le gâcheux le firent distinguer d'une façon toute particulière. Le régent et le gâcheux rendirent compte au principal de l'excellente conduite de leur élève, et le principal écrivit au président qu'avec de la douceur on ferait tout de cet enfant-là.

M. Duplant déclara à madame avec assez de résolution qu'il tiendrait à Valentin la parole qu'il lui avait donnée. Madame répondit avec un petit air sec que monsieur était bien le maître, mais que son fils et le sien iraient dîner en ville, parce qu'elle n'entendait pas qu'il fût exposé aux brutalités de Valentin. — Eh bien! ma chère amie, on enverra Hippolyte chez sa bonne maman. — Vous oubliez que le dimanche elle dîne avec nous, et bien certainement je ne confierai pas mon fils à des étrangers. — Mais, madame, j'ai promis à Valentin... — Ah! monsieur, vous ne m'aimez plus. Un soupir ou deux accompagna ou accompagnèrent ces derniers mots.

Que pouvait répondre un mari débonnaire à une semblable interpellation? Monsieur embrassa madame, ce qui signifiait clairement : Valentin restera à Sainte-Barbe.

Cependant il était midi; dans ce temps-là on dînait à deux heures, et les écoliers comptent les moments. Valentin avait son *exeat*, et on le lui avait donné avec beaucoup de plaisir. Mais l'*exeat* ne suffisait pas pour ouvrir la grille, il fallait que l'enfant fût remis au mentor en livrée ou en tablier blanc qui devait le conduire du collége au toit paternel. Valentin comptait les minutes, et ne voyait paraître ni Annette ni Saint-Jean. Ennuyé d'attendre, il se glisse avec un camarade qu'on est venu chercher; il présente son *exeat* au concierge, assez occupé à reconnaître les figures des sortants pour n'avoir pas toujours le temps de compter les domestiques. Valentin est dans la rue.

Il ne sait plus de quel côté se tourner; mais rien ne l'embarrasse. Il rencontre un fiacre, saute dedans, nomme M. le président et la rue Saint-Louis. Le voilà en route, et bientôt il descend à la porte de l'hôtel. Il fait payer la course au suisse et grimpe au salon en chantant.

Depuis deux ou trois heures, Estelle comptait aussi les minutes. Elle errait de chambre en chambre, et mettait sa jolie petite tête à toutes les croisées. Elle entend, elle reconnaît la voix de son ami; elle tressaille et court se jeter dans ses bras. Les premiers baisers donnés et rendus peut-être avec un peu trop d'énergie, Estelle prend la main de Valentin et l'introduit au salon. Madame Duplant, à son aspect, fait une mine qui indique positivement à son mari ce qu'il a à dire dans une circonstance aussi sérieuse. — Valentin, pourquoi es-tu venu ici sans permission? — Sans permission, monsieur! je l'ai dans ma poche, et il tire son *exeat*. — Voilà bien l'autorisation du principal, mais la mienne? — Vous me l'avez donnée, monsieur. — Quand? — En me conduisant à Sainte-Barbe, vous m'avez dit que je viendrais dîner à l'hôtel, le dimanche, quand on aurait été content de moi pendant la semaine, et on l'a été beaucoup, considérablement, extrêmement : mon *exeat* en est la preuve. — Ma foi, madame, je n'ai rien à répliquer à cela. — Mais, monsieur, il devait attendre qu'on allât le chercher. — Eh, madame, j'attendrais encore. — Allons, allons, ma chère amie, ne pointillons pas davantage. Valentin, tu dîneras avec nous; mais sois sage. Je te le recommande expressément.

Depuis qu'il était au collége, Hippolyte avait choisi un autre but de ses espiègleries ou de ses méchancetés. Il était né avec un assez bon cœur; mais on faisait tout ce qu'il fallait pour le lui gâter, et on n'écoutait les plaintes de personne. Estelle passait auprès de lui la plus grande partie des journées, et c'était principalement sur elle que tombaient les saillies amères ou piquantes et les traits de malignité de M. Hippolyte. Estelle, blessée, allait pleurer dans sa chambre, et c'est ce qu'elle pouvait faire de mieux.

On était à table, et on avait eu la précaution de mettre Hippolyte au haut bout et Valentin du côté de la porte. Placés ainsi, il était difficile qu'ils se querellassent; mais ce jour-là il passa par la tête de M. Hippolyte d'empêcher Estelle de dîner, et il vida dans sa soupe une moitié de salière qui était à sa gauche. Valentin mangeait comme un écolier; mais il ne perdait pas Estelle de vue. Il lança à Hippolyte un regard foudroyant. Estelle laisse le potage, et Saint-Jean, qui a tout vu, se hâte d'enlever l'assiette. On sert à Estelle du fricandeau, et Hippolyte y jette le contenu d'une poivrière qui était à sa droite. Valentin se lève, et, se dressant sur la pointe de ses petits pieds : — Hippolyte, s'écrie-t-il, si tu fais encore une méchanceté à Estelle, je te lance mon assiette à la tête. — Je voudrais bien voir cela! dit la présidente d'un ton à faire tout trembler. — Eh bien, madame, vous l'avez vu, réplique Valentin, et en effet l'assiette est partie et va se briser contre une glace, qu'elle met en éclats. Hippolyte, qui n'a pas été touché, crie comme si on lui eût fendu la tête; madame Duplant crie comme si son fils était mort; Valentin crie qu'on ait du moins à l'entendre; Saint-Jean crie le récit des méfaits de M. Hippolyte; le président crie que tout le monde ait à se taire. Les faits bien éclaircis et bien connus, la présidente dit à Hippolyte en le caressant : — Allons, mon fils, ce n'est rien; ce n'est rien, mon cher enfant; remets-toi à table, je veux que tu dînes. Elle ajouta qu'Estelle, qui n'avait rien dit, était une rapporteuse, et Valentin un petit scélérat qu'il fallait à l'instant même renvoyer à son collége. Madame n'avait pas d'excellentes raisons à donner pour empêcher Valentin de dîner; mais elle pleura, et femme qui pleure a toujours raison... auprès de certains maris.

Le président fit au domestique un signe très-impératif. Saint-Jean prit le bras de Valentin, et Valentin sortit en protestant qu'il ne travaillerait pas s'il ne devait plus voir Estelle. Saint-Jean lui fit faire une pause à l'office, et bras dessus bras dessous, comme deux bons amis, ils arrivèrent à Sainte-Barbe.

— Viens avec moi, Saint-Jean; je vais parler à M. le principal, et tu rendras mot pour mot ce que je lui aurai dit.

— Monsieur, mon devoir de demain est fait, et je vais le mettre en pièces. Je n'irai plus en classe, et si on m'y traîne, j'y transformerai mon rudiment et mon dictionnaire en boulettes; si on me punit, j'en rirai; si on me chasse du collége, je reverrai Estelle. Mon parti est pris; prenez le vôtre.

Le principal, étourdi de cette harangue, tira Saint-Jean à part et lui en demanda l'explication. Quand il connut les détails, il jugea que Valentin avait moins de tort que ses parents; il se confirma dans l'opinion que jamais on ne réduirait cet enfant que par la douceur. Il lui recommanda de ne pas déchirer son devoir; il lui promit qu'il reverrait Estelle, et il écrivit au président qu'il fallait seulement changer le lieu de la scène, et que, puisque la présidente douairière dînait chez lui le dimanche, il fallait, le jeudi, faire dîner Valentin chez elle, avec cette Estelle, pour qui il ferait tout.

L'intervention de madame Duplant n'étant pas d'absolue nécessité dans cette négociation, le président, qui vraiment affectionnait Valentin, accepta, sans balancer, les propositions du principal, et il se reposa sur sa femme du soin de garder Hippolyte le jeudi et de garantir sa fille de ses persécutions pendant la semaine. Il connaissait peu le cœur humain : une femme tient faiblement à son enfant quand elle en a totalement oublié le père, et bientôt Estelle ne compta plus de jours heureux que les jeudis.

Mais le jeudi! on l'attendait dès le vendredi précédent. Valentin travaillait avec opiniâtreté, et il voyait le jeudi dans chacun des éloges qu'il obtenait. Estelle oubliait ses chagrins de la journée en pensant que le jour écoulé la rapprochait de Valentin.

Insensiblement, M. Duplant éprouvait pour Estelle, non la dureté, mais l'indifférence que sa femme avait pour Valentin. Il est des choses qu'on n'aime pas à se dire, mais qu'on sent fort bien. Le président se conduisait en homme qui ne devait pas plus à la fille de madame, que madame au fils de son mari. Devenu tout à fait indifférent sur le sort d'Estelle, toutes les affections de la présidente étant réunies sur Hippolyte, la pauvre petite resta sans appui. Ces enfants de l'amour, on les fait avec tant de plaisir! comment peut-on les oublier sitôt?

Valentin faisait des progrès rapides. Il enlevait tous les prix et ne faisait pas de jaloux : ses camarades avouaient de bonne foi sa supériorité. Le sentiment qui l'attachait à Estelle croissait avec l'âge, et il en attendait le bonheur de sa vie. Estelle lui accordait le plus tendre retour. Mais, quelque vif que fût son attachement, il ne balançait pas toujours les chagrins cuisants auxquels elle était en proie. Sa raison se développait; elle ne concevait rien à la froideur que lui marquaient ses parents, à l'indulgence qu'ils avaient pour Hippolyte. L'espèce d'abjection dans laquelle on la tenait lui parut enfin insupportable, et elle pria madame Duplant de lui faire terminer son éducation dans un couvent.

La présidente fut enchantée d'une proposition que peut-être elle n'aurait pas tardé à faire elle-même. Elle en parla à son mari, qui trouva qu'Estelle pensait en fille raisonnable. Il est à présumer, ajouta-t-il, que le goût du cloître lui viendra; il faut tâcher de le faire naître, et, pour cela, il sera bien de mettre cette petite fille dans une maison agréable. Dès le lendemain, on conduisit Estelle à l'Abbaye-aux-Bois.

La pauvre enfant fut étonnée de la promptitude avec laquelle on se rendait à ses désirs. Elle pressentit que, sans s'en douter, elle était entrée dans les vues de ses parents, et qu'on l'oublierait dès qu'on ne la verrait plus. Valentin se retraça à sa mémoire, et elle demanda, en partant pour le couvent, que le seul jour de bonheur dont elle jouissait dans la semaine ne lui fût pas ôté. C'est chez la bonne maman que se passait le jeudi; M. et madame Duplant n'en avaient pas l'embarras, et la grâce demandée fut obtenue avec facilité.

Quel fut l'état de Valentin lorsque, le jeudi suivant, il apprit qu'Estelle était au couvent! Les amoureux ont, je ne sais pourquoi, la mauvaise habitude de mettre tout au pis, et de croire, sans restriction, tout ce qu'ils craignent. Valentin s'écria qu'on voulait faire Estelle religieuse. Estelle, à qui cette idée n'était pas venue encore, l'adopta à l'instant. Ils s'embrassèrent, comme on s'embrasse quand on s'aime bien, et ils pleurèrent ensemble, ce qui, dit-on, est fort doux.

Valentin n'était pas un garçon à rester longtemps dans cet état apathique. Il se leva, prit un air menaçant, frappa le parquet du pied, menaça du poing la voûte azurée, et jura que, si on osait contraindre

Estelle, il ne laisserait pas pierre sur pierre dans le couvent, et qu'il enlèverait son amie à travers les décombres. Et aussitôt éclatant de rire et prenant la main d'Estelle : — Bah! bah! lui dit-il, profitons du bon temps; ne nous occupons pas de ce qui peut arriver. Après tout, pour être religieuse, il faut dire oui; tu diras non, et qu'en arrivera-t-il? Le président se fâchera; je crierai plus haut que lui. En attendant tout cela, pensons que c'est aujourd'hui jeudi, et vive la joie!

Une bonne idée ne va guère sans une autre. La clôture d'Estelle fit penser à M. Duplant que l'état militaire, auquel il destinait Valentin, n'enrichit pas facilement, et qu'il faudrait ajouter longtemps à la modicité des appointements. Le président était assez proche parent d'un prélat, qui aimait que son clergé représentât, et qui, par cette raison, donnait toujours les bénéfices à ceux qui pouvaient s'en passer. Il félicita le président sur la vocation réelle ou imaginaire de Valentin. Il promit le premier bénéfice simple qui viendrait à vaquer, et pour en manger dignement le produit, l'enfant n'avait qu'à prendre un habit noir et à se laisser couper une pincée de cheveux.

Six mois s'écoulèrent avant que monseigneur pût disposer d'un canonicat. Mais, un certain jour, le président se rendit à Sainte-Barbe, et il notifia à Valentin qu'il fallait renoncer au plumet pour prendre le petit collet. Valentin rit comme un fou. Il dit qu'il n'avait aucun goût pour l'état ecclésiastique, et qu'il voulait l'habit uniforme qu'on lui avait promis. Le président répondit qu'on eût à se soumettre à sa volonté, ou qu'il retirerait ses bienfaits. Valentin répliqua qu'une affaire de cette importance valait bien qu'on y pensât vingt-quatre heures, et que, le lendemain, il donnerait une réponse définitive.

Quand il fut rentré dans sa chambre, il s'assit sur son lit, et commença par se frotter les mains. Un preneur de tabac eût tiré sa tabatière; cela donne des idées.

— Allons, dit-il, ils veulent nous séparer Estelle et moi, et ils en auront le démenti. Cependant il faut vivre, et une tonsure n'engage à rien. Ma foi, je serai chanoine, jusqu'à ce que je veuille être autre chose. L'abbé de Merville! oui, ce nom-là sonne bien, et ma figure ne s'accorde pas mal avec le nom. Le président cédera quelque chose pour obtenir le tout; je lui dirai que je suis en rhétorique, et qu'un rhétoricien sait se conduire, qu'en conséquence j'entends toucher mes revenus et en faire ce qu'il me plaira. J'économiserai; j'aurai toujours cent louis en réserve; avec cela on va loin; et le jour où il faudra entrer dans les ordres, ou celui de la profession d'Estelle... eh bien, nous verrons.

Le lendemain il écrivit au président :

« Monsieur,

» Vous êtes trop bien éclairé sur ma vocation pour que je puisse la combattre. Je suis disposé à m'agenouiller devant monseigneur. Mais je vous prie de remarquer que les mains profanes ne peuvent, sous aucun prétexte, toucher aux revenus de l'église, et que j'aurai seul le droit de disposer du mien. Si vous êtes pénétré de la force et de la justesse de mon observation, je suis à vos ordres. »

La tournure de cette lettre parut peu respectueuse; mais elle décidait de l'objet essentiel. La présidente dit à son mari que le bénéfice de Valentin allait le mettre dans une sorte d'opulence, et que, tranquilles sur son sort à venir, on ne devait plus s'en occuper. Elle ajoutait que, s'il se conduisait mal, on lui prouverait, la lettre à la main, qu'il n'avait droit à aucun secours. Le président n'était plus jeune; il commençait à craindre toute espèce d'embarras; son cœur ne lui disait plus rien pour Valentin; il lui envoya ce billet laconique :

« Vous toucherez vos revenus; faites-en un bon usage. Demain, je vous enverrai mon tailleur. Après-demain, je vous présenterai à monseigneur. »

Le canonicat était de mille écus. Valentin fut ivre un moment de ses incalculables richesses. Parbleu, s'écria-t-il tout à coup, je suis un grand sot! Combien de faquins n'ai-je pas vus à l'hôtel, et dont tout le mérite était dans leur fortune? A combien de ces gens-là ne tournerait-on pas le dos, s'ils n'avaient leurs poches pleines d'or! On les accueille, on les caresse, on leur marque de l'estime, sans savoir s'ils le méritent ou non. Tout s'achète donc à présent, jusqu'à la considération?... Eh, mais ma fortune ajoutera à celle que je mérite personnellement. Je serai vraiment un personnage recommandable, et les égards dont on me comblera seront partagés par Estelle... Que je suis simple, moi! je ne l'épouserai pas tant que je serai chanoine. Eh bien, je me *décanoniserai* quand le moment sera venu, et avec mes épargnes... Oh! c'est charmant, c'est charmant!

Le président avait toujours été très-exact à tenir sa parole, et il poussait l'exactitude jusqu'au rigorisme quand son intérêt l'y portait. Au jour, à l'heure convenus, son carrosse était à la porte de Sainte-Barbe, et il fit dire à M. de Merville qu'il l'attendait. Valentin avait pris son nouveau costume, et il ne se lassait pas de se regarder dans son petit miroir. En effet, c'était bien le plus gentil petit abbé!... En quatre sauts, il passa de sa chambre dans le carrosse du président, et bientôt on descendit chez monseigneur.

Cinq à six espiègles de l'âge de Valentin, vêtus comme lui, avec une riche simplicité, attendaient que le prélat parût. C'étaient autant de chanoines et de chapelains, qui n'avaient besoin ni de chapelles ni de canonicats. Monseigneur agit en homme de cœur, avec cette noble aisance, ces manières expéditives que donne l'usage du très-grand monde. La cérémonie fut terminée en un quart d'heure, en y comprenant le temps nécessaire au débit d'une instruction pastorale, débitée d'un ton qui n'annonçait pas une persuasion très-intime. En sortant de chez le prélat, le président mit Valentin dans un fiacre, qui le reconduisit à Sainte-Barbe.

Le jeudi suivant, Valentin, paré de sa jeunesse, de ses petites grâces et de ce que son nouveau costume a de plus recherché, courut se présenter à Estelle, qui fondit en larmes en le voyant. — Ah! s'écria-t-elle, tu as pu prendre cet habit? — Il n'en est pas de plus avantageux. — Il nous sépare. — Il nous rapproche. Et là-dessus les questions, les interpellations, les explications, la satisfaction, la réconciliation, et tout ce qui s'ensuit... d'honnête, bien étendu.

Comme une réconciliation ajoute à la tendresse, que la tendresse est toujours soumise à l'imagination, et que l'imagination ne s'arrête jamais, nos jeunes gens regrettèrent qu'il n'y eût qu'un jeudi par semaine, et ils résolurent d'en faire un second du dimanche. Toutes les grilles possibles doivent s'abaisser devant un petit collet et un manteau court, et Valentin ne doutait pas que les religieuses le reçussent avec empressement au parloir. Estelle se promit de prendre un air plus réservé, de baisser les yeux davantage, et d'être très-attentive aux offices, afin de gagner la confiance de madame la supérieure. Elle était très-liée avec madame la dépositaire, jeune religieuse dont les parents avaient eu de la vocation pour elle, et qui se ferait un plaisir de fournir la pâtisserie, les confitures et les sirops, quand Valentin viendrait au couvent.

La présidente douairière était sourde. Elle faisait quelques questions quand elle voyait rire ou pleurer. On y répondait bien ou mal; elle n'entendait pas, et elle reprenait son *Gil Blas*, qu'elle lisait pour la centième fois, ce qui prouve qu'elle était connaisseuse.

La mère Sainte-Rose aimait beaucoup Estelle, et se sentait assez de disposition à faire la collation le dimanche avec un joli petit abbé; mais il fallait que tout fût disposé d'après les règles invariables du couvent; il fallait surtout ne pas marquer trop d'empressement à la supérieure, dont le consentement était d'absolue nécessité. Oh! si on pouvait lui inspirer le désir de voir le petit abbé, et l'idée de l'admettre le dimanche! plus de permission à demander, plus de réprimandes à craindre; si plus tard, il survenait quelques abus, on pourrait répondre à tout : madame, vous l'avez voulu.

Tout cela n'était pas mal calculé pour une nonnette de dix-huit ans. Estelle, qui n'en avait que quinze, était pourtant assez avancée pour sentir la justesse et la profondeur d'une telle conception. Qu'est-ce donc que l'esprit féminin? C'est ce que nous ne connaissons pas trop, messieurs, quoi que nous puissions en dire. Ce qu'il y a de certain, c'est qu'il se développe longtemps avant le nôtre, et qu'il se soutient dans toute sa force à un âge où, très-ordinairement, notre imagination est éteinte. Cet esprit-là vaut-il mieux que le nôtre? Voilà une question que je n'entreprendrai pas de résoudre, mais qui pourrait donner lieu à une dissertation métaphysique assez volumineuse pour ruiner un libraire.

Dès le vendredi, en sortant des matines, la petite Sainte-Rose parla à madame du petit abbé, mais d'une manière assez vague. Le feu de la curiosité s'allumait aisément dans les cloîtres. Madame multiplia les questions. Sainte-Rose s'étendit un peu sur la naissance, la piété et les agréments de l'abbé de Merville. Madame, heureuse de trouver l'occasion de varier ses conversations claustrales, interrogea encore. Sainte-Rose feignit d'ignorer les détails, et renvoya madame à Estelle. Estelle, qui était préparée, fit d'une étincelle un incendie.

Désir de nonne est un feu qui dévore,

a dit Gresset. Il fallait à madame un prétexte honnête pour céder au sien. Elle connaissait les vues de la présidente sur Estelle; le projet de la cloîtrer était encore un secret pour tout le monde, et sa vocation ne paraissait pas décidée. N'était-ce pas une action louable d'entreprendre de la déterminer par la force de l'exemple? Un enfant avec qui elle avait été élevée, pour qui elle avait une sincère amitié, et qui de bonne foi, et dans sa première jeunesse, renonçait aux vanités du monde, n'était-il pas fait pour l'entraîner? Et puis, le petit collet lui allait si bien! disait-on. Ne serait-il pas tout simple qu'Estelle réfléchît que la guimpe a aussi sa coquetterie? Et qui sait jusqu'où peut mener cette idée-là?

Pour la première fois, Estelle laissa échapper quelques mots qui indiquaient un certain penchant à la piété, et déjà madame avait remarqué qu'elle n'avait plus de distraction aux offices. Estelle donna à entendre d'une manière détournée que M. l'abbé pouvait disposer d'une partie du dimanche, et madame résolut de l'inviter à venir au parloir.

Cependant comme la vie monastique n'ôte pas la vanité, et que madame avait celle de connaître parfaitement les usages du monde et les convenances, elle écrivit à la présidente une longue lettre dans laquelle elle développait ses vues, et qu'elle terminait en lui demandant son assentiment.

Madame Duplant répondit qu'à la vérité M. de Merville devait entrer dans les ordres, mais que jusqu'alors il n'avait pas donné une idée bien positive de sa piété; qu'au surplus, puisqu'il voyait Estelle le jeudi, elle ne voyait pas d'inconvénient à ce qu'elle le reçût le dimanche.

Ils s'aiment, pensait la présidente. Mais que cette inclination-là croisse ou s'éteigne, ils seront toujours obligés de céder à notre volonté, et le temps les ramènera, tôt ou tard, à ce calme qu'il finit toujours par produire : j'en sais quelque chose.

Madame la présidente avait quarante ans, et Estelle quinze; il était clair que la belle maman en avait passé vingt-cinq dans la dissipation, et quelques-uns à tromper son mari. Mais se souvient-on de ces choses-là quand on est intéressé à les oublier? D'ailleurs, quand on se jette dans la réforme, qu'importe que ce soit plus tôt ou plus tard? Le passé n'est-il pas éteint? et qu'en reste-t-il qu'un vain souvenir?

Estelle aurait pu répondre : Maman, quand j'aurai vingt-cinq ans, je penserai comme vous. Laissez-moi jouir des dix années qui doivent s'écouler d'ici là. Si je voulais discuter, je vous prouverais que vos jouissances se sont étendues bien plus loin, par l'amour de hasard que le président et vous avez eu la fantaisie ou le bon esprit de prendre l'un pour l'autre. Mais Estelle n'avait garde de parler de tout cela, par la raison qu'elle n'en savait rien.

Madame la supérieure avait dans sa pénétration une confiance absolue. Elle ne doutait pas qu'elle ne lût au premier coup d'œil dans l'âme du petit abbé, et les doutes de la présidente sur sa piété la disposaient à le juger favorablement sous tous les rapports : une religieuse, comme une autre, tient à son opinion, et souffre difficilement qu'on veuille en déterminer la direction. En conséquence, le dimanche matin, M. l'abbé reçut de madame un billet fort bien tourné qui l'invitait à paraître à la grille immédiatement après les vêpres.

Le billet avait quelque chose de mystique, qui égaya beaucoup le petit abbé, et quand il entra au parloir, il avait la bouche riante et le maintien aisé. Son premier coup d'œil, son premier mouvement furent pour Estelle; il trouva ensuite Sainte-Rose très-jolie, et il jugea que madame avait pu être très-bien il y avait trente ans. Le petit collet donne de l'assurance; aussi l'abbé ne marqua point le moindre embarras.

Madame le regarda par devant, par derrière, lui fit cent questions, auxquelles elle ne lui donna pas le temps de répondre, et finit par le proclamer un enfant charmant.

Madame voulut ensuite l'examiner sur ses connaissances théologiques. Elle lui parla des Pères; elle fit des citations en latin qu'elle n'entendait pas, et proposa des difficultés qu'elle n'aurait pu résoudre. Valentin ne connaissait aucun des grands hommes dont lui parlait madame, et il n'entendait rien à son galimatias. Mais ce n'était pas un garçon à rester court. Il parlait, il parlait... et quand il commençait à s'embrouiller, il se jetait sur un chant de *l'Enéide*, une ode d'Horace, ou une satire de Juvénal, et il ne revenait au français que lorsqu'il avait eu le temps de classer quelques idées. Il finit par réciter la mort de Didon avec tant d'onction et de sentiment, que madame le bénit en déclarant que ce jeune homme serait un des flambeaux de la foi.

M. le chapelain de la communauté parut, et on servit aussitôt une superbe collation. M. le chapelain était un heureux bénéficier, qui observait scrupuleusement les bienséances de son état, mais qui n'était pas rigoriste. Il trouvait l'abbé de Merville fort à son gré, et, sans partager la haute opinion que madame s'était faite de lui, opinion que sa jolie figure avait peut-être singulièrement contribué à former, il le combla d'amitiés. Valentin sentit la nécessité de se mettre de mieux en mieux dans l'esprit de cet homme-là, et il lui marqua toutes sortes d'égards. Le bon chapelain, enchanté, proposa à madame de faire entrer le jeune abbé les jours de grande fête et de l'admettre à l'aider à l'autel. Madame n'avait rien à refuser au chapelain. Il fut arrêté que, dès le lendemain, on s'occuperait des habits de chœur nécessaires au petit abbé pour faire le sous-diacre. Estelle et Sainte-Rose s'écrièrent qu'elles y travailleraient, et Estelle demanda si la première grande fête était encore bien éloignée.

On aurait gardé Valentin pendant quelques heures encore, mais l'office du soir sonnait, et madame devait donner l'exemple. On prit congé du petit abbé en l'invitant à ne pas se faire attendre le dimanche suivant.

En sortant, Valentin trouva le tour garni de confitures, de sirops et de liqueurs fines. La tourière avait eu la prévoyance d'aller chercher un fiacre, qu'elle garnit des provisions de l'abbé. L'abbé lui glissa un petit écu dans la main, et la tourière partagea aussitôt la bonne opinion que madame avait conçue de lui.

Qu'il est fâcheux que l'homme ne sache pas s'arrêter à propos! On a vu plus d'un conquérant perdre tout pour avoir voulu trop gagner. Ainsi, Valentin, gorgé de biscuits, de massepains, de bonbons et de vin muscat, voulut étendre ses jouissances dans la nuit. Sept à huit camarades furent invités à se glisser dans sa chambre quand tout le monde serait retiré, et ils trouvèrent l'ambigu servi sur un drap de lit ployé en quatre; le tout était sur une table de trois pieds en carré, ce qui avait forcé M. l'amphitryon à placer ses friandises pêle-mêle, en façon de pyramide. Les bouteilles étaient sous la table.

Il est difficile à sept à huit têtes de quinze à seize ans de jouir en silence. Les liqueurs exaltèrent les esprits, et le beau chanteur de la troupe commença une chanson qui n'avait rien de canonique.

M. le gâcheux, fidèle exécuteur de sa consigne, se promenait dans les corridors en chaussons de lisière pour n'être pas entendu, et il prêtait une oreille attentive afin de tout entendre. Les éclats de rire qui suivaient le refrain de la chanson lui indiquèrent la chambre de l'infracteur aux règlements de la maison.

Il frappa moelleusement à la porte de l'abbé de Merville, ce qui n'empêcha pas la bande joyeuse de pâlir, le petit abbé excepté : l'aiguillon du plaisir pouvait seul émouvoir celui-là. Il fut ouvrir, et, de l'air le plus aimable, il invita M. le gâcheux à prendre la place qui restait encore sur son lit.

Le gâcheux répondit à l'invitation par une mercuriale, en façon d'homélie, qui eût pu durer trois quarts d'heure, si son auditoire, remis de sa première frayeur et encouragé par l'exemple de Valentin, ne lui eût ri au nez. Outré de cette irrévérence, le gâcheux protesta qu'il allait éveiller deux cuistres de cuisine et faire enlever solides et liquides. A cette menace, Valentin prend son parti. Il roule avec ses camarades son lit contre la porte; on pousse le gâcheux dans le fond de la chambre, et on lui propose de partager le réveillon. Le gâcheux, qui dans toute autre circonstance eût accepté la proposition avec joie, la rejette avec la dignité qui convient à son emploi. — Eh bien, lui dit Valentin, vous serez témoin, puisque vous ne voulez pas être acteur. Et on mange, et on boit, et, persuadé qu'on n'a rien de plus à redouter, on continue la chansonnette, on berne, on bafoue M. le gâcheux.

On ne se doute pas qu'avant de frapper à la porte, il a tiré le cordon de la sonnette d'alarme, et qu'il n'a parlé que de deux valets pour qu'on ne pensât point à se mettre en état de siége; et, en effet, que peuvent deux pauvres diables contre un détachement de rhétoriciens? Il n'y a pas là de quoi les alarmer. Les quolibets et les rasades se succédaient rapidement lorsque tous les marmitons et les garçons de chambre de Sainte-Barbe arrivent armés de leviers et de bâtons. Dirigés par le bruit, ils font sauter en un moment les panneaux de la porte de l'abbé, et ils entrent par-dessus et par-dessous le lit.

— Messieurs, dit Valentin à ses camarades,

La valeur n'est valeur qu'autant qu'elle est utile,

a écrit Piron, et nous serions des imbéciles de nous faire assommer sans nécessité. Proposons à l'ennemi de capituler. — Pas de condition, s'écrie le gâcheux; qu'on se rende! — A discrétion? — A discrétion.

L'abbé représente à ses camarades que la plus mauvaise affaire a toujours un bon côté; que M. le gâcheux leur épargne à tous une indigestion qui était inévitable, que, pour les suites de leur fredaine, il n'y a qu'à mettre tout au pis pour avoir lieu de se féliciter du dénoûment. A un signal du gâcheux, on enlève nos espiègles, on les enferme bien exactement dans des chambres dont les portes sont à l'épreuve des coups de genou et même du bélier antique, et gâcheux et goujats viennent se jeter sur ce qui restait des dons de madame la supérieure, et font tout disparaître en un moment.

Valentin était plus pressé de dormir que de penser au lendemain. Il ne fit qu'un somme jusqu'à l'heure où on vint lui apporter l'ordre de comparaître par-devant M. le principal.

Ce chef suprême était doux, mais juste et ferme quand les circonstances l'exigeaient. Il était généralement aimé, et Valentin, qui avait des idées de justice et de subordination, répondait à chacun des reproches qui lui étaient adressés : — Vous avez raison, monsieur le principal. Le principal le menaça de la colère du président et du prélat qui l'avait nommé à un canonicat. — Oh! leur colère passera, monsieur le principal. — Mais les effets en seront peut-être sérieux. — Je les supporterai, monsieur le principal. — Retournez en classe, monsieur, et reprenez vos travaux ordinaires. — C'est une bonne pâte d'homme que ce principal, pensait Valentin en se retirant.

Les choses paraissaient avoir repris leur cours habituel, et, le mercredi soir, Valentin jouissait, par anticipation, du bienheureux jeudi, lorsqu'on vint lui dire qu'on le demandait au parloir. Le petit abbé y trouve un inconnu qui l'invite à le suivre, et l'abbé recule au lieu d'avancer. Cinq à six grands drôles sortent d'une chambre voisine, s'emparent de sa personne, le portent dans un fiacre et le conduisent tout droit à Saint-Lazare. C'est fort bien, se dit Valentin; au moins la maison est honnête, et on aurait pu me traiter plus mal. Mais mes jeudis? mais mes dimanches? Et Estelle? Bah! bah! quand je sortirai d'ici, je serai plus sensible au plaisir de la revoir. Et la supérieure, que va-t-elle penser de moi? Ma foi, tout ce qu'il lui plaira!

Il y avait là un geôlier en chef qui se faisait pompeusement appeler M. le préfet. Quand Valentin comparut devant lui, il lui demanda ce qu'il fallait faire pour vivre là en paix avec tout le monde. Le préfet répondit à sa question en lui faisant lire les règlements de la maison.

Valentin, qui voulait en sortir, se promit de faire ce qu'il fallait pour cela.

Il demandait à M. le préfet des livres de piété, qu'il ne lisait pas; du papier pour composer des sermons, qu'il comptait bien débiter un jour, et il faisait un opéra comique. Quelquefois il faisait un madrigal pour Estelle; une épître à sa prison, où on a tout le temps de penser à ce qu'on aime; une romance sur les douceurs de l'oisiveté. Il allait à la messe tous les jours, et il était impossible de voir si ses yeux étaient noirs ou bleus. Il était au mieux dans l'esprit de M. le préfet, ce qui ne l'empêchait pas d'être soumis à certain usage de la maison, qui n'était pas sans désagrément. Les pensionnaires de Saint-Lazare qui n'étaient pas adultes recevaient matin et soir la visite de trois frères, dont l'un portait une fraction de balai; le second prenait le patient par le bras et le jetait sur son dos; le troisième était fort expert dans l'art de faire sauter un bouton. Valentin comptait trente coups et remerciait très-gravement ces messieurs de ne pas lui en avoir donné soixante. On ne parlait dans la maison que de la résignation du petit abbé.

Tant de vertus devaient enfin avoir leur récompense. Le seizième jour, au matin, M. le préfet le fit descendre, l'exhorta à se mieux conduire à l'avenir à l'égard de M. le gâcheux, et lui notifia qu'il était le maître de retourner à Sainte-Barbe. Il ne se le fait pas dire deux fois; il prend sa course et se dirige, non vers le collége, on n'est pas pressé de rentrer là, il vole à l'Abbaye-aux-Bois en arrangeant une histoire pour madame la supérieure, et se promettant bien de ne pas dire un mot à Estelle des visites qu'il avait régulièrement reçues deux fois par jour.

La présidente douairière n'avait rien pu apprendre à Estelle de la destinée de Valentin, parce que le président, qui n'aurait pas été fâché que l'abbé parvînt aux premières dignités de l'Eglise, pourvu qu'il ne lui en coûtât rien, avait jugé à propos de taire à tout le monde, et surtout à monseigneur, la faute du néophyte et la correction qui en avait été la suite. Estelle n'avait trouvé rien de mieux à faire, que de pleurer pendant l'éternelle quinzaine, ce qui ne l'avait pas abrégée et ne lui avait pas rendu son ami. Quand elle le vit au parloir, ses larmes tarirent, son cœur battit fortement, les roses reparurent sur ses joues, et, par un mouvement prompt comme l'éclair, elle passa sa main au travers de la grille; elle y eût passé le bras et le reste du corps, si la violence de la compression ne l'eût avertie que le fer n'est pas élastique. Valentin se précipite sur cette main, il la baise, il la rebaise, il la mange, il la dévore; mais, comme il est difficile de baiser une main pendant une heure entière, il la rendit enfin à sa jolie propriétaire.

Pendant qu'il baisait et rebaisait, Sainte-Rose, qui accompagnait toujours Estelle au parloir, et qui trouvait ces petites caresses-là toutes naturelles, elle avait dix-huit ans; Sainte-Rose était allée courir par tout le couvent en criant le retour du petit abbé.

Madame la supérieure s'était beaucoup moins affligée de son absence qu'Estelle. Cependant, elle s'était aperçue, les dimanches, qu'il lui manquait quelque chose. Elle se rendit au parloir en trottillant: elle présenta aux baisers de l'abbé une main qui ne le tenta pas d'abuser de la permission, et elle lui demanda d'où il venait. — Du séminaire, madame, où monseigneur a jugé convenable de mettre en retraite et en méditation plusieurs jeunes ecclésiastiques. — Ne vous êtes-vous pas ennuyé là, mon cher enfant? car on ne peut pas toujours prier et méditer. — Oh! madame, j'ai composé un sermon, que je débiterai, si vous le permettez, le jour de la fête du fondateur de l'ordre. — Cela ne se peut pas, cher abbé, vous êtes encore trop jeune pour paraître en chaire. Mais il faut le faire lire à M. Morel, notre directeur; il trouvera certainement des idées heureuses. Mais dites-moi comment, avant de vous rendre au séminaire, vous n'avez pas écrit un mot à Estelle. Elle vous aime vraiment comme une sœur, et je vous avoue que je n'ai pas été sans inquiétude sur votre compte. — Madame, le portier de mon collége est un négligent qu'on devrait chasser. Il ne m'a remis l'ordre de monseigneur que deux heures après celle indiquée pour mon entrée au séminaire, et je n'ai pensé qu'à prouver ma soumission et mon exactitude à mes supérieurs. — Il est charmant! il est charmant!... Faire des sermons à quinze ans et demi! c'est admirable, madame Sainte-Rose... Ah! quel est donc ce rouleau de papier qui vient de tomber de votre poche? (C'était l'opéra comique.) Serait-ce le panégyrique de notre fondateur? — Madame... madame... — Point de fausse modestie, mon cher enfant, passez-moi cela par la grille. — Ce n'est pas mon sermon, madame, c'est... c'est... — Eh bien, qu'est-ce? Que je voie cela; donnez donc. — Madame, c'est une imitation d'un opéra de saint Augustin. — Comment, monsieur, saint Augustin a-t-il fait des opéras? — Hé, sans doute, madame; n'avez-vous pas lu en tête de ses ouvrages: *Opera sancti Augustini?* — Il a raison, il a raison. Ce que c'est que de ne pas entendre ce qu'on lit! Je ne me doutais pas, en lisant l'évêque d'Hippone, que je lisais des opéras. Passez-moi donc cela... Hé mais, mon cher ami, cela me parait bien tendre. — Oh! madame, ces personnages-là sont tous allégoriques, et leur amour n'est que celui du ciel, auquel vous avez consacré votre cœur.

Pendant que la supérieure lisait, Valentin passait à Estelle ses madrigaux et un long récit de son enlèvement et de son séjour à Saint-Lazare. En garçon prévoyant, il avait tenu cette pièce prête pour le jour de sa sortie. Peu expert encore dans l'art de glisser des billets doux, il s'y prit de manière que Sainte-Rose s'aperçut de quelque chose. Mais s'il est naturel de s'aimer, il ne l'est pas moins de se l'écrire, et l'indulgente nonnette tourna la tête de l'autre côté.

Tout doit finir dans le monde, scènes d'amour comme les autres: Valentin fut obligé de s'arracher du parloir et d'aller montrer sa confusion à messieurs de Sainte-Barbe. Le principal l'accueillit mieux qu'il ne l'espérait, et son retour fut une fête pour ses camarades. L'année scolastique allait finir; on s'occupait sérieusement d'exercices publics et de compositions pour les prix. Quand on est fortement appliqué pour son propre compte, on ne se mêle pas des affaires d'autrui: l'aventure de Valentin fut bientôt oubliée, et il résolut de l'effacer du souvenir d'Estelle en déposant à ses pieds et ses couronnes et ses prix.

Vous jugez bien que la première fois que Valentin retourna au couvent, madame n'oublia pas de lui demander son sermon; que Valentin avait prévu cela, et, qu'incapable d'en composer un bon, il avait trouvé à propos de copier dans nos anciens sermonnaires. Trop adroit pour piller le Petit-Carême et Bourdaloue, que la supérieure devait savoir par cœur, il avait emprunté un sermon tout entier du petit père André, dont on se rappelle les facéties, mais qu'on ne lit plus.

Le dimanche suivant, il charge un fiacre de couronnes, d'une vingtaine de volumes et de sa petite personne. Il a sa copie du petit père André dans la poche, et il part gaiement pour aller faire à la grille une autre moisson de lauriers.

Après les premiers compliments, les premières félicitations, une longue suite d'effusions... de cœur, madame la supérieure, qui tenait beaucoup à ses premières idées, demanda le sermon avec instances, et l'abbé, d'un air modeste, tira le cahier de sa poche. Elle lut à haute voix, d'un ton plein d'onction, et bientôt elle éclata de rire. L'abbé Morel, le meilleur homme du monde, rit aussi en tenant son gros ventre à deux mains. Quand la supérieure d'un couvent et le directeur rient, toutes les nonnes doivent rire. Sainte-Rose et Estelle partirent aussitôt, et bientôt de longs éclats se firent entendre dans l'intérieur de la maison. Que de fois, dans la société, j'ai vu rire *de confiance*, ou par procédés, des gens qui n'étaient au courant de rien!

Quand on cessa de pouvoir rire, on essaya de parler raison. Madame dit d'un ton tranchant que jamais on n'avait fait rire en chaire, et qu'il était facile de voir que ce sermon était l'essai d'un jeune homme qui avait à se former le goût et le jugement. Valentin, qui était toujours à la réplique, répondit gravement ce que vous allez lire: — Madame, je vais régulièrement au sermon le dimanche matin (il mentait), et je vois toujours la moitié de l'auditoire assoupi. Pourquoi? parce que le prédicateur n'a pas le talent de le tenir éveillé. Vous savez, madame, que quand on rit on ne bâille pas, et que celui qui commence par faire rire finit toujours par se faire écouter. D'ailleurs, l'homme de génie ne se traîne point sur les traces de ses devanciers; il se fraye une route nouvelle; il crée, et c'est ce que je me propose de faire. — Il est charmant! il est charmant! n'est-il pas vrai, monsieur Morel? — Oh! tout à fait, madame. Mais, je pense, comme vous, que ce sermon-là ne peut être prêché qu'ici.

Valentin se souciait fort peu du jugement qu'on porterait sur l'œuvre du petit père André. Il était tiré d'embarras, c'était tout ce qu'il voulait. Il fêta la collation de madame; il glissa à Estelle un tendre billet; il en reçut un, qu'en fille polie, et qui sait qu'on doit toujours répondre, elle avait tenu prêt. Il entra le lendemain en philosophie pour en sortir sans être philosophe, car tout le monde sait que rien n'est moins philosophique que la philosophie de collége.

C'est quelque chose de fort agréable que de voir la femme qu'on préfère, de lui baiser la main, de causer et de faire la collation avec elle. Mais l'homme, je crois vous l'avoir déjà dit, ne sait jamais se borner. Valentin devenait grand garçon; il avait beaucoup de théorie sur certaines choses, et il avait une envie inexprimable de causer avec Estelle de plus près. La fête du patron de la communauté lui procura cette satisfaction ineffable. Elle lui coûta un peu cher; mais il était heureusement né, et, comme Figaro, il jouissait du bon temps et il supportait le mauvais.

Ce grand jour donc éclairait à peine l'hémisphère, que l'abbé, beau comme un chérubin et paré comme une châsse, s'achemina vers le couvent. Toutes les portes s'ouvrent devant lui; il court à la sacristie, où était déjà M. Morel; il couvre sa soutane des ornements brillants et neufs, que les plus jolies mains du monde, pour lui du moins, avaient façonnés avec des soins si recherchés. Madame la supérieure lui passa la main sous le menton, et protesta qu'il y avait quelque chose d'angélique dans toute sa petite personne; Estelle rougit en le regardant; Sainte-Rose lui sourit, et l'heureux petit fripon suivit l'officiant.

L'abbé Morel représenta fort bien. Il fit du patron un panégyrique auquel l'auditoire ne comprit rien ni lui non plus, et les cérémonies bien et dûment terminées, on se disposa à fêter un splendide diner. L'abbé de Merville était à table à côté d'Estelle, qu'on avait admise, et sans tirer à conséquence, au réfectoire de mesdames. Ce n'était pas la supérieure qui avait arrangé les places; mais Valentin cherchait Estelle, Estelle cherchait Valentin. Deux amants qui se cherchent se trouvent bientôt, et ceux-ci, accolés l'un à l'autre, étaient tombés sympathiquement sur les premières chaises qu'ils avaient trouvées devant eux.

Je ne sais comment le genou du voisin avait trouvé celui de la voisine, comment le pied de la voisine avait rencontré celui du voisin : mais la position leur plut; ils la gardèrent pendant tout le dîner; ils se dirent ainsi beaucoup de choses, et cette manière de causer n'est pas sans dangers imminents.

Ce qu'il y a de certain, c'est que, lorsqu'on passa du réfectoire chez madame, où, en raison de la solennité du jour, on devait se récréer à chanter des motets, et ensuite à jouer à *Pigeon vole*, et à *Je vous vends mon corbillon*, Valentin et Estelle ne se trouvèrent pas présents. Madame regarda l'abbé Morel; l'abbé Morel regarda madame, et Sainte-Rose, aussi pénétrante qu'elle était bonne, courut précipitamment à la chambre de la petite Duplant. Madame, qui n'était pas à beaucoup près aussi leste, y arriva pourtant quelques secondes après Sainte-Rose. La porte était ouverte : C'est fort bien, disait madame; mais l'abbé ne devrait pas être là. Et puis sa couronne de cheveux était un peu dérangée; Estelle, droite comme un piquet et rouge comme une cerise, avait les yeux collés au parquet. Madame remarquait quelque désordre au fichu. Certains jurisconsultes prétendent que plusieurs semi-preuves équivalent à une preuve complète, et madame pensa comme eux. Piquée d'avoir été dupe d'un petit abbé de seize ans, obligée peut-être de punir avec éclat un délit qui pouvait devenir public dans la maison, elle prononça formellement à M. de Merville l'arrêt d'un bannissement éternel. Estelle pleura : c'était toujours là sa ressource. Elle n'en fut pas traitée avec plus d'indulgence. Les verrous de sa cellule furent tirés sur elle pour huit jours. L'abbé descendit en chantant un petit air; il prit son chapeau, salua très-légèrement madame, et mit en sortant un louis dans la main de la tourière. Ce louis-là, pensait-il en retournant à Sainte-Barbe, me rapportera de gros intérêts. On a supprimé le dimanche; mais il reste six jours dans la semaine, et la tourière aime l'argent. Et le jeudi donc, le jeudi la vieille présidente est sourde.

Oui, mon cher ami, la vieille présidente est sourde; mais elle n'est pas aveugle. Le jeudi suivant, nos jeunes gens furent si violemment tentés d'ajouter une scène à celle qu'ils avaient jouée au couvent, qu'ils finirent par céder à la tentation. Madame la douairière ne s'apercevait pas de leur absence, et il y avait une demi-heure qu'ils étaient allés je ne sais où. La grand'maman pose son livre, regarde autour d'elle, et ne voit personne. Elle appelle, personne ne répond; elle sonne, elle demande si on a vu Estelle et le petit abbé; on lui répond que non. En femme discrète et prudente, elle ne chargea personne du soin de les trouver. Elle parcourut son hôtel en s'appuyant sur sa canne; elle traversa, dans les mansardes, des corridors qu'elle n'avait pas vus depuis vingt ans. Elle écouta à toutes les portes, et, réfléchissant bientôt qu'elle perdait son temps, et que peut-être il n'y en avait pas à perdre, elle alla tout frappant avec le bout de sa canne, et personne ne répondit, comme vous le jugez bien.

La douairière descend dans les appartements du premier... personne. Elle parcourt le rez-de-chaussée... personne. Elle se décide à rentrer dans son salon, à reprendre son gros livre, et à attendre nos espiègles, puisqu'il ne lui était pas possible de les trouver.

Que voit-elle dans le salon?... Estelle et le petit abbé, tenant sur leurs genoux un échiquier, pour avoir une contenance, et faisant semblant de jouer aux échecs, dont ils ne connaissaient pas une pièce par son nom. Interrogatoire sérieux et prolongé d'une part; réponses fermes et précises de l'autre : on avait eu le temps de se remettre du trouble qui suit toujours certaines escapades. On était allé, dit-on, se promener au jardin, dont toutes les allées sont tirées au cordeau, où, par conséquent, l'œil plonge de toutes parts et où l'on n'avait été vu d'aucun domestique.

La vieille présidente sentit bien qu'on ne lui faisait que des réponses évasives, et, ne pouvant convaincre les coupables, elle jugea qu'il fallait avoir l'air de les croire pour prendre secrètement des mesures et arrêter plus sûrement un petit commerce qui ne lui paraissait pas très-licite.

Dès que les jeunes gens furent retirés, l'une à son couvent et l'autre à Sainte-Barbe, la bonne maman envoya chercher son fils, auquel elle exposa d'un ton plein de vérité ses soupçons et ses craintes, et le président retourna chez lui conférer avec sa femme, ou plutôt lui demander son avis sur ce qu'il convenait de faire dans cette circonstance. Madame la présidente méditait profondément sur un cas qui ne devait pas lui paraître nouveau, mais auquel elle attachait une importance proportionnée à l'éloignement que lui inspiraient nos jeunes infortunés, la présidente, dis-je, méditait lorsqu'on lui apporta une lettre de la supérieure de l'Abbaye-aux-Bois.

La bonne supérieure avait jugé d'abord qu'il suffisait d'interdire à Valentin l'entrée du couvent pour que certaines espiègleries ne se renouvelassent plus. L'abbé Morel était d'avis qu'il fallait supprimer les jeudis ainsi que les dimanches, et comme le chapitre d'un couvent de filles est toujours sans occupation, et qu'il faut qu'un chapitre ait l'air de servir à quelque chose, la supérieure et l'abbé Morel jugèrent urgent de le convoquer et de lui soumettre l'affaire.

Le premier jour fut employé à bien spécifier et à classer le délit. L'ouvrage du père Sanchez fut d'une grande utilité au casuiste Morel. Mais comme on ne trouve dans Sanchez que de gros vilains péchés, et qu'il ne s'agissait ici que d'une peccadille, on remit au lendemain à discuter mûrement sur la peine qu'il conviendrait d'infliger aux coupables.

Or, comme il n'y avait pas culpabilité évidente, le chapitre fut très-embarrassé le lendemain sur la décision qu'il fallait rendre, et on espéra qu'un autre lendemain on y verrait mieux.

Et, ce lendemain-là, les lumières du chapitre n'étant pas accrues, il décida qu'il ne déciderait rien.

Mais, comme les lois de la prudence doivent toujours être observées, surtout quand les lois criminelles se taisent, on convint, à la très-grande majorité des voix, que madame Duplant serait instruite du fait et de ses circonstances, pour, par elle, être pris le parti qu'elle jugerait convenable.

Et comme l'abbé Morel était le bel esprit et le flambeau de la communauté, il fut chargé de la rédaction du procès-verbal. Et comme l'abbé Morel voulait aller souper, il remit à un lendemain encore l'expédition du chef-d'œuvre qu'il méditait déjà, et ce dernier lendemain étant un jeudi, la présidente reçut le factum et une lettre de la supérieure, au moment où elle réfléchissait, ainsi que j'ai eu l'honneur de vous le dire, sur ce que son cher époux venait de lui apprendre.

Tant de fautes accumulées n'étaient certainement pas pardonnables. Aussi jugea-t-on qu'on ne les pardonnerait pas. Il fut décidé que Valentin serait abandonné à lui-même, qu'on ne le verrait plus, que la porte de la douairière lui serait interdite, qu'Estelle ne sortirait plus de son couvent, et que le lendemain sa tendre mère irait lui porter l'ordre de commencer à l'instant son noviciat. Les résolutions arrêtées par une seule tête sont aussitôt exécutées. Il y avait au plus une heure que la présidente était levée, et déjà elle était à l'Abbaye-aux-Bois.

Estelle comparut et fut traitée en coupable, quoiqu'on ne sût rien de positif sur ce qui s'était passé. Elle pleura beaucoup, et elle dit d'un ton timide que, si elle avait commis une faute, ses larmes devaient l'avoir effacée. La pauvre enfant ne se reprochait rien : il est de si jolis péchés! et peut-être n'en avait-elle pas commis.... de bien décisifs. La supérieure essaya de fléchir madame Duplant; elle fit valoir la grande jeunesse et l'inexpérience d'Estelle... Estelle était condamnée. Sa mère répliqua très-sèchement à la supérieure que cette jeune personne annonçait des goûts qui rendaient sa réclusion nécessaire; que ce n'était que dans un cloître qu'elle pouvait faire son salut, et elle sortit en ordonnant à Estelle de prendre le voile blanc dès le lendemain.

La supérieure la calma, la consola en lui disant que son noviciat devait durer un an, et que si, pendant le cours de l'année, sa vocation ne se prononçait pas, elle serait la première à s'opposer au dessein de sa mère. Cette manière de raisonner avait trop de rapport avec celle de Valentin pour ne pas faire une forte impression sur Estelle. Les années sont des siècles pendant la première jeunesse, et quand on en a une devant soi, il semble qu'on n'en doit pas voir la fin. Estelle se résigna donc.

On envoya chercher la couturière du couvent, qu'heureusement ou malheureusement on trouva malade. Il est certain que cette maladie facilita des projets, amena des événements, dont le récit pourra vous amuser... si toutefois, comme aurait dit M. de La Palisse, ils ne vous ennuient pas.

Le jeudi suivant Valentin se présente à l'hôtel de la douairière. Un Champenois qu'on avait fait venir pour être suisse, comme Petit-Jean des *Plaideurs* était arrivé d'Amiens chez le seigneur Dandin, un Champenois dit assez brusquement à Valentin que la porte ne s'ouvrirait pas pour lui. Valentin fut étourdi du coup; mais, se remettant promptement, il dit au suisse de Champagne qu'il aurait raison de ne pas lui ouvrir la porte à l'avenir, puisque tel était l'ordre reçu; mais que cette porte était ouverte, et qu'il pouvait passer, puisqu'il n'y avait pas de défense à cet égard. — Vous avez raison, monsieur l'abbé; passez, passez.

L'abbé arrive au salon, et il allait crier les plus belles choses au monde aux oreilles de la vieille présidente, qui le calma en quatre mots : — Estelle ne vient plus ici. Sortez.

Cette harangue laconique fit le plus grand effet. L'abbé, qui n'était pas tenté de dîner en tête-à-tête avec la grand'maman, se retira aussitôt. Le suisse champenois fut mandé, et pour éviter, à l'avenir, toute espèce d'équivoque, il lui fut enjoint d'empêcher toujours M. de Merville d'entrer, que la porte soit ouverte, ou qu'elle soit fermée.

— Parbleu, disait Valentin en se retirant, plus de dimanches, plus de jeudis, cela est bien dur! Il faut pourtant que je me console, car si je m'afflige, si je pleure, je n'amollirai pas les métaux, et les grilles du couvent n'en seront pas moins de fer... Hé, mais... la tourière est de mes amies, ou du moins elle doit être disposée à me servir, puisqu'elle a reçu le plus beau de mes louis. J'écrirai une belle lettre ; la tourière la remettra; elle me rendra la réponse... et puis... nous verrons.

L'abbé entre dans le premier café ; il se fait donner du papier, une plume, de l'encre ; il écrit trois grandes pages d'un style tantôt pathétique, tantôt plaisant, et il finit en proposant à Estelle de sauter une nuit par-dessus les murs. Il a dix-huit cents francs en or, et avec cela on fait le tour du monde.

Il court à l'Abbaye-aux-Bois; il parle, il presse, il conjure ; la tourière est incorruptible. Il montre un second louis...qu'il ne donne pas; rien n'ébranle le cerbère femelle. Il sortait assez triste et se disant déjà : Il faut pourtant que je me console, lorsqu'un menuisier, portant une bière sur son épaule, mit la main sur la sonnette de la première porte du couvent. — Pour qui cela? — Pour madame Saint-Jean-Chrysostome. — Morte, quand? — La nuit passée. — A quel jour les funérailles? — A demain matin. — A quelle heure? — Je n'en sais rien. — Demande à la tourière. Voilà un écu; je t'attends ici. Il sait que la cérémonie se fera à dix heures.

— Hé, que diable, pensait Valentin, cette mère Saint-Jean-Chrysostome avait bien quelque parente au monde. Le deuil se présentera, et semblable au cousin de Picard, qui va à la noce sans en être prié, j'irai, moi, à l'enterrement de la bonne religieuse; je serai sa cousine, sa nièce, tout ce qu'on voudra. Je verrai Estelle, je lui parlerai... et nous verrons.

Mais comment ferai-je pour sortir demain du collége?... Rien de plus aisé : je ne rentrerai pas ce soir. Mais le principal?... Oh! le principal, le principal!... Et mon argent qui est dans ma chambre, j'en aurai peut-être besoin. Il n'est que trois heures; je peux rentrer à Sainte-Barbe, et en ressortir encore.

Il vole du couvent au collége, du collége au marché du Saint-Esprit. Il s'y pourvoit de tout ce qui est nécessaire à une jeune fille en deuil, et il va s'établir dans un modeste hôtel garni, qui est en face du couvent. Il dîne, il soupe, il se couche; il dort d'un sommeil profond et tranquille. Il se lève le lendemain, déjeune de bon appétit, et fait monter la fille pour lui aider à faire sa toilette. Sa robe lui allait comme si l'on eût pris mesure sur une guérite... — Des ciseaux et des épingles, dit-il à la fille. — Mais, monsieur, je ne sais pas... — Voilà six francs; maintenant tu sais tout.

On l'arrange, on le fagotte. Un voile, d'un noir tirant sur le jaune, lui couvre la moitié de la figure. Il se plante droit comme un échalas devant sa croisée; il attend ce que le hasard, le destin, sa bonne étoile voudront faire pour lui.

A neuf heures et demie, deux fiacres arrêtent à la porte de l'abbaye. L'abbé saute les escaliers quatre à quatre; il rencontre son hôte, qu'il colle au mur d'un coup de coude; il lui jette un louis, et on n'a rien à dire à un monsieur ou à une demoiselle qui paye ainsi. Valentin se glisse au milieu des sept ou huit femmes qui descendent des voitures; il entre avec elles dans l'intérieur du couvent, et l'intraitable tourière lui présente un siége comme aux dames avec lesquelles il est.

On attend madame la supérieure, et huit femmes n'attendent pas sans causer. Valentin apprend bientôt que l'une est la sœur de la défunte, qu'une autre est sa nièce, qu'il y a des cousines, des arrière-cousines; que toutes ces dames se connaissent particulièrement. Que sera-t-il lui? Il n'en sait rien.

Après avoir parlé d'elles pendant un quart d'heure, c'est-à-dire après bien des mots insignifiants et des inepties, une des causeuses adressa la parole au gentil abbé. — Qui êtes-vous, ma belle demoiselle? — Une pauvre orpheline que madame Saint-Jean-Chrysostome avait mise en apprentissage chez la couturière du couvent. Sa mort me plonge dans la misère. — Oh! ma cousine était une bien digne dame. Et comme il est convenu qu'on ne doit pas d'égards à une orpheline dans la misère, la cousine leva le voile de l'abbé pour juger de sa figure. On se récria sur sa beauté, sur son air modeste. On s'attendrit ensuite, et on convint de se cotiser pour achever la bonne œuvre commencée par la défunte. Une des dames donne son adresse et invite la petite à la venir voir le lendemain; la petite le promet et baise les mains de sa bienfaitrice. La supérieure parait, et, prenant un air affligé, elle fait signe de la main que le moment est venu. On se lève, on se met en marche, on remarque tout haut que la robe de la petite lui va très-mal : on la dégage déjà, par des procédés humiliants, du fardeau de la reconnaissance. La petite répond qu'elle a loué ces habits de deuil pour assister aux funérailles de sa bienfaitrice; on loue son bon cœur, et on ne s'occupe plus d'elle : des femmes ont tant à voir dans un couvent, où l'on n'entre qu'une fois dans toute sa vie!

Valentin est étonné de ne pas voir les pensionnaires. Madame craignait d'affecter de jeunes organes en faisant descendre ces demoiselles dans les caveaux de sépulture. Valentin commence à croire que sa tentative n'aboutira à rien. Il verra, il verra, selon sa très-bonne habitude, comment ceci finira, et il ne s'affecte de rien. En effet, ce qui peut lui arriver de pis, c'est de sortir comme il est entré.

A la pâle lueur des torches funèbres, il croit reconnaître Estelle, qui déjà figure parmi les novices, et qu'on veut familiariser avec l'idée de la mort, elle à qui la vie pouvait être si chère!

Il avance, il arrête; il se coule le long des murs humides; il s'approche; il est dans l'enchantement, c'est son amie!... il lui presse la main.

Estelle, interdite, ne sait à quelle pensée se fixer. Quelle est cette fille? que lui veut-elle? pourquoi caresse-t-elle si tendrement sa main? Si c'était lui!... — Suis le deuil quand nous sortirons, lui dit Valentin, et ne t'inquiète de rien.

Il a parlé bien bas, et cependant son amie a reconnu sa voix: le cœur a aussi des oreilles. Valentin a repris sa place, et déjà Estelle se glisse où est la famille de la défunte. Que veut faire Valentin! elle l'ignore; mais il l'aime : qu'a-t-elle de mieux à faire que ce que l'amour lui a prescrit? Elle est si malheureuse! tout changement doit lui être avantageux.

Valentin ne prend pas de tabac, et cependant il en a dans sa poche : les amoureux ont toujours quelque arrière-pensée. Nous saurons à quoi est destinée cette poudre assez malpropre, dont cependant beaucoup de belles dames ne craignent pas de faire usage.

La cérémonie va finir. L'abbé vide son cornet de tabac dans sa main droite, c'est celle dont nos parents nous obligent à nous servir; c'est la belle main, et à force de nous aider exclusivement de celle-là nous devenons à peu près manchots de la main gauche. Mais nos pères, nos grands-pères, nos bisaïeux n'avaient qu'une main à leur service; nos enfants, nos petits-enfants n'en auront pas davantage.

Les préjugés, amis, sont les rois du vulgaire.

Valentin veut être sûr de son fait; il a donc son tabac dans sa main droite. De la gauche, il tire Estelle par sa robe; il se place avec elle derrière la supérieure, qui reconduisait le deuil hors de la première enceinte. Madame donne un coup de cloche, la tourière ouvre; elle voit de quoi il s'agit, et elle court faire crier sur ses gonds la porte de la rue. Estelle, courbée, cachée tantôt derrière la nièce, tantôt derrière la cousine de la défunte, tantôt, enfin, derrière son ami, échappe aux regards de la supérieure, qui, à la vérité, est loin de penser à mal. Déjà elle se croyait dans la rue; déjà son cher abbé lui prend la main, il va l'entraîner il ne sait où : on ne saurait tout prévoir en un jour. L'impitoyable tourière à l'œil actif et sûr. Elle compte celles qui sont entrées, et qui seules doivent sortir. Une robe blanche, une coiffure en cheveux la frappent; elle s'approche : elle reconnaît Estelle. — Que faites-vous ici, mademoiselle? lui dit-elle d'un ton assez brusque. Rentrez, s'il vous plaît. Et elle se place entre la porte de la rue et l'intéressante jouvencelle, à qui elle ôte tout moyen de faire un pas de plus. Valentin lève sa belle main : c'est la droite, vous vous en souvenez. Il l'ouvre, et une poignée de tabac bourre les gros yeux saillants de la tourière. Elle pousse des cris de diable; elle trépigne, elle se roule par terre. Toutes les dames sortantes sont stupéfaites; elles se parlent, elles se consultent, elles relèvent la pauvre tourière, victime de son inviolable attachement à son devoir. Elles la traînent dans sa loge, elles cherchent de l'eau fraîche, une serviette; elles lui lavent, elles lui relavent les yeux.

Valentin a pris Estelle sous son bras, il a ouvert la portière d'un des fiacres qui a amené le deuil, il y est monté avec sa tendre amie, il a dit au cocher : — Aux bureaux des diligences, au galop, et six francs en arrivant. Deux chevaux de fiacre valent mille écus quand on a promis six francs à leur maître; ils passeraient par-dessus les tours de Notre-Dame.

Nos amoureux arrivent dans la cour des diligences, et ils descendent de leur fiacre aussi lestement qu'ils y sont montés. Six chevaux sont attelés à une lourde voiture, et Valentin demande où elle va. — A Toulouse, répond le conducteur. — Y a-t-il encore des places? — Il en reste trois. Le jeune homme court au bureau, arrête, paye deux places, et monte dans la diligence avec son Estelle, à qui il dit : — Il nous est égal d'aller à Toulouse ou ailleurs. Quand nous serons arrivés là, nous verrons.

Le postillon fait claquer son fouet; la lourde machine s'ébranle, elle roule; les chevaux prennent le grand trot. C'est toujours ainsi que les diligences entrent à Paris et en sortent. Elles vont au pas sur les grands chemins.

Il était temps que le couple charmant sortît de Paris. Le premier soin de la tourière, lorsqu'elle put parler, avait été d'appeler le jardinier et ses garçons et de les mettre sur les traces de la fugitive Estelle. Ils ne savaient quelle route le fiacre avait prise. L'un courait par une rue, l'autre par une autre. Ils arrêtaient tous les fiacres qu'ils rencontraient, et, à la fin de chaque interrogatoire qu'ils faisaient subir aux cochers, ils recevaient des injures ou des coups de fouet. Fatigués d'être injuriés et battus, ils étaient rentrés au couvent, et s'étaient jetés sur une couche à melons, où, bercés par les rayons d'un soleil du mois de juin, ils s'étaient profondément endormis.

Un fripon n'en trahit pas un autre quand il ne trouve rien à gagner. Le cocher qui était resté à la porte du couvent avait très-bien entendu l'ordre donné par Valentin; mais, comme on ne lui offrait pas seulement douze sous, il répondit : *Je ne sais pas* aux mille et une questions qui lui furent faites.

L'évasion d'une belle demoiselle qui allait prendre le voile blanc, et dont la dot était perdue pour la communauté, fut un événement terrible, inconcevable, inexplicable pour les dames de l'Abbaye-aux-Bois. La supérieure se hâta d'écrire à M. le président une lettre où il n'y avait pas un mot orthographié, mais dont les idées étaient fortes. Elle représentait à M. Duplant que l'honneur de son nom exigeait qu'il fît faire les plus rigoureuses recherches; qu'Estelle avait mérité une punition exemplaire, et que, lorsqu'elle serait réintégrée dans les murs du couvent, on l'y mettrait en prison jusqu'à ce que sa vocation ne fût plus douteuse. Le président courut chez le lieutenant de police, qui manda les chefs de l'armée grise, qui mirent en route leur infanterie, qui se glissa partout et qui ne découvrit rien.

Valentin devient petit abbé avec un canonicat de mille écus.

Le président savait que Valentin s'était échappé de Sainte-Barbe, et il ne doutait pas que les deux jeunes gens courussent le monde ensemble, puisqu'ils n'étaient pas dans Paris. On s'avisa le quatrième jour de faire compulser les registres des diligences, et on n'y trouva inscrit ni mademoiselle Duplant, ni M. de Merville: nos espiègles étaient partis sous le nom des demoiselles Désormeaux. Dans ce temps-là, on se promenait tranquillement dans toute la France, sans que personne s'avisât de demander aux promeneurs d'où ils venaient et où ils allaient. Ainsi le hasard seul pouvait faire découvrir nos aimables et cependant bien criminels fugitifs.

Mais que diable, pourquoi faire un abbé d'un jeune garçon qui veut avoir une femme, et une religieuse d'une fille qui veut avoir un mari? Et on les juge, on les condamne, quand ils font des fredaines! Qui de vous, papas ou mamans, n'en a pas fait quelques-unes? Là, mettez la main sur la conscience.

Des fredaines! Valentin et Estelle s'arrêteront-ils au point où ils en sont? Hélas! j'ai bien peur du contraire. Mais je viens de le dire et je le répète : que leurs fautes tombent sur les têtes de monsieur et de madame Duplant.

Quoi qu'il arrive aux uns pour avoir suivi l'amour, aux autres pour les y avoir, en quelque sorte, contraints, voilà nos jeunes gens sur la route de Toulouse, et Valentin est fagotté de manière à donner lieu à de singuliers quiproquos.

C'est une ménagerie qu'une diligence. On y trouve des animaux de toutes les tailles, de toutes les couleurs, de tous les poils, de tous les caractères, de tous les genres d'esprit. Trop heureux les voyageurs avec qui on n'a pas encaissé un homme gros comme une tonne, attaqué d'un catarrhe ou de la goutte, et sujet aux hoquets du haut et du bas! Plus heureux encore s'ils ne sont pas empêtrés d'une vieille femme qui porte son perroquet sur son épaule, une écureuil sur l'autre; qui a son carlin à ses pieds et la cage du perroquet entre ses jambes, ce qui empêche le voyageur placé vis-à-vis d'elle d'étendre les siennes! Plus heureux infiniment les voyageurs qui n'ont pas avec eux une ou deux nourrices avec leurs nourrissons, un politique, un beau parleur faisant des *cuirs*, et un négociant ayant la fureur de parler commerce à tout le monde, même à ceux qui n'y entendent rien! Mais le plus grand de tous les fléaux, et, à mon premier énoncé, on aura peine à le croire, c'est une jolie fille qui voyage sans père et sans mère, et dont chacun veut s'emparer. Si elle ne se prononce pour personne, les œillades lui tombent de tous les côtés; les coups de genou lui viennent à droite, à gauche, par-devant, et des mains indiscrètes se glissent par derrière. Elle est fatiguée, excédée, meurtrie de la tête aux pieds. Les rivaux se mesurent déjà des yeux, et si la belle s'avise de faire un heureux pour se débarrasser des autres, la guerre civile s'allume dans la guimbarde. Le juge de paix de cet arrondissement est obligé de descendre du cabriolet, et de venir pérorer en guêtres et en bonnet de coton. Il a vraiment l'esprit conciliateur; il ne veut blesser personne, parce qu'à l'arrivée l'usage lui donne droit à un *pourboire*, qu'à la rigueur cependant on peut lui refuser. Ce magistrat de sûreté ne prend donc que des demi-mesures, qui rendent toujours le mal plus grave, et pour l'arrêter sans retour, la jeune fille fait autant d'heureux qu'elle a de compagnons de voyage, et tous ces messieurs, en arrivant à Paris ou ailleurs, vont, au lieu de s'occuper de leurs affaires, maudire pendant six semaines Christophe Colomb et ses admirables découvertes.

Ici, messieurs, nous n'avons rien de semblable à craindre. Les demoiselles Désormeaux sont chastes... autant qu'on peut l'être quand on aime beaucoup. Elles ont pour compagnons de voyage un marchand, une comédienne qui a quitté les ingénuités depuis vingt ans, et un capitaine de dragons, dont le régiment est en garnison à Toulouse.

La supérieure de l'abbaye et sœur Sainte-Rose.

Le premier soin du capitaine et du marchand fut de regarder très-attentivement nos jeunes demoiselles. Elles étaient deux, et le négociant attendait modestement que l'officier se prononçât pour l'une avant de faire sa cour à l'autre. Il ne fut pas longtemps incertain, parce que la comédienne s'empara de lui si positivement, qu'il lui fut impossible de s'en défaire, à moins cependant de la jeter par la portière, extrémité à laquelle un homme bien élevé ne se porte pas facilement. Voilà donc une de nos demoiselles en sûreté.

Les hommes ne se connaissent pas en toilette, et les femmes avouent de bonne foi que ce n'est pas pour eux qu'elles se parent. Et pour qui donc? Pour elles-mêmes, pour caresser leur vanité et humilier leurs égales, fantaisie qui coûte toujours fort cher aux maris. Voilà pourquoi nous regardons de si près à nous marier; pourquoi tant de filles sont condamnées au célibat, et ce sexe, qu'on dit si fin, ne se doute pas de cela. Revenons.

Paris. Typ. Henri Plon, rue Garancière, 8.

Le capitaine regarda fort peu la robe bien ou mal faite de Valentin. Il s'attacha essentiellement à une figure charmante, à un fichu que gonflaient deux pelotes de laine et à un pied assez mignon. Il allait joindre à Toulouse une femme qu'il aimait beaucoup, dont il était passionnément aimé; mais il faut faire quelque chose dans une diligence, et une distraction de deux ou trois jours n'est pas une infidélité. Il fit donc vivement sa cour à mademoiselle Désormeaux l'aînée; c'est ainsi que Valentin s'était annoncé.

Le quiproquo fit grand plaisir au jeune homme. Estelle n'avait plus rien à redouter ni lui non plus. En conséquence, il se prêta assez volontiers aux agaceries du capitaine; il répondit assez bien aux choses flatteuses et tendres qui lui furent adressées. Il était amoureux; on lui parlait sa langue, pouvait-il ne pas l'entendre et ne pas répondre avec facilité?

Le capitaine avait de l'expérience, et il savait à quoi s'engage une femme qui répond d'une certaine façon. Il savait encore qu'il est plus honnête d'attendre que la nuit ferme les yeux aux témoins importuns que de les leur crever. Il résolut donc d'attendre, pour former une attaque dans les règles, que les ténèbres favorisassent ses tendres entreprises. La comédienne, qui occupait le derrière de la voiture avec le marchand, venait de former le même projet. Estelle seule gardait une exacte neutralité, et se proposait bien de dormir tranquillement jusqu'au jour, si le sommeil l'emportait sur les cahots et la fatigue d'une position trop longtemps prolongée.

Le blond Phébus était allé visiter les Néréides, ou, si vous l'aimez mieux, et pour parler français, le soleil était couché; il l'était depuis une heure, et le calme le plus parfait régnait dans la diligence. Tout à coup s'élève sur le devant et le derrière de la voiture un léger frémissement, semblable à celui qui dans un temps orageux rafraîchit d'abord, croît, siffle et devient un ouragan dévastateur. Le capitaine, en cherchant ce qui n'existait pas, avait trouvé une pelote de laine, et le marchand, pour avoir trop trouvé, ne savait plus où il était. Le capitaine, furieux d'avoir été joué par un jeune garçon, se lève disposé à le châtier à la dragonne; un cahot le rejette sur sa banquette et envoie tomber sur ses genoux la comédienne et le marchand. Le capitaine les repousse avec violence; la comédienne s'accroche à la robe de Valentin et emporte le morceau avec elle. Cependant la résistance qu'a opposée la robe a singulièrement tempéré la force de répulsion, et le marchand seul est allé tomber sur le dos contre la banquette qu'il occupait quelques secondes auparavant. Il crie qu'il a les reins cassés; Valentin crie qu'on a mis sa robe en lambeaux; la comédienne crie qu'on ne repousse pas une femme avec cette brutalité; le capitaine, dont ces nouveaux incidents ont calmé la colère, se met à rire aux éclats. Estelle s'éveille en sursaut et demande ce que signifie tout ce tintamarre.

DANS LA DILIGENCE DE TOULOUSE.
Galanteries du capitaine au vis-à-vis de Valentin en habits de fille.

La voiture roulait sur la terre, parce que le chemin n'était point pavé en cet endroit. On aurait bien dû dépaver celui où a eu lieu le soubresaut dont je viens d'avoir l'honneur de vous parler, si on ne voulait pas le réparer. Le juge de paix de la diligence ne sait que penser du bruit qu'il entend dans l'intérieur. Il fait arrêter; il descend du cabriolet, muni d'une lanterne sourde; il ouvre la portière, et il voit... effet prodigieux du cahot! la tête de la comédienne ne se trouve plus; on n'aperçoit que le derrière de la perruque à bourse du marchand, et des jambes çà et là dont on ne reconnaît plus les propriétaires. Valentin, fille d'un côté, montre de l'autre la moitié d'une veste et d'une culotte de soie noire. Estelle, qui croit tout perdu, se met à pleurer; le capitaine rit plus haut que jamais; le conducteur jure; on ne sait plus où on en est.

Le conducteur commence un interrogatoire qui bientôt ennuie le capitaine. Il interrompt l'orateur. — Avez-vous, lui demanda-t-il, entendu quelquefois parler de mademoiselle Androgyne? — Non, monsieur. — Mademoiselle Androgyne était à la fois fille et garçon; il plaît à mademoiselle Désormeaux l'aînée d'être mademoiselle Androgyne cadette; personne n'a rien à dire à cela. Mademoiselle Estelle est une jeune personne fort estimable; je vous déclare que je les prends toutes deux sous ma protection, et certes je ne souffrirai pas qu'on leur manque de respect. — Monsieur..... monsieur..... — Abrégeons. Démêlez-moi ces quatre jambes-là; placez madame dans votre cabriolet, et que la paix se rétablisse ici. — Monsieur l'officier, j'ai ma place dans la voiture, et bien sûrement... — Ah! vous résistez! Au premier relais, je vais trouver le maire du village; je lui déclare que vous faites d'une diligence une chambre à coucher, et je vous fais mettre à pied.

Le discours du capitaine était clair; les faits étaient positifs; la pauvre femme, que l'officier eût disputée au marchand si elle eût eu trente ans de moins, fut obligée de descendre et de se mettre à côté du conducteur. Le marchand, qui n'avait plus rien à faire, s'endormit, et le capitaine jasa avec nos jeunes gens.

Valentin sentait la nécessité de réparer promptement le désordre de sa toilette, et il ne pouvait, sans ameuter les passants, aller de la voiture à la friperie. Le secours d'un tiers lui devenait indispensable, et il ne dissimula rien. La franchise, l'amabilité du joli couple intéressèrent vivement le capitaine. Après s'être emporté contre les parents qui oublient qu'ils ont été amoureux, et qui contrarient ceux qui sont bien aises de l'être à leur tour; après avoir chaudement approuvé la conduite d'Estelle et de Valentin, il promit au jeune homme de lui procurer des habits à la première ville où on s'arrêterait, et il lui fit quelques questions sur les projets qu'il avait sans doute formés pour l'avenir. — Des projets, monsieur! je ne m'occupe jamais de cela. — Mais où allez-vous? — A Toulouse. — Et après? — Oh! nous verrons. — Et si on vous suit, si on vous arrête? — Ce ne sera pas ma faute. — Hé! que deviendra cette pauvre petite? — Vous me faites trembler. — Je vous conseille de sortir de France et de passer en Espagne. — Bien! — Vous avez fait de bonnes études; vous enseignerez le latin et le français, et vous vivrez. — Excellente idée! — Comment présenterez-vous mademoiselle? — Comme ma femme. — Allons donc, allons donc, personne ne croira au mariage de deux enfants. — Eh bien! j'en ferai ma sœur. — Cette sœur-là paraîtra suspecte. Faites-en votre frère. — Vous avez, ma foi, raison. — Avez-vous assez d'argent pour aller jusqu'à Madrid? — J'ai de quoi faire deux fois le tour du monde. — Ménagez-le bien, mon cher ami: il vous faudra du temps pour vous faire connaître et avoir des écoliers. Par exemple, une chambre vous suffira, et il en faudrait deux si mademoiselle était votre sœur. Elle se chargera des petits soins du ménage, et ce qu'elle vous apprêtera vous semblera excellent. — Mais, monsieur le capitaine, il me semble qu'il convient que nous logions séparément jusqu'à ce que nous soyons mariés. — Oui, cela convient, mademoiselle; mais cela est fort ennuyeux; et pourquoi vous ennuyer quand vous pouvez faire autrement?

Valentin protesta que l'officier était l'homme le plus raisonnable qu'il eût vu de sa vie, et il embrassa Estelle si tendrement, si vivement qu'elle commença à penser comme lui.

On arriva à Tours, où on devait coucher. Le capitaine, fidèle à sa parole, courut chez le fripier le plus renommé de la ville, et fit apporter un gros paquet d'habits de toutes les tailles qu'on déposa par ses ordres dans un cabinet voisin de la chambre des jeunes gens; ils choisirent, essayèrent, essayèrent encore, et, lorsqu'ils eurent à peu près leur affaire, le capitaine alla leur acheter, toujours par esprit d'économie, six chemises de garçon; il prétendait que six chemises à deux valent mieux que trois à chacun. Quand le travestissement fut terminé, on fit monter le conducteur. — Mon ami, lui dit le dragon, vous avez cru comme moi que ces messieurs étaient des demoiselles. Un louis qu'on va vous donner vous prouvera incontestablement que vous vous êtes trompé, et vous fermera la bouche.

Le marchand, à qui il était fort égal que les jeunes gens fussent des garçons ou des filles, consentit volontiers à se taire. La comédienne composa. Elle déclara qu'elle allait publier dans l'auberge ce qu'elle savait de cette aventure, si on ne consentait à oublier la sienne et à la réintégrer dans l'intérieur de la voiture. — Accordé! s'écria le capitaine; mais arrangez-vous de manière que je n'aie plus à souffrir des cahots.

Il était temps que nos amoureux trouvassent un capitaine de dragons, homme de sens et de jugement. Le lieutenant de police de Paris avait écrit dans les principales villes de toutes les grandes routes pour qu'on arrêtât et qu'on rendît à un président du parlement de Paris deux victimes qui voulaient lui échapper. On était à table, on commençait à souper lorsqu'un commissaire de police entra dans la salle à manger, et, les deux signalements à la main, alla regarder les voyageurs sous le nez. Ses yeux louches se portaient du papier sur les figures et des figures sur le papier. — Terminez donc, monsieur le commissaire, lui dit le capitaine. Nous n'avons pas ici de demoiselles de seize à dix-sept ans, madame en a cinquante; il y en a trente que monsieur porte une perruque à bourse; je suis capitaine au régiment Dauphin-Dragon, et ces jeunes messieurs sont deux cadets gentilshommes que je conduis à mon corps, et qui sont particulièrement protégés par M. de Sartines. — Par M. de Sartines! reprend le commissaire. Oh! ils feront leur chemin, ils feront leur chemin. Je vous salue, messieurs, et je vous demande pardon de vous avoir dérangés.

Le souper fut très-gai, comme vous pouvez le croire. Des malheureux échappés au naufrage sentent vivement le prix de leur existence, et l'amour qui a cru tout perdre s'applaudit d'avoir tout gagné. Estelle avait touché au moment d'être séparée sans retour de son cher Valentin, et ses alarmes le lui avaient rendu plus précieux. Aussi consentit-elle sans trop de difficultés à partager avec lui une chambre à deux lits. Valentin donna sa parole d'honneur de ne pas sortir du sien. Ces paroles d'honneur-là sont-elles vraiment obligatoires?... Il est constant que le lendemain Estelle rougit beaucoup en revoyant l'officier; qu'elle n'osait lever les yeux sur personne dans la voiture, et qu'à la dérobée elle pressait tendrement la main de son ami. Je suis tenté de croire que la suppression des dimanches et des jeudis avait été prononcée sur des apparences mensongères, sur des rapports calomnieux, car jamais la sensible Estelle n'avait éprouvé le trouble, l'embarras, la confusion qui l'agitaient en ce moment. Ce qu'il y a de certain encore, c'est qu'à Bordeaux elle ne répliqua pas quand Valentin dit à l'hôtesse qu'il ne voulait qu'un lit pour lui et son frère.

Le premier pas se fait sans qu'on y pense;
Craint-on jamais ce qu'on ne prévoit pas?

Mais le second, mesdames, le second!.... Oh! que celui-là est joli!

En arrivant à Toulouse, le capitaine s'applaudit d'avoir été sage en route, parce que, disait-il, il serait en état d'obtenir pour ses jeunes amis des marques de bienveillance d'une certaine dame qui avait des bontés pour lui. A Toulouse, comme ailleurs, les femmes mènent leurs maris ou à peu près. Celui de cette-dame est lieutenant de police, et on obtiendra facilement de lui un passe-port à l'aide duquel nos amants franchiront les frontières.

En effet, le capitaine se conduisit si bien, mais si bien, que, dans son ravissement, la dame s'écria: — Ah! mon ami, je vous donnerais ma vie. Je ne demande pas tant: je me contente d'un passe-port pour l'Espagne que monsieur délivrera à deux amoureux avec qui je suis venu ici de Paris. — Les amoureux! Ah! tout ce qui aime m'inspire le plus vif intérêt.

Madame voulut voir les jeunes gens. Elle les accueillit, elle les caressa, elle les présenta à son mari. — Un moment, madame; on ne délivre point de passe-port à des inconnus... — Ce ne sont pas des inconnus, monsieur, puisque je vous les présente. — Mais, madame...— Mais, monsieur, ce sont de bons ou de mauvais sujets. Dans le premier cas, ils n'ont pas besoin de recommandation; dans le second, c'est servir la France que l'en délivrer. — Encore une fois, madame... Madame embrassa d'un air très-tendre son mari, qui n'était pas accoutumé à cela. Elle lui passa la main... sous le menton; elle le cajola de toutes les manières. Elle fut infidèle au capitaine, et s'en repentit amèrement; mais elle eut le passe-port, et le lendemain nos jeunes gens partirent pour Ax, chargés des vœux bien sincères que formèrent pour eux le capitaine et son obligeante amie.

A défaut de voitures publiques, ils en prirent une particulière et ils s'en trouvèrent au mieux. Les scrupules d'Estelle étaient évanouis; elle se livrait sans réserve à l'amour le plus tendre. Valentin était dans la première ivresse du bonheur. Ils arrivèrent à Ax sans s'être aperçus qu'ils avaient voyagé.

Un muletier, qui avait amené là une belle fugitive de Lérida que son amant était venu attendre en cette ville pour s'épargner le désagrément d'une enquête criminelle; ce muletier, qui allait d'auberge en auberge cherchant des voyageurs pour le retour, proposa à nos jeunes gens de les conduire jusqu'à Madrid, si cela leur convenait. Ses mules étaient excellentes et sa litière était commode. Valentin pensa de suite qu'une litière est préférable à un carrosse, et il s'arrangea avec le muletier.

On part gaiement; on s'enfonce dans les Pyrénées; on dîne, on couche dans des auberges détestables, et l'amour trouve un trône partout. On descend dans les plaines d'Espagne; on n'entend plus un mot de ce que disent ceux à qui on parle, et on s'en console aisément. Quand on est deux, et qu'on a toujours quelque chose à se dire, on se passe volontiers d'autres interlocuteurs, et pour les besoins de la vie il est des signes qui disent clairement: *A boire! à manger! un lit!*

On arrive aux portes d'Urgel. Un seigneur, on ne voit que cela en Espagne, un seigneur brûlé du soleil, sec comme un parchemin, fort mal vêtu, armé d'une longue hallebarde, était planté là pour attendre les voyageurs. Comme sa seigneurie ne savait pas lire, elle dédaigna de regarder le passe-port de nos jeunes gens, et elle chargea un autre seigneur qui bâillait dans un corps de garde enfumé de les conduire chez sa seigneurie le corrégidor du lieu.

Le corrégidor était un homme de cinquante ans, vain... comme un Espagnol, ignorant comme un capucin, et il avait fait écrire en grosses lettres, pour ne pas l'oublier, au-dessus de son grand fauteuil vermoulu: AUCUN FRANÇAIS NE PEUT ENTRER EN ESPAGNE S'IL N'EST PORTEUR D'UN PASSE-PORT DE MONSEIGNEUR L'AMBASSADEUR DU ROI A LA COUR DE VERSAILLES.

Quand nos jeunes gens lui furent présentés, il dédaigna de se lever; il leur fit signe de la main d'attendre, et il acheva de réciter son rosaire, occupation très-louable sans doute, mais qui ne donne pas d'intelligence à ceux qui n'en ont pas reçu de la nature.

Après une grande demi heure, il laissa retomber son rosaire, attaché à sa ceinture; il tira son bras décharné de dessous un manteau crasseux; et il l'allongea pour recevoir le passe-port. Il chercha d'abord le sceau de monseigneur l'ambassadeur, et, ne l'y voyant pas, il se leva pour relire la fatale inscription apposée au-dessus de son fauteuil. Cette formalité indispensable étant remplie, il envoya chercher un alcade, déserteur du service de France, qui, à force de réciter des rosaires, avait captivé la bienveillance de sa seigneurie, laquelle l'avait élevé par degrés au poste brillant qu'il remplissait alors.

Estelle et Valentin s'ennuyaient beaucoup de tant de lenteurs. Les pauvres enfants étaient loin de prévoir le denoûment.

L'alcade arrive; il les interroge en français; il leur traduit l'inscription, si cruelle pour eux, que monseigneur le corrégidor vient de relire une seconde fois. Estelle pleure, Valentin s'écrie qu'il ignorait cet usage-là; que, s'il en avait eu connaissance, il aurait facilement obtenu les papiers nécessaires. On lui réplique que lui et son frère sont des aventuriers, et qu'on va les conduire en prison. Estelle sanglote, elle s'évanouit. Valentin dit qu'on vit en prison comme ailleurs, et il se lève pour prendre la main d'Estelle et suivre avec elle le seigneur alcade. Il s'aperçoit qu'elle est sans connaissance, il s'emporte, il jure; et monseigneur, après s'être fait traduire ses imprécations, prononce que les délinquants seront mis au cachot.

Mais, comme on ne va pas là en carrosse, qu'il n'y avait pas de charrette disponible en ce moment, qu'Estelle ne pouvait marcher, et que la jeunesse et la figure du prétendu jouvenceau inspiraient quelque intérêt, le corrégidor sonne; il demande à une espèce de duègne, chargée du soin de sa lugubre maison, des sels et de l'éther, et, en attendant tout cela, il s'avance pour déboutonner la veste d'Estelle et lui dénouer sa cravate. Valentin le repousse rudement, et c'est un crime nouveau. L'alcade repousse Valentin et Valentin rosse l'alcade. La vieille laisse tomber l'éther et le sel, et appelle la garde. On serre, on presse Valentin, qui se défend comme un lion. Il cède au nombre, et quand on le tient on le garrotte. Forcé de rester dans l'inaction, ses yeux cherchent et trouvent Estelle; elle a repris l'usage de ses sens; mais leur secret est découvert: l'opiniâtre corrégidor a souillé de ses mains noires des trésors qui n'étaient réservés qu'à l'amour.

On ne se hâte jamais de prononcer contre une fille charmante, et on aime à se débarrasser d'un témoin incommode. Le décret du corrégidor fut exécuté à l'instant sur la personne de Valentin. On le mit au cachot.

— Parbleu, se dit Valentin, il est fort désagréable d'être logé ici. Cependant ces murs sont secs, ma paille est fraîche, et je pourrais être bien plus mal... Mais Estelle?... Estelle m'aime, elle me sera fidèle. Elle n'ira pas loin, car elle n'a pas le sou. Quand je sortirai d'ici, nous nous reverrons avec un plaisir que la satiété commençait à émousser. Allons, allons. tout est pour le mieux!

Mais que faisait Estelle pendant que son amant philosophait dans son cachot? Elle pleura d'abord beaucoup : cela soulage. Elle demanda à être réunie à son cher Valentin, et le seigneur corrégidor lui répondit gravement que les mœurs publiques ne lui permettaient pas d'accéder à sa demande. Estelle pleura plus fort, et sa seigneurie la trouva plus belle et plus intéressante. Estelle cessa de pleurer : c'est toujours ainsi que finissent les grandes douleurs, et, quand elle put entendre le langage de la raison, le corrégidor lui adressa ce discours mémorable :

— Vous auriez suivi à Madrid un étourdi qui paraît avoir les passions très-vives et qui vous aurait abandonnée à la première occasion. Vous êtes tombée dans mes mains pour que je détourne de vous la griffe de Satan. Vous êtes jeune et jolie; je suis vieux, mais j'ai des yeux et un cœur. Vous avez commis des fautes, nous les expierons ensemble. Je veillerai sur vous comme un tendre père, et je répondrai de votre sagesse, parce que vous ne sortirez pas de ma maison. Inès, ma vieille gouvernante, va vous donner les habits de votre sexe; vous serez plus jolie encore, et si je suis satisfait de vos manières...

Estelle interrompit ici l'orateur, qui, avec le genre d'esprit que vous lui connaissez, s'était interrompu trente-deux fois pour trouver la suite de ses phrases, et prévenir par son éloquence la belle Estelle en sa faveur. La belle Estelle protesta qu'il lui était égal que sa seigneurie eût un cœur et des yeux; qu'elle n'avait commis que de très-jolis péchés, et que, s'il fallait absolument qu'elle les expiât, ce ne serait pas avec le corrégidor d'Urgel. Elle protesta que, si on ne lui rendait Valentin, elle allait crier par la ville que sa seigneurie n'enfermait les amants que pour convertir d'une façon nouvelle les petites Madeleines de Paris. Le corrégidor lui répliqua que Valentin n'avait pas de passe-port; qu'il s'était mis en révolte ouverte contre la magistrature; qu'il avait cassé le nez et trois dents à un alcade; qu'il méritait la mort, et que, si elle faisait le moindre bruit, il serait pendu dans huit jours; que si, au contraire, elle était calme et docile, il sortirait du cachot le lendemain.

L'idée de Valentin pendu glaçait le sang d'Estelle. Sa mise en liberté, solennellement promise, ramenait l'espérance dans son cœur. Valentin, libre, trouverait bien quelques moyens de se rapprocher d'elle; il la tirerait, n'importe comment, des mains de toutes ces sales seigneuries, et ce qui pourrait leur arriver de pis était de rentrer en France à l'aide du passe-port dont ils étaient encore porteurs : une fille de dix-sept ans et qui aime ne manque jamais de tout arranger pour le mieux. Estelle marqua une tranquillité qui n'était pas feinte; elle était toute au plaisir de revoir son amant. Mais, semblable au chat, qui a toujours une patte en l'air, elle avait l'œil à tout, et une égratignure marquait la face vénérable de sa seigneurie lorsqu'elle voulait s'approcher de trop près.

Ah! pensait le corrégidor, cette fille-là est véritablement d'une sagesse exemplaire, et il faut que ce petit coquin qui est en prison lui ait donné quelque philtre. Attendons que l'effet en soit dissipé pour faire valoir notre rang, notre fortune et une figure incontestablement très-distinguée.

Le corrégidor était une bête, vous le savez; mais souvent une bête entend mieux ses intérêts qu'un autre, parce qu'elle s'en occupe sans cesse. Celle-ci sentait bien que plus Valentin serait éloigné, plus le philtre cesserait d'opérer. Il est des bêtes qui ont de l'honneur à leur manière, et celui du corrégidor était engagé à ce que Valentin sortît de prison le lendemain; mais il est des capitulations de conscience au moyen desquelles on concilie tout.

En conséquence, le lendemain, de très-bonne heure, Valentin reçut la visite d'un sergent, d'un caporal et d'un soldat des gardes wallonnes. Ces messieurs attendaient à Urgel les Français bien constitués, mais sans pain, et qui n'avaient rien de mieux à faire que de manger celui qu'on leur offrait. Le sergent déclara à Valentin que le roi d'Espagne serait fort aise d'avoir à son service un joli garçon comme lui. Valentin répliqua qu'il était déjà au service d'Estelle, et qu'il ne voulait pas changer de maître. D'après cette réponse, le sergent et le soldat placèrent poliment le prisonnier sur le ventre, et le caporal lui appliqua vingt-cinq coups de canne sur les fesses. Valentin ne concevait pas que le roi d'Espagne, qui aimait tant les jolis garçons, les fit traiter ainsi. Ah! disait-il quand le caporal eut reporté le bout de sa canne à terre, peut-être, si j'étais laid, en eussé-je reçu cinquante coups. Une jolie figure sert toujours à quelque chose.

Le sergent réitère sa proposition, et Valentin répète son refus d'y accéder en se frottant le derrière. On s'empare de nouveau de lui, au nom du roi d'Espagne, et on double la dose. — Je vois, dit Valentin, que vous n'êtes pas disposés à finir, et, selon les apparences, vous ne vous fatiguerez pas les premiers. Au reste, je ne veux pas mettre votre persévérance à de plus longues épreuves; je vais signer.

On lui présente un papier en tête duquel était imprimé en grosses lettres : *Engagement* VOLONTAIRE; et, pour prouver que Valentin s'était volontairement engagé, on lui fit traverser la ville avec les menottes; on le conduisit au village de Pla, où les recruteurs avaient leur dépôt; on en tira sept ou huit jolis garçons, des mains desquels on s'était assuré, et on leur fit prendre le chemin de Madrid, escortés par un caporal et quatre soldats du corps brillant dans lequel ils allaient avoir l'honneur de servir.

— Voilà qui est singulier! pensait Valentin : il y a quinze jours j'étais chanoine, et aujourd'hui me voilà soldat. Ma foi,

> Par ce métier l'honneur n'est point blessé;
> Rose et Fabert ont ainsi commencé.

Et puis je peux faire mon chemin... si pourtant je ne déserte pas. Mais Estelle!... Je l'aime tant!... et on me l'a fait changer contre un mousquet!... Eh bien, ne vais-je pas pleurer! Ai-je quelques reproches à me faire? Des larmes me rendront-elles ce que j'ai perdu? Non, non, je n'en verserai pas : il faut savoir supporter le mal comme on sait jouir du bien. D'ailleurs, si je me fais mourir de chagrin, Estelle n'en sera pas plus heureuse, et je dois me conserver pour elle; ainsi vive la joie, la chansonnette et le bon vin... Mais cette chère Estelle, que va-t-elle devenir? Ah! elle aura bien quelques petites aventures, qui probablement seront plus gaies que les miennes; mais ce ne sera pas sa faute, et quand nous nous rencontrerons, je la reprendrai comme une veuve respectable, qui aura conservé tous ses droits sur mon cœur. Allons, allons ne pensons plus à tout cela.

Bientôt Valentin répandit la gaîté autour de lui. Les jolis garçons, qui avaient les fers aux mains, riaient de ses contes, et le caporal commandant, qu'amusait son jeu de physionomie, lui faisait l'honneur de lui frapper quelquefois sur l'épaule. Quand on s'arrêtait à une auberge qui n'était pas détestable, Valentin régalait le détachement d'un *olla podrida* qui le faisait sentir l'ail pendant vingt-quatre heures, et d'un vin qui puait le bouc à faire reculer d'une lieue nos gourmets de Paris. Le caporal trouvait ces procédés-là fort honnêtes et fort agréables, ce qui pourtant ne l'empêchait pas de mettre en prison Valentin et ses camarades dans toutes les villes ou bourgades où on passait la nuit.

Après quinze jours d'une route qui, sans les saillies de Valentin, eût ressemblé à une marche funéraire, on entra dans la magnifique ville de Madrid, qui cependant ne vaut pas Paris, Londres, Manheim, ni même Nancy. Tout le monde sait que cette superbe cité est arrosée par le fleuve Mançanarès, qui porte des ponts hardis, sous lesquels on passe à pied l'été, parce qu'il n'y a pas d'eau dans la rivière.

On arrive à la caserne de messieurs les gardes wallonnes. M. le major prend le signalement de nos jolis garçons, et le fait afficher dans le corps de garde qui est près de la grille. Il rassemble tous les sergents, et chacun d'eux regarde attentivement de la tête aux pieds nos nouveaux venus. Vous ne devinez pas le but de ces formalités; je vais vous le faire connaître. Cela voulait dire que ces recrues ne devaient pas sortir des casernes; qu'au moyen de leur signalement on les reconnaîtrait à la grille, et que, si le factionnaire était incertain, le sergent de garde serait appelé pour prononcer.

Le lendemain Valentin fut revêtu de l'habit du roi, richement galonné en fil; on lui mit un chapeau sur l'oreille et une longue épée au côté. On le fit passer sous le drapeau avec ses compagnons de voyage, et on leur notifia qu'ils venaient de prêter serment de fidélité au roi. M. le major ajouta, d'un air tout à fait aimable, que la conséquence de leur prestation de serment était que celui qui déserterait et qui serait repris passerait par les armes. C'est ce que nous appelons en France être *fusillé*.

Valentin aurait été fort aise de voir la ville de Madrid, et de s'y amuser un peu pour son argent. Comme cela n'était pas possible, il chercha à tirer le meilleur parti de l'enceinte qu'il lui était défendu de franchir. Il trouva cinq à six cours, la plupart plantées de grands arbres et offrant des jeux très-intéressants, auxquels il était difficile de perdre vingt sous en vingt-quatre heures. Dans une des cours, était la boutique d'une cantinière qui aimait les jolis garçons autant que le roi, et qui s'en faisait servir d'une manière plus directe. Dans une autre de ces cours était la salle d'escrime, dont le *professeur* vint saluer Valentin. Il lui protesta que son art était le premier de tous, en ce qu'il développe le corps, lui donne de la grâce, fait la sûreté de celui qui l'exerce, et le met à même de tuer son homme à l'occasion. Tout cela s'apprenait moyennant dix réaux par mois.

Le matin, à cinq heures, le tambour roulait dans toutes les cours, ce qui signifiait, pour Valentin, qu'il fallait prendre un fusil; le mettre sur son épaule, lorsqu'il voudrait le jeter par terre; marcher, quand il lui conviendrait de s'arrêter, et tourner à droite, quand il lui plairait d'aller à gauche. A neuf heures, il était libre jusqu'à cinq heures du soir, où il était encore obligé de faire abnégation de lui-même. Pendant le reste du jour, il pouvait aller jouer, tirer des armes, et faire sa cour à la cantinière.

Cette cantinière était une femme d'une trentaine d'années, élancée, maigre et noire comme une Espagnole. Le premier coup d'œil de Valentin ne lui fut pas favorable. Il la compara à Estelle, à qui elle ressemblait comme l'ortie à la rose; mais la cantinière était la seule femme établie dans le quartier, et quand on est seul, on devient nécessaire. Les yeux de Valentin se firent peu à peu à ces charmes rembrunis, et il n'avait plus, pour lui adresser ses vœux, qu'à devenir sourd au cri de sa conscience, qui lui reprochait vivement une infidélité qui pourtant n'était encore que d'intention. Oh! c'est une terrible chose que la conscience!

Cependant nous cherchons tous les moyens de la calmer quand elle nous gêne, et nous avons presque toujours le malheur d'y réussir. Valentin se disait : — J'ai promis à Estelle de lui être fidèle, et que peut-elle gagner à ce que je tienne ma promesse, lorsque nous sommes à cent lieues l'un de l'autre peut-être? Elle a pris envers moi le même engagement, et si elle le viole, en saurai-je jamais rien? Si un jour nous nous revoyons, elle me protestera qu'elle n'a vécu que pour moi; je lui jurerai la même chose; nous aurons l'air de nous croire, et c'est, au fond, ce que nous pourrons faire de mieux. Enfin, Estelle est absente et la cantinière est là; vive la cantinière!

A propos d'Estelle, ne devrais-je pas vous parler un peu de ce qu'elle pense, de ce qu'elle dit, de ce qu'elle fait? Elle est si intéressante! Oui, mais Valentin est mon héros, et vous savez bien qu'une des règles du roman est qu'on ne perde pas de vue son principal personnage, à moins cependant qu'on se permette quelque épisode, ce qui fait languir l'action, et ce que, par conséquent, je m'interdirai. Je reviens à Valentin.

La cantinière qui paraît sur la scène s'appelait dona Julia. Elle était noble, parce qu'elle avait épousé le seigneur Mendoce, qui avait passé des écuries de M. le major à la cantine, moyennant une petite formalité : il avait été obligé d'épouser Julia, qui lui avait été proposée par le général-colonel, dont elle avait été femme de chambre, selon toute l'acception du mot. Le seigneur Mendoce était bien la meilleure pâte de mari qui existât dans toutes les Espagnes, pourvu toutefois qu'il y trouvât son compte, et, comme a dit un plaisant, aucun n'en meurt et beaucoup en vivent.

Valentin ne se souciait pas trop de la soupe du roi. Il avait de l'argent, il voulait s'approcher de Julia; elle tenait table ouverte, il était tout simple qu'il allât s'y asseoir. Le seigneur Mendoce avait remarqué que le joli soldat portait un habit de drap fin, le chapeau de castor et le bas de soie, ce qui annonce des ressources. Il mesura son accueil sur celles qu'il lui supposait; mais quand son œil eut pénétré au fond de la bourse de Valentin, sa bienveillance devint presque du respect. Il sollicita pour lui l'honneur d'être admis à la table de messieurs les sergents, ce qui fut refusé avec dédain, et ce qui contribua à arranger les affaires de sa femme et du jeune soldat.

Mendoce, piqué du refus qu'il avait essuyé, jura par saint Jacques de Compostelle ou d'ailleurs de dédommager Valentin de la manière la plus éclatante. Son couvert fut mis tous les jours à une petite table où personne n'était admis, et qui était placée près du comptoir de la signora. Au moyen de cet arrangement, Valentin faisait l'amour en dînant, en soupant, ce qui ne laisse pas d'être commode.

Il apprit bientôt que la dona avait deux maris, l'un selon les lois, et l'autre qui avait été selon son cœur; mais comme tout s'use, ce cœur-là avait cessé de parler en faveur de l'adjoint du seigneur Mendoce, et il se prononçait plus fortement chaque jour en faveur de Valentin. Or, femme qui a de l'expérience et qui aime sait, aussi bien que Jean-Jacques, que la punition de l'occasion perdue est de ne plus la retrouver. D'après cela, la dona s'empressa de saisir la première qui s'offrit, et elle proclama ce second adjoint le premier homme du monde.

Comme il est assez difficile de mener de front le mariage et deux intrigues, Julia jugea à propos de mettre Valentin dans son entière confidence. Elle sentait qu'il n'y avait que ce moyen-là de l'engager à prendre certaines précautions nécessaires à son repos et peut-être à sa sûreté. Il apprit donc qu'il avait l'honneur de partager les bonnes grâces de la signora avec le seigneur Durillon, sergent de la compagnie à laquelle il était attaché. Il eut connaissance des heures auxquelles se présentait son rival respectable; on convint de celles où il pouvait venir, sans compromettre sa tendre amante ni lui, et il lui fut enjoint d'être très-circonspect, parce que le seigneur Durillon était jaloux comme un Espagnol, et qu'un sergent jaloux est toujours redoutable pour son soldat.

Un petit événement ajouta à la haute considération que le seigneur Mendoce avait pour Valentin. M. le major était un très-bon officier, qui avait reçu une éducation de gentilhomme. Il savait

> . . . . . . tirer, boire et signer son nom,
> Et se croyait savant comme feu Cicéron.

Or, plus on sait et plus on veut savoir, c'est l'ordinaire. M. le major jugea convenable d'apprendre le français à juste prix, non pas le français des Pays-Bas, qu'il parlait parfaitement, mais celui de Racine, qui vaut un peu mieux. Il savait que Valentin avait fait de fort bonnes études; plus, qu'il avait été chanoine, et il n'en fallut pas davantage pour lui valoir la préférence sur tous les soldats qui composaient le régiment.

Il faut payer, d'une manière quelconque, ceux qui nous sont utiles, et M. le major, qui tenait singulièrement aux espèces, solda le premier trimestre en faisant Valentin caporal. Valentin ne faisait avec plaisir que ce qui lui convenait, et c'était un pauvre soldat. Mais les distinctions élèvent l'âme, et notre héros, décoré des marques de son grade, marcha beaucoup plus droit, et fut s'offrir à l'admiration de dona Julia et de son époux, qui le salua jusqu'à terre, et qui, s'il l'eût osé, l'aurait remercié de l'honneur qu'il lui faisait en le...

Ce petit événement eut des suites sérieuses, et cela arrive quelquefois. Si Hélène n'avait pas été jolie, le royaume de Troie existerait peut-être encore; si Henri VIII n'avait pas été amoureux, les Anglais feraient maigre encore le vendredi et le samedi. Si Valentin n'avait pas été fait caporal, il serait encore soldat au régiment des gardes wallonnes. Mais les caporaux ne sont pas consignés au quartier, et celui-ci, en sa qualité d'instituteur de son major, jouissait de la prérogative de mener promener avec lui quelques soldats, dont il répondait. Il accordait ordinairement la préférence à ceux qui s'étaient *volontairement* engagés avec lui à Urgel.

Un peu plus attaché à ce qu'on lui disait être son devoir, depuis qu'il était monté en grade, il s'occupait sérieusement de son métier pendant deux heures, le matin; ensuite il allait dîner et faire l'amour; puis il tirait des armes et courait les rues de Madrid jusqu'au soir.

Il est difficile à un joli homme de parcourir tous les jours les plus brillants quartiers d'une capitale sans avoir quelques aventures. L'habit de soldat n'a rien de bien engageant pour les femmes d'un certain état. Mais l'amour rapproche les conditions, ou plutôt il les fait disparaître. Une belle dame se souvint, en regardant Valentin à travers ses jalousies, que dans le bon vieux temps on avait vu des rois épouser des bergères. Il était tout simple que le beau caporal ne devinât pas, derrière une jalousie, l'objet divin qui brûlait pour lui, et une vieille femme obligeante se chargea de lui annoncer son bonheur. Il fut introduit clandestinement. Son amour-propre et son cœur furent également flattés de ce nouveau triomphe, et dona Julia ne fut plus à ses yeux qu'une gargotière.

Gargotière ou autre, il n'est pas de femme qui ne tienne à ses intérêts, et qui n'ait son grain de vanité. Julia s'aperçut avec douleur que Valentin ne faisait plus de prodiges; elle en conclut qu'il partageait ses faveurs, et elle ne douta pas valoir infiniment mieux que celle qui lui dérobait le cœur de son amant. Elle ignorait, quoiqu'elle sût bien des choses, que l'amour ne brûle jamais deux cierges devant le même autel, et elle entreprit de rallumer les feux de Valentin.

Un jour, Mendoce était sorti, le sergent Durillon avait payé sa dette, et Valentin se disposait à s'aller promener avec ses protégés. Julia le voit faisant la belle jambe dans la cour. Elle l'envoie appeler; il arrive, après avoir recommandé à ses camarades de l'attendre.

Julia lui reproche son infidélité, et elle commence, sur la perfidie des hommes, un discours qui paraît à son auditeur devoir être beaucoup trop long. Il l'interrompt brusquement et lui dit : — Je vous ai aimée, c'est fort bien; je ne vous aime plus, ce n'est pas ma faute. Cette manière de s'excuser ne peut plaire à aucune femme. Julia entra en fureur; elle dit tout ce qu'une femme outragée peut adresser à un parjure, et Valentin se met à siffler un petit air.

Le sergent qui lui avait arraché un engagement volontaire à Urgel avait été remplacé par un autre, et venait d'entrer, poudreux et haletant, dans la première cour du quartier. Durillon, son ami particulier, lui saute au cou, l'entraîne, le porte presque à la cantine et demande de la limonade. Une servante maladroite les place dans une chambre voisine de celle où se passait l'orageuse explication.

Durillon reconnaît la voix de Julia et il prête l'oreille. Ce qu'il entend est très-clair et le révolte. Il veut savoir quel est l'insolent qui ose coiffer un homme de son importance; il entre; il reconnaît Valentin. Son indignation n'a plus de bornes; il lève la canne sur le caporal, qui est Français. Celui-ci fait un saut en arrière et tire l'épée; Durillon est forcé de se défendre. Son camarade accourt au cliquetis des armes, et il n'arrive que pour voir tomber Durillon. Valentin le reconnaît. — Ah! coquin., s'écrie-t-il, c'est toi qui m'as fait administrer à Urgel soixante-quinze coups de canne, et il le charge. Le sergent ferraille un moment, et tombe sur son ami Durillon.

Un caporal qui a tué deux sergents mérite, en Espagne, d'être pendu deux fois, et Valentin ne se souciait pas de l'être une. Il remet son épée sanglante, enferme Julia à double tour, traverse le quartier, sort avec ses camarades, tourne cinq à six rues, et entre dans le premier cabaret pour reprendre ses esprits et penser à ce qu'il va faire.

Après avoir fait de longues et profondes réflexions, il s'exprime ainsi : — Je ne pouvais me dispenser de tuer Durillon, qui voulait me déshonorer. J'avais encore les coups de canne de l'autre, non sur le cœur, mais sur les fesses, et on n'est pas fâché de se venger, quand l'occasion se présente; d'ailleurs il eût répandu l'alarme et m'eût fait arrêter. Il était donc indispensable de tuer encore celui-là; ainsi je n'ai rien à me reprocher. Cependant, comme les lois militaires sont positives, et qu'un conseil de guerre est inflexible, je ne vois qu'un parti à prendre, c'est de déserter. Adieu, mes amis, portez-vous bien, et vivez en joie. — Comment, adieu! nous ne quitterons pas notre caporal. Nous rentrerons en France, ou nous serons pendus tous ensemble. — Ma foi, vous avez raison; plus on est de fous, plus on rit.

Ce n'était pas le moment de faire des phrases et de s'arrêter dans un cabaret. Valentin avait encore une vingtaine de louis. Il en donna une partie à ses camarades, leur enjoignit d'aller troquer, chez un juif, l'habit du roi contre des guenilles, et de payer, sans marchander, ce que le fripon leur demanderait en retour. Ils devaient ensuite l'aller attendre où il avait l'habitude de les trouver en sortant de chez la duchesse de... O mon Dieu! quelle indiscrétion j'ai été sur le point de commettre! J'allais nommer une de ces dames de haut parage que les romanciers, mes confrères, ne connaissent pas plus que moi ma duchesse, et que, pour se donner un petit air de vérité, ils désignent par trois étoiles. Or, je ne dois pas m'écarter des errements de mes devanciers.

Valentin, travesti assez promptement, se rendit à l'heure accoutumée chez la duchesse des trois étoiles. Il lui raconta brièvement comme quoi il avait été dans la nécessité de tuer deux sergents, comme quoi il fallait fuir sans délai, et toujours maître de lui, grâce à son rare caractère, il commença des adieux, qui n'étaient propres qu'à le faire regretter davantage. Madame la duchesse versait quelques larmes au premier adieu; elle pleurait au second; sanglotait au troisième; au quatrième, elle était près de suffoquer. — Ma foi, ma chère amie, lui dit Valentin, je suis bien fâché de vous trouver inconsolable; mais, foi de déserteur, je n'ai plus de consolations à vous offrir.

Madame la duchesse, après s'être assurée du fait, pensa à mettre son amant hors de la ville, se réservant, après son départ, de le recommander au grand saint Dominique. Elle mit en course la vieille, qui rentra, une heure après, avec six équipages d'ermites complets. Les beaux cheveux de Valentin furent cachés sous un capuchon, qui lui tombait sur les yeux; madame, de ses mains blanches, le ceignit du fameux cordon; elle lui mit sur l'épaule la corne d'abondance, c'est-à-dire la besace, et pour l'y fixer elle glissa un rouleau dans chacune des sacoches. Elle embrassa tendrement son bien-aimé, le mit à la porte, et recommanda tout bras à la vieille de lui en chercher un autre le lendemain.

Les uniformes séraphiques étaient divisés en deux paquets. Valentin en portait la moitié dans sa besace, et la vieille était chargée de l'autre. Il trouva ses camarades à l'endroit indiqué, et il les mena faire leur toilette sous un pont du Mançanarès. Chacun fixa son épée sous sa souquenille, et on délibéra un moment sur la route qu'on prendrait.

Valentin avait été caporal, et sa gaieté et sa tournure d'esprit lui donnaient sur ses compagnons la plus grande influence. Il est vraiment des hommes qui semblent nés pour commander aux autres. Vous savez bien que Bérénice a dit, en parlant de Titus :

> Qu'en quelque état obscur que le ciel l'eût fait naître,
> Le monde en le voyant eût reconnu son maître.

Ce qui est un peu fort; mais, puisque Racine l'a pensé et rapporté après Bérénice, il ne m'appartient pas de m'étonner que Valentin ait été nommé par acclamation chef suprême de nos fuyards.

Il pensa avec sagacité que six ermites sortant ensemble de Madrid pourraient être remarqués. On convint de se diviser deux par deux, de sortir de la ville par différentes portes, et de se rassembler au village de Paracuellos, qui est sur la route de Siguenza, laquelle conduit à Urgel.

Vous allez me demander comment j'ai la maladresse de renvoyer mon héros dans une ville où il a déjà été arrêté, incarcéré et bâtonné. Rappelez-vous ce fameux vers :

> La critique est aisée, et l'art est difficile.

Et puis ne savez-vous pas que, de temps immémorial, les héros de romans, fidèles ou non à leurs princesses, ne manquent jamais de soupirer pour elles, quand ils n'ont rien de mieux à faire? Un sentiment confus disait à Valentin qu'il reverrait son Estelle; le corrégidor l'avait à peine regardé; l'alcade aurait pu le reconnaître; mais un jeune homme de dix-huit ans change et grandit en douze mois; d'ailleurs le capuchon masque les trois quarts d'une figure, et, tout bien calculé, il n'y avait pas plus de dangers pour nos aventuriers de prendre la route d'Urgel que telle ou telle autre.

Si ces raisons-là ne vous paraissent pas suffisantes, je vous engage, monsieur qui me lisez, à en chercher de meilleures.

Valentin éprouvait d'abord quelque embarras lorsqu'il passait devant un corps de garde. Mais il remarqua avec plaisir que le factionnaire ne manquait jamais de lui présenter les armes; les pauvres se mettaient à genoux et lui demandaient sa bénédiction : on ne pense pas à inquiéter un homme pour qui on a tant de respect. Valentin admira la prévoyance de la duchesse des trois étoiles, qui avait préféré le froc aux plus riches habits. Il sortit de Madrid en lui adressant, par la voie de l'air, un dernier remercîment, et il ne pensa plus à elle.

Valentin et son camarade n'avaient pas fait une lieue qu'ils entendirent derrière eux le bruit de plusieurs chevaux. Quand on a peur, on a l'œil actif et les mouvements prompts. Nos deux ermites se tournent et voient six cavaliers de la Sainte-Hermandad, qui venaient à eux au grand trot. Le premier mouvement du camarade fut de sauter le fossé qui bordait le chemin; le premier mouvement de Valentin fut de l'arrêter par son cordon. — Écoute, lui dit-il, il faut tâcher de n'être pas pendus; mais si nous ne pouvons éviter cela, je ne veux pas mourir d'avance du mal de la peur. Il sera temps de s'occuper de finir quand le moment sera venu, et moins nous y penserons, moins il sera dur. Marche tranquillement à côté de moi, et ne t'affecte de rien.

Le camarade céda à l'influence de son chef; mais il tremblait de tous ses membres quand la Sainte-Hermandad arriva. Le commandant salua jusqu'à terre le révérend Valentin; il lui demanda s'il n'avait pas vu quelques déserteurs des gardes wallonnes, et vous pensez bien que Valentin répondit comme vous l'auriez fait vous-même. Les chevaux avaient besoin de reprendre haleine, et la conversation s'engagea. Le commandant désira savoir d'où venaient leurs révérences et où elles allaient. Valentin répondit, sans biaiser, que les ermites de la province allaient tenir un chapitre général dans les montagnes situées entre Siguenza et Medina-Celi; qu'ils seraient dirigés par le père provincial des capucins, qui savait le latin comme Cicéron et saint Jérôme, mais qui parlerait espagnol, parce que des ermites ne savent que cette langue-là, et à peu près. — En effet, Révérence, vous avez un petit accent. — C'est que j'ai parcouru toute l'Espagne, et que j'ai fait mon noviciat dans les Pyrénées. — Qu'a donc le révérend qui est avec vous? — La fièvre tierce depuis huit jours, et le frisson vient de lui prendre. — Si j'osais lui offrir un trait de vin de Malaga?... — Offrez, offrez, commandant, et nous prierons pour vous.

Le bon vin ranime nos esprits, et le révérend retrouva du cœur. Il se mit à causer avec facilité, et le commandant, qui était observateur, tira ses tablettes et écrivit : *Le vin de Malaga, pris à forte dose, coupe la fièvre tierce à l'instant.* Il se promit bien de donner sa recette au chirurgien du régiment, qui serait fort aise de substituer un remède agréable au quinquina, qui a un très-mauvais goût et qui coûte cher. Les chevaux reposés et la conversation épuisée, les cavaliers et les ermites se séparèrent très-satisfaits les uns des autres.

Est-ce par prévoyance, ou pour répondre quelque chose, que Valentin a parlé du chapitre général des ermites du canton? Voilà ce que je ne saurais dire. Ce que je sais, c'est que, de quart de lieue en quart de lieue, la Sainte-Hermandad rencontrait deux ermites, et le commandant ne manquait pas, après les avoir salués, de leur demander s'ils avaient la fièvre tierce, et s'ils allaient au chapitre général, comme deux frères qu'il avait rencontrés à une lieue de Madrid. Cette manière d'interroger indiqua les réponses. Nos révérends parlèrent à merveille, à l'exception cependant d'un autre trembleur qui épuisa la petite provision de vin de Malaga du commandant. Il est assez rare de voir des limiers de la justice rendre du courage et des jambes à ceux qu'ils veulent arrêter. Mais comme la chose n'est pas impossible, vous aurez la bonté de la croire.

Les plus avancés savaient donc que leurs camarades les suivaient, et ils ralentissaient leur marche. Le commandant, crédule et bavard, se proposait de passer le reste de la nuit à Paracuellos, et il allait au pas à côté de ses ermites. Les quatre autres arrivent à la file, et Valentin, maudissant le commandant et le bavardage de ses camarades, qui pouvait tout gâter, se glisse entre eux et le cheval de l'homme au vin de Madère. Il commence avec ses frères une reconnaissance qui ne vaut pas celle de Zaïre, mais qui est assez théâtrale; il se félicite de l'honneur qu'il aura de voyager avec eux, et il orne son discours de quelques mots mystiques qu'il a appris à l'Abbaye-aux-Bois. Le commandant était enchanté de l'intelligence et de la piété du révérend. Tout allait bien jusque-là.

Les chevaux marchaient la tête basse et la bride sur le cou. Celui du commandant bronche, tombe sur le nez, et jette son cavalier, sans défiance, par-dessus sa tête. Dans certaines circonstances, nous sommes entraînés par un premier sentiment d'humanité, qui ne nous permet pas de réfléchir, et moins encore de rien calculer. Valentin s'élance pour relever le commandant; le commandant s'attache à lui, et une de ses mains porte d'aplomb sur le pommeau de cette épée, si bien cachée sous la bure. — Comment donc, révérend, vous portez des armes! — C'est l'épée du grand saint Martin, cavalier comme vous, que je porte dans nos montagnes pour l'offrir à la vénération de nos bienfaiteurs. — Ah! c'est différent.

On continua de marcher, et de peur d'une seconde mésaventure, le commandant avait la bride de son cheval passée au bras, et il tirait après lui cette autre rossinante. Il s'avisa de réfléchir, bien qu'il n'en eût pas l'habitude. — Que diable, se disait-il, chaque pays a ses saints, et je me trompe fort, ou saint Martin n'était pas Espagnol. Pourquoi son épée est-elle en Espagne? — Il était cavalier, dit le révérend, et tout cavalier porte un sabre. Quand le soupçon commence à naître, il grandit rapidement. Le commandant laisse son cheval, va porter la main sur le côté gauche de nos ermites et trouve une épée partout. — Par saint Jacques, s'écrie-t-il, vous pourriez bien être les déserteurs que nous cherchons, et je vous arrête, sauf à vous faire réparation si je me suis trompé. A ces mots nos six ermites ont l'épée à la main.

Aussitôt la Sainte-Hermandad recule de vingt pas pour combiner un plan d'attaque. Le commandant a oublié qu'il tient son cheval par la bride, et Valentin est sauté dessus. — La partie n'est pas égale, s'écrie un des cavaliers; nous ne sommes que six contre six. — Et l'ennemi a de la cavalerie, dit un autre de ces seigneurs. Pendant qu'ils pérorent, Valentin range sa troupe derrière une haie inaccessible aux chevaux, et il reçoit une décharge générale des pistolets et des carabines des cavaliers, à qui leur commandant a persuadé qu'on peut tirer sans danger sur ceux qui n'ont point d'armes à feu. Cette décharge ne tue, ne blesse personne, parce qu'on ajuste mal quand on a peur. Valentin, que rien n'inquiète, n'intimide, ne laisse pas aux ennemis le temps de recharger leur armes. Il fait de son épée un éperon, et force le cheval qu'il a conquis à franchir la haie. Il va droit au commandant, et jure que, si ses cavaliers déchirent une cartouche, il lui fera sauter la cervelle. Le commandant ordonne de remettre les pistolets dans les fontes et les sabres dans le fourreau.

Les camarades de Valentin s'élancent; chaque seigneur de la Sainte-Hermandad a la pointe de l'épée d'un ermite sur l'estomac; il faut capituler. La première condition est qu'on mettra pied à terre, et voilà nos six ermites à cheval; la seconde est que leurs seigneuries reprendront à pied le chemin de Madrid après avoir livré leurs munitions de guerre. Les poches visitées et retournées, le frère Valentin prend congé du commandant, et lui et ses camarades partent au galop.

— Par saint Jacques, dit l'infortuné commandant, il faut aller à pied jusqu'à Paracuellos et faire sonner le tocsin. On mettra toutes les mules du pays en course; nos chevaux, déjà fatigués, seront bientôt atteints, et pendant qu'on arrêtera ces déserteurs, nous nous reposerons au village : nous en avons bien le droit après le combat que nous venons de livrer.

En effet, tout s'exécute selon ce vaste et noble projet. Deux cents paysans passent le reste de la nuit, c'est-à-dire trois heures encore, à faire leurs dispositions. Le commandant leur enjoint expressément de prendre la route de Carpetanos, parce que les déserteurs ont dit qu'ils allaient à Siguenza, et qu'il est évident, pour tout homme qui a de la pénétration, que leur dessein est de gagner le royaume de Portugal. Après cet effort de génie, le commandant va se coucher, et sa troupe s'empresse d'imiter un si bel exemple.

Valentin, riant comme un fou, avait tourné le village de Paracuellos; les chevaux n'avançaient qu'à la pointe de l'épée; mais enfin ils galopaient toujours, et Valentin, en adressant des remerciments à la Sainte-Hermandad, qui avait pourvu à la sûreté et à la célérité de son voyage, adressait de temps en temps un soupir à Estelle, qui peut-être soupirait aussi de son côté. On fait dix lieues encore en riant, en chantant. On ne pense pas qu'on peut être suivi; on pense moins encore au dénoûment qu'amènerait une catastrophe : on est brave, et on est armé jusqu'aux dents.

Cependant Bucéphale et le bidet des quatre fils Aymon galopaient bien; mais ils se reposaient et mangeaient de même. Ils n'auraient pu soutenir le régime auquel nos ermites avaient mis leurs coursiers; aussi ceux-ci tombèrent-ils de fatigue, les uns après les autres, à quelque distance du village de Mohernando. — Allons, camarades, dit Valentin, nous avons eu l'agrément de faire douze lieues à cheval; nous aurons maintenant celui de nous promener, ce qui est fort agréable quand la matinée est belle : cela variera nos plaisirs. Brisons les carabines; attachons avec les courroies des porte-manteaux ces pistolets sous nos robes; garnissons nos poches de cartouches. Si on nous cherche querelle, on trouvera à qui parler. En avant, et vive la joie!

Aucun remords n'altéra la tranquillité de Valentin; sa conscience était muette. Eh! de quoi se serait-il repenti? D'avoir crevé les chevaux de la Sainte Hermandad, qui voulait le faire pendre? Son motif n'était-il pas urgent, et l'urgence n'excuse-t-elle pas tout? Que de gens pillent de sang-froid, sans besoin, sans avoir l'ombre d'un prétexte, et qui pourtant sont très-considérés dans le monde.... par ceux à qui ils donnent à dîner!

Pour mieux jouir des beautés de la nature, nos ermites jugèrent à propos de s'embarquer sur une petite rivière qui a sa source au-dessus de Siguenza, et qui se jette dans le Tage à Ruebla-Nueva. Une barque assez commode reçut Leurs Révérences. Le nautonier les combla de marques de respect, et sa femme se hâta de leur préparer à dîner au pied de la barre du gouvernail, qu'elle maniait à ravir. Nos respectables personnages se firent descendre à une demi-lieue de la ville, où ils ne se souciaient pas d'entrer, et quand ils voulurent payer leur dîner, la batelière se recommanda à leur pieux souvenir. Elle les pria, lorsqu'ils seraient dans les montagnes qui séparent Siguenza de Medina-Celi, d'aller voir de sa part le frère Ambroise, un saint ermite qui l'avait guérie de la fièvre, et de lui dire que la signora Catarina serait toujours sa très-obligée et très-humble servante.

— C'est charmant! c'est charmant! disait Valentin. On est voituré doucement, on dîne bien, et cela ne coûte qu'une visite à faire à un bon ermite, chez qui nous serons plus en sûreté qu'ailleurs. Je ne me lasse pas d'admirer la prévoyance de madame la duchesse des trois étoiles; c'est une femme admirable... sous tous les rapports.

Ces messieurs, au lieu de suivre le chemin que leur avait indiqué la signora Catarina, jugèrent à propos de se jeter dans la plaine et de gagner un petit bois d'oliviers, où ils se proposaient de laisser passer la chaleur du jour et de dormir quelques heures, ce dont ils avaient grand besoin. A l'approche de la nuit, ils tournèrent la ville de Siguenza, et se jetèrent dans les montagnes, où ils n'avaient rien à craindre et où ils délibérèrent sur l'avenir.

Le dîner de la signora Catarina était digéré, et le besoin de souper commençait à se faire sentir. C'est là-dessus que roula d'abord la discussion. Michel, garçon adroit, fut détaché pour fournir à la subsistance commune. La charité ressemble un peu au temps; elle varie, et, en cas de refroidissement, Valentin donna une pièce d'or au camarade, qui se mit aussitôt en route la besace sur l'épaule. On discuta ensuite sur les avantages de l'habit d'ermite, qui étaient incontestables, et sur les grands inconvénients auxquels il exposait des déserteurs. On réfléchit qu'une demi-douzaine d'ermites rassemblés et voyageant sans en pouvoir donner de bonnes raisons paraîtraient suspects; que tôt ou tard on aurait affaire à des gens plus fins que la signora Catarina et son cher mari; que, si on avait le bonheur de gagner les frontières de France, où il y a déjà assez de fainéants, on y serait infailliblement arrêté; qu'il ne suffirait pas de dire qu'on déserte des gardes wallonnes; qu'il faudrait décliner son vrai nom, dire ce qu'on faisait avant de quitter la France, et pourquoi on en est sorti. La plupart des camarades de Valentin n'avaient pas la conscience aussi nette que lui, qui avait bien quelques peccadilles à se reprocher. Ainsi on résolut de ne marcher que la nuit, quand on serait sorti des montagnes; de changer de costume aussitôt qu'on le pourrait sans se compromettre; de se séparer, pour être moins remarqué, après avoir dépassé Urgel, et de se jeter chacun dans les mains de la fortune, qui peut-être arrangerait le reste pour le mieux.

Michel revint au milieu de la nuit avec sa pièce d'or et sa besace pleine. — C'est charmant! c'est charmant! répétait Valentin. Ce qui ne l'était pas, c'est que Michel était escorté de ceux qui avaient rempli sa besace. Il avait en vain essayé d'éviter cette marque d'honneur. On lui avait constamment répété qu'on ne souffrirait pas qu'un saint ermite s'en retournât seul, à cette heure, au risque de s'égarer dans les montagnes et de se jeter dans quelque précipice. Et puis il régnait dans le pays une fièvre épidémique qui ne tuait personne, mais qui faisait beaucoup souffrir ceux qui en étaient attaqués. Or, puisque le révérend Michel et ses compagnons étaient de l'ordre du frère Ambroise, ils devaient savoir guérir comme lui. Valentin ne comprit rien d'abord au galimatias de ces fiévreux, et il éprouva un certain embarras. Comme il jouissait d'une présence d'esprit qui ne le quittait jamais, il arrangea l'affaire en un instant. — Mes enfants, dit il aux fiévreux, nous sommes rassemblés des quatre coins de l'Espagne pour aller apprendre du frère Ambroise l'art de guérir la fièvre, que jusqu'ici nous avons traitée avec du vin de Malaga. Avez-vous du vin de Malaga? — Non, révérend. — Cherchez-en et buvez-en quatre bouteilles par jour. A propos, y a-t-il loin d'ici au saint ermitage du frère Ambroise? — Encore huit mortelles lieues. — Nous allons partager avec vous ce que la charité nous envoie. Ensuite le plus vigoureux de votre troupe nous guidera dans ces montagnes. Le frère Ambroise le guérira, et il n'aura pas besoin de chercher du vin de Malaga. Les autres retourneront chez eux, et ils nous annonceront à leurs charitables compatriotes; nous nous rendrons au milieu d'eux aussitôt que nous aurons reçu l'instruction nécessaire pour extirper la fièvre.... — Oh! révérend, et bien d'autres maux. — Oui, mes enfants, tous les maux nés et à naître.

Le frère Valentin avait en parlant un air si persuadé, un ton si confiant, que la persuasion et la confiance s'insinuèrent dans l'esprit de tous ses auditeurs : un paysan espagnol, d'ailleurs, peut-il douter de ce que lui dit un ermite? On soupa et on soupa bien, parce qu'on avait vidé tous les garde-mangers du village. Valentin fit observer à cet égard que la diète étant le premier moyen de combattre la fièvre, les malades étaient maintenant certains de ne pas succomber au désir de manger, et qu'ainsi tout était pour le mieux. Il répéta l'ordre de boire amplement du vin de Malaga jusqu'à son retour, et il promit de former quelques médecins à la manière du frère Ambroise, ce qui dispenserait les respectables habitants d'aller chercher la santé à dix ou douze lieues de chez eux.

On finit de souper; on serra ce qui restait dans les bissacs, et on se disposa à continuer de marcher. Les Espagnols pleuraient d'attendrissement en quittant de si respectables frères, et ils ne manquèrent pas de leur demander quelque amulette, scapulaire, ou chapelet. — Je vous donnerai mieux que cela, leur dit Valentin. La poudre noire qui est dans ce petit paquet garantit du tonnerre, et la boule qui est dans le fond guérit la colique. — Faut-il l'avaler, révérend? — Oui, pour la colique; mais si vous la passez au travers du corps, vous jouirez d'un repos inaltérable. — Et comment se passer cela au travers du corps? — La manière de s'en servir est indiquée sur l'enveloppe. Il leur donne à chacun une cartouche, qu'ils ne peuvent pas reconnaître parce qu'il est nuit; il prend congé d'eux, et part.

Le malheureux malade qui servait de guide à la caravane avait plus de zèle que de forces. Il se traînait appuyé sur son bâton, et ne demandait à saint Jacques de Compostelle que de vivre assez pour conduire Leurs Révérences jusqu'à l'ermitage du frère Ambroise. Le frère

Valentin lui délayait de temps en temps dans un doigt de vin de la poudre qui garantit du tonnerre. Ce breuvage-là donne des forces en augmentant la fièvre. Mais,

Les préjugés, amis, sont les rois du vulgaire.

Don Diégo, convaincu de l'efficacité du remède, buvait fréquemment et allait toujours. Semblable à ces chevaux dont on ne ranime les jambes usées qu'à force d'avoine et de vin, et qui tombent tout à coup, le pauvre fiévreux tomba, non sous un arbre, parce qu'il n'y en avait pas dans ces montagnes-là, mais à l'entrée d'une caverne, où Valentin et ses compagnons le placèrent sur de la mousse, et, à l'aide des indications qu'ils avaient reçues de lui, ils continuèrent de se diriger du côté de la demeure du frère Ambroise.

Aucun motif important ne les conduisait à cet ermitage, aucune raison ne les en éloignait. Ils pensaient, au contraire, que la vue de l'or est toujours fort agréable pour ceux qui n'en ont pas, et que ce métal est séduisant quand on a l'espoir de s'en approprier quelques parcelles. D'après ce raisonnement, il était vraisemblable qu'on achèterait le frère Ambroise à bon marché, que son intérêt garantirait sa discrétion, et qu'on obtiendrait de lui les services dont on aurait besoin.

Michel, déserteur de la marine française, de la Conciergerie de Paris, et des gardes wallonnes, fit valoir ses connaissances en astronomie et dans l'art précieux d'éviter les gens qui font métier de chercher et de trouver ceux qui évitent tout le monde. Dépourvu d'instruments, il prétendit que, par la force de l'habitude et l'inspection des étoiles, il guiderait la troupe droit sur l'ermitage désiré. Un ignorant persuade tout ce qu'il veut à de plus ignorants que lui. Le frère Michel se met à la tête de la caravane; on marche pendant le reste de la nuit; on tourne des ravins, des torrents, des précipices. Michel soutient qu'il reste au plus deux lieues à faire, et, à la pointe du jour, on se retrouve à l'entrée de la caverne où on a déposé don Diégo.

— Ma foi, dit Valentin, puisque tu devais nous égarer, il est fort heureux que tu nous aies ramenés ici. Nous sommes sûrs d'un abri pendant la chaleur du jour, et c'est beaucoup. Il est vrai que nos provisions sont très-diminuées; mais quand l'estomac n'est pas chargé, les idées sont plus nettes, et si Michel n'avait pas si copieusement soupé, il n'aurait pas pris Vénus pour la lune. Entrons, dormons, et nous verrons, au réveil, ce qu'il y aura de mieux à faire.

Michel, honteux, confus, suit son chef, et la troupe se coule dans la caverne. Dès les premiers pas on s'arrête : on a entendu quelque bruit. On prête l'oreille, et une voix forte et sonore étonne nos voyageurs sans les intimider. — Flamberge au vent! s'écrie le frère Valentin. Qu'on avance avec précaution et qu'on ne tue personne, si on n'y est contraint par la nécessité. N'oubliez pas que la nature met vingt ans à faire un homme; qu'il ne faut qu'une seconde pour détruire son plus bel ouvrage, et que les regrets ne rendent pas la vie à qui la précipitation, une injuste agression, une coupable ambition l'ont ôtée.

Après des réflexions, des recommandations, des injonctions si sages et si fortes, vous sentez bien sans doute qu'on s'avançait au petit pas, en étudiant le terrain et le plafond à la pointe de l'épée. Bientôt on distingue les accents de cette voix qui avait inspiré tant de défiance. C'était don Diégo qui chantait, à assourdir son auditoire, la vieille romance du *Cid*. — Je le croyais mort, dit Valentin. — Et nous aussi, disent ses camarades. — Holà, Diégo? — Oh! par saint Dominique, laissez-moi la vie, s'écrie l'Espagnol, et il tombe sur ses genoux, et laisse aller sa tête sur la poussière. On s'approche, on se reconnaît, on se félicite mutuellement. Nos ermites, qui ont cru que Diégo avait le transport au cerveau, sont fort étonnés de lui trouver le pouls parfaitement tranquille. — Ecoutez-moi, leur dit l'Espagnol :

Mes compatriotes et moi nous avons cru avoir la fièvre, et je vois bien que nous nous sommes trompés. Un orage affreux a crevé sur notre village il y a six mois, et c'est depuis ce temps-là que nous sommes malades. Il est évident que le tonnerre nous est entré dans le corps à tous, puisque me voilà guéri par la vertu de la poudre qui le chasse. Et il sautait, il baisait les mains des respectables ermites, il chantait, il riait. Je sais depuis quelques jours qu'il était de la famille de ce Diégo qui joue un si grand rôle dans le *Compère Mathieu*.

Il engagea Leurs Révérences à ne pas perdre un temps précieux. Il leur promit qu'avant huit heures du matin ils arriveraient à la hutte d'un pâtre de ses amis, où ils trouveraient un abri, du lait et du fromage. On se mit gaiement en route; Diégo marchait en avant, et pour égayer le voyage, il dansait de temps en temps un fandango à lui seul en s'accompagnant de ses castagnettes. Ces tristes instruments-là sont pour un Espagnol ce qu'est la pipe pour un marin, la tabatière pour une vieille femme, l'eau de Cologne pour la jeune.

C'est en suivant cet imbécile que Valentin arrangeait l'histoire qu'il voulait conter au frère Ambroise; qu'il cherchait ces grands mouvements oratoires qui séduisent, entraînent, enchantent. On arriva chez le pâtre tout simplement, comme on va de Paris à Saint-Cloud; ainsi, je n'ai rien d'intéressant à raconter.

On était au plus à cent pas de la hutte, que Diégo se détacha et entra, en courant chez son ami. Bientôt la famille du pâtre sortit avec toute la pompe qu'elle pouvait mettre dans sa marche. Elle se porta vers Leurs Révérences, et baisa, en les abordant, le bout de leurs cordons. Le chef leur dit ensuite que tout ce qu'il avait était à leur service, et il finit par les informer que le tonnerre était entré en lui et dans sa femme et ses enfants. Voilà le frère Valentin devenu docteur malgré lui, et plus docteur peut-être que ceux de l'université de Salamanque ou d'ailleurs. En échange du lait, du fromage et du pain noir du pâtre, il vida une douzaine de cartouches dans ce qui restait de vin à sa troupe, et comme un médecin n'est jamais comptable des décès, il gorgea, sans le plus léger scrupule, ses fiévreux de ce breuvage détestable. J'ai envie d'adresser un mémoire à la Faculté sur la vertu de ce remède... Mais non, on n'y répondrait point, parce que cette mixtion ne se trouve dans aucune pharmacopée, et que les innovations sont sévèrement interdites aux jeunes gens qu'on affuble du bonnet doctoral. S'ils s'écartent de la route qu'ont tracée leurs devanciers, ils sont frappés d'un *veniat*, qui est bien d'une autre force qu'une assignation, et qui équivaut presque à une contrainte par corps. Je veux donc éloigner toute dissertation scientifique, dont je me tirerais d'ailleurs assez mal, et je raconterai simplement les faits. A l'approche de la nuit, au moment où la caravane allait se mettre en route, le tonnerre était sorti du corps du pâtre et de ceux des membres qui composaient sa famille : ainsi cette découverte infernale, si funeste au genre humain, a été une fois, je ne sais comment, salutaire pour de pauvres montagnards.

On marche pendant une partie de la nuit, et on arrive enfin à la porte de l'ermitage si désiré. Le frère Ambroise, comme la plupart des Espagnols, dormait le jour et s'occupait utilement la nuit. Diégo frappe, le bon frère vient ouvrir d'un air assez soucieux; mais, à la vue de six uniformes semblables au sien, sa figure s'épanouit. Où diable l'esprit de corps va-t-il se nicher?

Valentin, qui, vous le savez, portait toujours la parole dans les opérations délicates, débuta auprès du frère Ambroise par un compliment très-bien tourné sur les vertus et la science profonde de Sa Révérence. Le bon frère, qui n'avait pas l'habitude de s'entendre louer par une bouche éloquente, jugea qu'il valait mieux répondre par des révérences que par de belles phrases, dont peut-être il ne trouverait pas la fin; semblable à ce bailli qui, en haranguant le bon Henri, répéta trois ou quatre fois : *Lorsque Alexandre fit son entrée à Babylone*, et ne put aller plus loin. On sait que Henri IV lui répondit : *Quand Alexandre fit son entrée à Babylone, il avait dîné, et j'en vais faire autant.* Ce petit écart historique n'était pas nécessaire, j'en conviens; mais les auteurs aiment à citer : cela prouve qu'ils ont lu avec fruit, et l'amour-propre s'accommode de tout.

Lorsque Ambroise fut las de saluer, Valentin lui apprit que l'archevêque de Grenade, non celui dont Gil Blas fut secrétaire, mais son huitième successeur, avait convoqué ce qu'il y avait de plus fin en ermites dans son diocèse, en Andalousie, en Castille et dans le royaume de Léon, pour qu'ils vinssent près de Sa Révérence s'instruire dans le grand art de guérir. Ambroise ne concevait pas que monseigneur de Grenade eût entendu parler de lui; mais la présence de six ermites attestant que la renommée s'était occupée à publier ses succès, il invita ses nouveaux confrères à entrer, d'un air un peu moins modeste que celui qu'il avait pris en les abordant.

Nous avons mille et une descriptions de jardins, de bosquets, de tableaux composés de coteaux, de troupeaux, de pastoureaux soufflant dans leurs pipeaux : il est difficile de résister à l'envie de décrire, quand on a quelque talent en ce genre. On nous a donné beaucoup moins de description d'ermitages, et ma foi, je décrirai celui-ci, au risque d'ennuyer le lecteur. Et puis, je n'ai pas pris l'engagement de l'amuser du commencement à la fin de ce livre.

Vous saurez donc, mon cher lecteur, ami lecteur, bénin lecteur, qu'on entrait chez le frère Ambroise par l'oratoire : l'aspect de ce lieu dispose les bourses à s'ouvrir. On passait de là à la cuisine, pièce utile aux saints comme aux profanes. Plus loin était la chambre à coucher de Sa Révérence. On y voyait un châlit en forme de bière, au fond duquel était une poignée de paille, sur laquelle tout le monde croyait que reposait le bon frère. Je vous dirai tout bas, bien bas, que sous son châlit était une trappe qui recélait un assez bon matelas, et des draps de lit très-passables pour un ermite. Ne faisons pas de reproches au cher frère de sa petite supercherie; nous savons qu'il est écrit : *Omnis homo mendax*, et ce mensonge-ci était bien innocent.

On entrait de là dans un petit jardin, où Ambroise cultivait les plantes médicinales qui croissent dans les montagnes du Pérou et du Chili : le diable ne ferait pas venir une laitue sur le sol calciné qu'habitait le bon frère. Au fond du jardin était une vaste grotte que la nature avait creusée dans le roc, et qu'un peu de travail avait rendue habitable. C'est ici que j'ai besoin de choisir mes crayons.

A la lueur d'une lampe sépulcrale accrochée à la voûte, Valentin découvre un vaste emplacement, au milieu duquel est un meuble tout nouveau pour lui. C'est la moitié d'un tonneau, auquel on a ajusté un couvercle. Au centre est une longue barre de fer et le pourtour est garni de cordes. Personne, excepté le frère Ambroise, ne sait ce qu'il y a dans la cuve. C'est le diable probablement : vous allez en juger [1].

Autour de cette cuve étaient rangés dix ou douze misérables qui, de leur plein gré, se mettaient la corde au cou ou ailleurs. — Que diable font ces gens-là? disait Michel à Valentin. — Il faut qu'ils soient bien coupables, puisqu'ils font eux-mêmes les apprêts de leur supplice. Le frère Ambroise tient-il ici un tribunal secret, et serait-il à la fois juge et exécuteur de ses arrêts? — Tout cela est fort extraordinaire, répondait Valentin; mais Ambroise ne peut être ni juge ni bourreau : ne t'a-t-on pas dit qu'il est médecin? Nous avons coupé la fièvre avec du vin et de la poudre à canon; il serait bien plus plaisant qu'il la guérît avec un vieux tonneau et des bouts de corde. Voyons, observons. Je ne sais, ami Michel, mais je ne désespère pas d'être médecin consommé avant d'arriver à Urgel. C'est un fort bon métier. On a pour soi un préjugé invincible, et, quand on a le droit de lever des impôts sur la crédulité humaine, on est sûr de ne jamais manquer de rien.

Sa Seigneurie le corrégidor de la ville d'Urgel.

A peine le frère Ambroise a-t-il passé les mains sur la barre de fer, que chacun des individus qui l'entourent présente un tableau différent. L'un regarde la barre de fer d'un air hébété et reste immobile, un autre ferme les yeux, un troisième laisse tomber sa tête sur sa poitrine; celui-ci a l'air de dormir; celui-là secoue les bras et les jambes, comme si des couleuvres s'y étaient attachées. Le frère Ambroise étend les mains de tous les côtés; il s'établit un peu de calme, et il commence une conversation avec une jeune femme *qui fait semblant de dormir*.

— Tu vois bien, Michel, dit tout bas Valentin, qu'il n'est question ici ni de jugement ni d'exécution. — Je le vois, répond Michel. — Mais Ambroise se moque de nous, et peut-être de ces gens-là. — Cela m'en a bien l'air. Mais voyons. De ce qu'une chose est nouvelle pour nous, il ne s'ensuit pas qu'elle ne soit pas vraie.

La jeune femme parlait avec une extrême volubilité, et elle avait l'air d'une arrière-petite-fille de Calchas. Elle disait hardiment que son voisin avait une obstruction au foie, et qu'il serait guéri dans six semaines; elle déclarait que sa voisine était grosse d'un garçon; elle affirmait qu'elle-même n'aurait jamais d'enfants, si son mari ne mangeait du céleri pendant un mois; enfin elle avertit le frère Ambroise de prendre garde à lui, parce que les ermites qui venaient d'arriver avaient des armes sous leurs robes.

— C'est un diable, ou c'est un ange! s'écrie l'incrédule Michel. — Ce n'est ni l'un ni l'autre, répond Valentin; mais, parbleu, je saurai ce que c'est. Oui, frère Ambroise, nous avons des armes, parce qu'on nous a dit, quand nous sommes partis de Grenade, que nous pourrions rencontrer des voleurs. Nous avons presque tous servi avant d'avoir pris la voie de la pénitence, et, s'il nous arrive un événement, nous ferons voir aux agresseurs que nous manions le pistolet comme le rosaire. En terminant cette courte harangue, Valentin retrousse sa robe, et ses camarades suivent son exemple. Ambroise pâlit à l'aspect de l'arsenal qu'on déploie devant lui.

Valentin lui prend la main d'un air affectueux et lui demande s'il sait lire. Le bon frère dit que non. — J'en suis fâché, dit Valentin. Vous jugeriez de suite du degré de confiance que vous devez nous accorder. Voilà le diplôme de monseigneur l'archevêque de Grenade; voilà nos noms à tous; voilà la signature et le cachet du révérendissime et illustrissime prélat. Vous sentez bien, mon cher frère, qu'on ne délivre une pièce de cette importance qu'à des gens dont on est parfaitement sûr.

Le bon Ambroise prend le diplôme, et baise avec respect la signature de monseigneur. C'est celle du lieutenant de police de Toulouse qu'il a baisée. Vous vous souvenez que Valentin a conservé un certain passe-port qu'il a tenu de la bienveillance d'un capitaine de dragons.

Les réparations, les excuses du frère Ambroise suivent cette franche explication, et il commence à initier ses néophytes dans les mystères qui chaque jour se renouvellent chez lui. Valentin était jeune; il avait la tête exaltée; on lui présentait des choses nouvelles, et qui, à chaque instant, l'étonnaient davantage. Il se passionna pour le frère Ambroise, pour le vieux tonneau, pour la jeune femme qui voyait si clair avec les yeux fermés, et il voulut opérer aussitôt. — Pas mal, pas mal, disait Ambroise; vous promettez beaucoup, mon cher frère, et je ferai de vous un très-joli sujet.

Cependant on ne peut pas travailler toujours à rendre la santé aux autres; il faut aussi s'occuper de la sienne. Ambroise n'avait pas encore fait rafraîchir ses confrères, parce qu'aucune considération humaine ne pouvait le déterminer à interrompre ou à suspendre ses importantes fonctions. Mais quand tous ses malades furent sortis, il recueillit les offrandes qu'ils avaient coutume de déposer sous leur escabelle, et il les porta au garde-manger, placé très-fraîchement au fond de la grotte.

Ce garde-manger flatta singulièrement la vue et l'odorat du frère Valentin et de ses compagnons. Non-seulement ils se trouvaient dans l'abondance, mais ils remarquaient certaines choses très-propres à flatter la sensualité. De ce moment Valentin désespéra de séduire Ambroise, comme il se l'était proposé. Cependant, il fit en soupant une réflexion très-sensée, qui déjà n'était pas nouvelle, mais à laquelle s'arrêtent peu de jeunes gens : c'est qu'il ne faut jamais trop croire aux apparences. En effet, pendant qu'on accolait à la ronde une outre très-bien garnie, Valentin tira adroitement une quinzaine de doublons de sa bourse, et il dit à Ambroise : — Monseigneur de Grenade ne prétend pas que nous soyons à charge à Votre Révérence : voilà ce qu'il m'a chargé de vous remettre.

Ambroise sourit à la vue de cet or. — Je n'en ai pas besoin, dit-il. Les apôtres mangeaient ce qu'ils trouvaient; moi, je mange ce qu'on m'apporte. D'ailleurs, celui qui m'a instruit dans l'art de guérir m'a souvent répété cette formule respectable : *gratis accepistis, gratis date*. — Cela signifie, reprit Valentin, *vous avez reçu gratuitement, donnez de même*. — Je le sais, lui répondit Ambroise; j'ai eu soin de me faire expliquer cette maxime. Ne l'oubliez jamais, mes frères, et conformez-vous-y quand vous pratiquerez à votre tour.

On se lève; on étend quelques bottes de paille dans l'oratoire; Ambroise salue ses frères, il rentre dans sa chambre à coucher, s'y enferme et travaille probablement à rendre son lit plus commode que ne le croyaient les bonnes gens qui venaient le visiter.

Valentin et ses camarades, sûrs de n'être pas entendus, commencèrent à parler de leurs affaires. On sentit bien qu'on ne gagnerait pas Ambroise, et on ne savait où ni comment on pourrait quitter le froc. Valentin disait que, si Ambroise avait refusé son or, la proposition avait au moins acquis sa confiance à la troupe; qu'on ne serait pas surveillé, et qu'on partirait, quand on le jugerait à propos, pour aller où on voudrait. — Mais où aller, disait Robert, vêtus comme nous voilà? — Bah! reprit Valentin, tu ne vis que dans l'avenir, et moi je jouis du présent. Nous avons le temps de penser à ce que nous deviendrons, car je veux approfondir ce que je n'ai pu qu'entrevoir aujourd'hui, et dans huit jours je vous accorderai un quart d'heure pour délibérer sur nos affaires. — Comment, huit jours! On nous cherche, on nous trouvera, et... — Et je vous dis que je passerai la semaine ici. Avez-vous peur? Je vais partager entre nous ce que j'ai, et vous partirez demain, à l'instant si vous voulez. — Nous! quitter Valentin! jamais. — Eh bien, dormez et laissez-moi dormir. — Il nous fera tous pendre, disait Lecourt; mais comment abandonner un homme comme celui-là? — Allons, causeur, n'es-tu pas né pour finir? Que ce soit en l'air ou sur le dos, que t'importe? — Il m'importe beaucoup de ne pas finir à vingt-cinq ans. — Eh! tu ne finiras pas. Comment veux-

[1] Appareil magnétique.

tu que la Sainte-Hermandad se flatte de trouver quelqu'un dans les montagnes escarpées, coupées à chaque pas par des ravins, des broussailles, des rocs inaccessibles? Et puis, est-ce ici qu'on nous chercherait? L'ermitage d'Ambroise exhale un baume de sainteté qui se répand à dix lieues à la ronde. Va, si j'étais capitaine de voleurs, c'est dans ces montagnes que j'établirais le théâtre de mes exploits. Bonsoir; dors tranquille; c'est ce que tu peux faire de mieux.

La cantinière de Valentin s'appelait dona Julia. Elle avait épousé le seigneur Mendoce, qui était la meilleure pâte de mari qui existât dans toutes les Espagnes.

Valentin ne quittait plus Ambroise. Il regardait, il interrogeait sans cesse, et le soir il pratiquait. Les autres, obligés de tenir à leurs rôles, avaient l'air fort attentif, et ne voyaient que les jolies figures, un peu hâlées pourtant, de quelques dormeuses : c'est assez comme cela qu'on voit tout dans le monde. Parmi ces jolies dormeuses-là, il y en avait une qui ne fermait les yeux que de par Valentin. Elle venait seule à l'ermitage, parce que sa cabane n'était qu'à une lieue de là. Valentin persuada sans peine à Ambroise qu'il était tout à fait inconvenant qu'Aurora s'en retournât seule chez elle. On pouvait confier à quelque malade le soin de la reconduire. Mais pourquoi fatiguer des êtres déjà faibles, quand il y a à l'ermitage des jeunes gens sains et robustes, dont l'habit d'ailleurs est fait pour inspirer de la confiance aux parents de la belle! Ambroise trouva le raisonnement de Valentin très-juste, et chaque nuit le jeune frère reconduisait Aurora chez elle. Il était parfaitement reçu de la maman, qui peut-être, en voyant un ermite si beau, aurait voulu dormir aussi. Valentin se conduisait là avec une extrême réserve; je dois croire qu'il était aussi réservé sur la route. Mais la seconde semaine était commencée, et il ne parlait plus de repartir. Ses camarades, qui avaient aussi leurs raisons de trouver très-bonne la méthode du frère Ambroise, n'en parlaient pas davantage. Quelques malins ont prétendu que la jeune femme avait cessé d'insister sur la nécessité de mettre son mari au céleri. Quoi qu'il en soit, Ambroise était heureux de l'idée de remplir les vues de monseigneur de Grenade; les jeunes frères l'étaient du genre de vie qu'ils menaient à l'ermitage; mais je l'ai déjà demandé : est-il un bonheur durable sur cette terre de tribulation?

Un matin je ne sais plus de quel jour, le soleil commençait à brûler la cime pelée de la montagne. Ses rayons dardaient d'aplomb sur le toit de l'ermitage, et les jeunes frères, fatigués des exercices de la nuit, étaient entre l'état de veille et de sommeil. On frappe doucement à la porte, et personne ne répond. On frappe plus fort, et Michel ouvre les yeux, étend les bras et crie : — Qui va là? — Frère Ambroise, nous n'avons pas mangé depuis hier midi; donnez-nous à déjeuner, s'il vous plaît. — Mais, qui êtes-vous? — Vous ne nous reconnaissez pas, frère Ambroise? Nous sommes vos bons voleurs. En un clin d'œil, Michel est debout; il éveille Valentin et lui dit que des voleurs frappent à la porte. Valentin se lève, jette derrière lui robe et capuchon, ouvre en faisant feu de ses deux pistolets. Ses camarades s'éveillent en sursaut et courent sur les pas de leur chef. Les bons voleurs, qui n'étaient pas préparés à cette réception, fuient en jurant que bientôt ils reviendront avec des forces imposantes. On a brûlé de la poudre, et on n'a pas répandu une goutte de sang, parce qu'on ajuste mal quand on n'est pas bien éveillé.

Ambroise, effrayé de ce tintamarre, accourt en veste et le goupillon à la main. Il voit six grands garçons en chemise, ayant chacun une grosse queue qui leur tombe au milieu du dos. Par sainte Thérèse, se dit-il, ce n'est pas là une coiffure d'ermite. Il parle, il interroge, il presse. On répond mal dans un moment de trouble; les idées se heurtent, s'embrouillent, et on finit par déraisonner. C'est ce qui arriva à l'imperturbable Valentin. Il divagua au point qu'il s'en aperçut lui-même, et il finit par avouer que les six délégués de l'archevêque de Grenade étaient autant de déserteurs. — Malgré cela, ajouta-t-il, nous sommes de fort honnêtes gens : notre affection pour vous et l'offre que je vous ai faite de vous payer vos vivres attestent que nous avons des principes d'honnêteté. Nous avons voulu vous défendre, et cela prouve que nous sommes reconnaissants. — Tout cela est fort bon, messieurs; mais je ne veux pas avoir d'affaires avec les gens du roi, et je vous prie de partir à l'instant. — Comment! frère Ambroise, vous recevez des voleurs, vous leur donnez à dîner, et vous chasseriez des déserteurs des gardes wallonnes, des jeunes gens bien nés qui ont droit à quelques égards! — Je reçois des voleurs qu'on n'arrêterait pas facilement ici, afin de vivre en paix avec eux. Moyennant quelques provisions, ils ménagent cet ermitage et ceux qui le fréquentent. Je me conduis à cet égard comme les puissances européennes, qui font des présents aux voleurs d'Alger et de Tunis pour qu'ils ne dépouillent pas leurs sujets. — Mais les voleurs de ces montagnes..... — Font en petit ce que ceux d'Alger font en grand, et je suis fier de suivre l'exemple des têtes couronnées.

Une vieille femme obligeante se chargea d'annoncer son bonheur à Valentin, volontairement engagé dans les gardes wallonnes.

Valentin voulait établir une distinction frappante entre lui et des coureurs de grand chemin. Ambroise convenait de certaines choses; mais il s'appuyait des principes mêmes de ses hôtes pour ne pas faiblir et pour insister sur une séparation qui lui semblait nécessaire et urgente. Nos déserteurs demandèrent qu'au moins il leur fût permis de rester jusqu'à ce que la chaleur du jour fût passée, et c'est tout ce qu'Ambroise voulut accorder.

Le cher frère, qui redoutait l'effet des menaces de ses bons voleurs, prit son cornet à bouquin, et en sonna aussi fort que le lui permettait une poitrine de soixante ans. Un quart d'heure après, parurent dans le lointain quatre grands drôles qui grimpaient les rochers et qui sautaient comme des boucs. Ambroise va au-devant d'eux; il leur parle avec chaleur, et l'explication finit au gré de tous, puisque les bons voleurs reviennent avec le cher frère. En entrant à l'ermitage, ils présentent la main à Valentin et à ses compagnons. On sert un ample repas, et déserteurs, voleurs et médecin se mettent à la même table. On y reste jusqu'au coucher du soleil, et on se sépare en se donnant mutuellement des marques de bienveillance. Nos jeunes gens partent, en maudissant le quiproquo, qui prive l'un d'Aurora, celui-ci de la petite femme au céleri, et les autres de je ne sais quelles beautés du même genre.

On leur avait assez bien indiqué les rochers qu'ils devaient laisser à droite ou à gauche pour arriver à Medina-Celi. La lune éclairait leur marche; ils avançaient guidés par les chansons de Valentin. Michel l'interrompait quelquefois pour lui parler de l'avenir, et Valentin reprenait sa chanson. — Mais réponds-moi donc, chanteur opiniâtre! s'écria enfin Michel. Medina-Celi est à l'entrée d'une gorge; nous ne pouvons tourner la ville. Que ferons-nous là, avec nos robes d'ermites? — Eh, mon Dieu, nous avons fait trente lieues sans accident dans ce grotesque équipage, pourquoi nous arriverait-il aujourd'hui quelque chose de fâcheux? — Tu ne doutes de rien. — Eh, pourquoi veux-tu que je me tourmente? Faisons ce que nous pourrons pour éviter le mal, et moquons-nous du reste. — Mais, encore une fois, que ferons-nous à Medina-Celi? — Je n'en sais rien, et je ne m'en inquiète guère. — Mais... — Mais y a-t-il quelque moyen d'éviter cette ville? — Non. — Tais-toi donc et laisse-moi chanter.

Il ne restait plus qu'une lieue à faire pour sortir des montagnes, lorsque le bruit de quelques coups d'escopette arrêta net Valentin au milieu d'un couplet. Il prêta l'oreille et entendit des voix étouffées qui criaient: Au voleur! au voleur! — Mes amis, dit-il, nous avons ménagé ceux de l'ermitage, par égard pour le frère Ambroise; mais ici nous n'imiterons pas le singe des têtes couronnées; tombons tête baissée sur ces gredins-là.

La petite troupe s'avance en poussant de grands cris. Les pauvres voyageurs croient qu'il arrive du renfort aux assaillants; les brigands jugent qu'il vient du secours aux assaillis; tous fuient et s'enfoncent dans les montagnes. Valentin et les siens arrivent sur le champ de bataille, et ils y trouvent trois mules pesamment chargées, qui, n'ayant rien de mieux à faire, broutent tranquillement la mousse qui croît dans les crevasses des rochers.

Valentin fait tirer en l'air une vingtaine de coups de pistolet, pour ôter aux propriétaires et aux autres l'envie de rétrograder. Il fait décharger les valises, et il en fait l'inventaire, à la faible lueur du crépuscule naissant. On tire d'abord d'un ballot trois ou quatre habits plus riches les uns que les autres, des cordons, des crachats étrangers, et enfin un rouleau de toile grise. On le déploie, et on y trouve écrit en gros caractères :

> Carlos traite les incurables
> Et guérit leurs maux divers.
> De ses succès presque incroyables
> Il a rempli l'univers.

— Ah! ah! dit Michel, c'est l'équipage d'un charlatan. — A qui, reprend Valentin, l'électeur de Cologne ou de Mayence, le pape peut-être, ont fait présent de ces décorations en reconnaissance des prodiges opérés dans leurs petits Etats. Il est fâcheux pour lui que cette broderie sente le cuivre; mais ceux qui l'écoutent, la bouche ouverte, ne peuvent mettre le doigt dessus, et ils sont dupes du docteur de toutes les manières.

On ouvre la seconde valise, et on lit des pièces importantes, telles qu'un certificat de bonnes vie et mœurs, délivré depuis deux jours au seigneur Carlos par le corrégidor de Siguenza; des attestations de cures étonnantes et vraiment incroyables, signées peut-être par les servantes des cabarets où a logé Sa Seigneurie; plus, une quantité considérable de boîtes à pilules et des bouteilles d'un élixir sans pareil.

La troisième valise contient du linge, quelques habits de livrée tout neufs, et aux bâts des mules pendent des étuis où on a enfermé des chapeaux bordés d'un point d'Espagne de plomb et ombragés de plumes de coq.

— Eh bien, dit Valentin à Michel, auras-tu toujours peur de l'avenir? — Que veux-tu dire? — Tu ne sens rien. Je prends un de ces habits; je m'appelle don Carlos, et je suis médecin. Vous endossez la livrée, et vous êtes mes gens. Le certificat du corrégidor de Siguenza à la main, nous parcourons toute l'Espagne. Je guéris ou je tue comme un autre, et je n'ai pas de compte à rendre. Allons, habillons-nous sans perdre un moment.

On jette les robes d'ermites dans un ravin, et chacun prend un habit à sa taille. — Eh bien, ne l'avais-je pas présagé, disait Valentin en s'habillant, qu'un jour je serais un médecin consommé? Ces mules nous appartiennent, puisqu'elles sont abandonnées; nous les monterons alternativement pour nous éloigner plus vite de ceux qui pourraient les revendiquer. Je prends celle-ci; arrangez-vous des autres, et traversons en toute hâte la ville de Medina-Celi.

L'admiration excessive ôte ordinairement la parole. Les camarades de Valentin le suivaient dans un profond silence, stupéfaits, enthousiasmés de la facilité, de l'adresse avec lesquelles il tirait parti des circonstances. Valentin, de son côté, se laissait aller à ses réflexions. — En fort peu de temps, pensait-il, j'ai été écolier, chanoine, soldat, déserteur et médecin. Je ne sais pas ce que je serai dans huit jours. Nous verrons. Ce qu'il y a de certain, c'est que j'ai fait ces différents métiers tout aussi bien que certaines gens qui n'en exercent qu'un pendant tout le cours de leur vie. Ce que c'est que le génie! il rend propre à tout; tôt ou tard il met les hommes à leur place, et ce qui le prouve, c'est que me voilà devenu le maître de mes camarades, et mon empire durera, parce que leurs plus chers intérêts me répondent de leur soumission.

La caravane marchait avec vitesse. Ceux qui n'avaient point de mules à monter avaient pris la queue de celles de leurs camarades, et trottaient ainsi sans se fatiguer beaucoup. On aperçoit enfin le premier pont de Medina-Celi, et Valentin fait faire halte à sa troupe. Chacun secoue la poussière de ses souliers, se donne un coup d'épousette; le seigneur Carlos règle l'ordre de la marche et de l'entrée. On paraît dans la première rue de la ville avec une pompe telle, que la canaille, frappée d'étonnement, se rassemble autour de nos charlatans et forme un nombreux cortége. Ce rassemblement attire un alcade, qui s'adresse à don Carlos, et qui commence une espèce d'enquête. Don Carlos lui ferme la bouche en exhibant le certificat du corrégidor de Siguenza. A cet aspect, le magistrat subalterne, devenu plus poli, demande si le seigneur docteur ne fera pas quelque séjour à Medina-Celi, et surtout s'il n'y donnera pas quelque parade, que sa femme aime beaucoup. Le docteur répond qu'il ne peut s'arrêter, parce qu'il est attendu à Pietras pour des épileptiques, des cataleptiques, des hydropiques, des asthmatiques, des apoplectiques, des léthargiques, des pléthoriques, des pulmoniques, des rachitiques, des sciatiques, et, pour donner une haute idée de sa science, il débite à l'alcade quarante vers de Virgile, qu'il donne pour des aphorismes d'Hippocrate. Il se promet bien d'être toujours attendu ailleurs, partout où il ne voudra pas s'arrêter, et il sort de Medina-Celi très-regretté de la populace, à qui des habits brodés imposent toujours beaucoup, quel que soit l'homme qui les porte.

En cheminant tranquillement et commodément sur sa mule, le seigneur Carlos, qui avait oublié la duchesse des trois étoiles, et qui ne s'occupait que très-légèrement d'Aurora, tournait tous ses vœux vers Estelle. En qualité de bon ou de mauvais médecin, il pouvait séjourner à Urgel autant de temps qu'il le voudrait, et il lui paraissait impossible de n'avoir pas, dans cette ville, des nouvelles de sa bien-aimée. — Mais à propos d'Estelle, dit-il à ses camarades, je fais un calcul très simple. Les bons voleurs de la montagne ont tué le véritable Carlos, ou ils ne l'ont pas tué. S'ils l'ont tué, il ne nous suivra pas. S'ils ne l'ont pas tué, il ne pourra nous suivre qu'à pied, parce qu'un marchand de pilules n'est pas riche. Mais, comme notre équipage est très-remarquable, il saura où nous avons passé; il nous joindra à la fin, et réclamera ses mules, qui sont bien à lui, nos habits, que je crois qu'il a payés, faute de crédit, et sa science, s'il y en a dans le fond du chapeau que je porte, comme dans celui du bonnet doctoral. J'aime beaucoup à restituer; mais ici les magistrats interviendront, et c'est un embarras qu'il faut éviter. En conséquence, dussions-nous fondre au soleil, il ne faut marcher que de jour, nous ne rencontrerons que des chiens et des Français, s'il y en a dans ce canton, et nous n'avons rien à craindre de leur part. Nous éviterons les lieux habités, au moyen des provisions dont nous allons garnir nos valises au premier village. Avant de reparaître aux yeux des Espagnols étonnés, nous aurons mis trente lieues entre nous et Medina-Celi, et si Carlos trouve la piste, il sera, ma foi, bien fin.

Depuis longtemps les camarades de Valentin ne savaient que lui obéir, et la sagesse de son plan arracha des applaudissements unanimes. En conséquence, on arrêta à Vilbacil; on bourra les valises de ce qu'on trouva de mieux, et on jugea à propos de s'assurer de la qualité des provisions qu'on venait d'acheter. Pendant que ces messieurs déjeunaient, un seigneur maquignon se présenta à eux; il pria Valentin de réfléchir qu'il était indigne de lui que trois de ses gens voyageassent à pied : il ajouta que les chemins étaient durs et difficiles, que sans doute Sa Seigneurie ne marchait que la nuit, et que, si elle le voulait, il lui vendrait trois excellentes mules, qui lui serviraient de guides, tant elles connaissaient parfaitement les chemins des environs; il suffirait, en sortant d'un village, de dire au premier habitant où on voudrait aller et de mettre les mules sur la route.

Cette proposition plut à Valentin. Il souffrait de voir trois de ses camarades marcher alternativement, pendant qu'il voyageait sur la meilleure des trois mules; cela pourtant ne l'affectait pas au point de le décider à mettre pied à terre : le *primo mihi* est la devise de tous les hommes. La véritable raison, la déterminante, c'est qu'il ne fallait pas perdre de temps pour dépister le vrai Carlos, et il acheta les trois mules, un peu cher à la vérité; mais les camarades, qui tenaient aussi au *primo mihi*, ne s'informèrent pas dans quel état était sa bourse. Il y pensa pour eux. — Il ne me reste plus que quelques pièces d'or, leur dit-il, et quand je n'en aurai plus, nous vendrons des pilules. — Quand celles-ci seront épuisées... — Nous en ferons d'autres. — Avec quoi? — Ma foi, je n'en sais rien, et qu'importe? bonnes ou mauvaises, on les achètera, on les avalera, et il faut que les fossoyeurs vivent, ce sont des gens très-utiles.

On avait déclaré, à Medina-Celi, qu'on allait à Pietras: c'était une raison pour n'y point passer. On se dirigea sur Fraga, et en deux jours on arriva à Daroca sans avoir rencontré personne. On était déjà à trente-cinq lieues de Medina-Celi; on avait eu constamment le soleil sur la tête, et les hommes et les mules avaient le plus grand besoin de se reposer. D'ailleurs Valentin sentait bien qu'il était prudent de faire viser, de loin en loin, le certificat dont il était porteur. Il décida donc qu'on passerait deux jours à Daroca, et qu'on y exercerait la médecine aux dépens de qui il appartiendrait.

— Parbleu! s'écria-t-il en fixant ses camarades, nous voilà jolis garçons: nous ressemblons aux anciens Maures. Que le diable m'emporte si le corrégidor d'Urgel et même son alcade, que j'ai si bien rossés, me reconnaissent jamais!... Mais Estelle? Oh! elle me reconnaîtra, car je me nommerai, et tant pis pour elle, après tout, si elle tient à un teint blanc et rosé. Celui qui brave la corde peut supporter la perte d'une maîtresse. — Tu lui diras, reprit Michel, que tu n'auras point passé trois mois dans les rues étroites et boueuses de Paris sans être blanc comme sa chemise. — Allons, allons, préparons-nous à faire la parade. Moi, je ferai valoir mes remèdes. Qui de vous sera mon paillasse? Toi, Lecourt, tu n'as pas mal l'air bête; tu répondras des balourdises à tout ce que je te dirai. — Des balourdises! cela ne me sera pas facile. — Tu ne commences pas trop mal; continue comme cela, et quand tu ne sauras que dire, tu me parleras français; je te répondrai en latin, et notre auditoire sera émerveillé. Il nous faudrait une colombine; les Espagnols sont amateurs. Attendez, attendez, je vais parler à la servante de l'auberge; elle est jolie, et nous trouverons bien quelque oripeau pour la fagoter. Pendant que je ferai sa toilette, Michel ira chez le corrégidor demander la permission d'exercer nos talents; Dubreuil décorera le balcon, et Lecourt y arrangera des chandelles. Robert distribuera les pilules, et Julien vendra l'élixir.

Les femmes espagnoles aiment les teints basanés, elles disent que cela promet. Dona Torribia, l'hôtesse de Valentin, était très-connaisseuse, et ne faisait pas difficulté de l'avouer. Auda, la petite servante, n'en pensait pas moins, quoiqu'elle ne dit rien. Ainsi don Carlos ne rencontra point d'obstacles. L'aimable Torribia poussa même les procédés jusqu'à prêter à Auda sa jupe noire bordée d'or. Il n'en coûta à notre héros que quelques complaisances; mais il était à l'âge fortuné où on est complaisant tant qu'on le veut. Si Auda avait le cœur sensible, elle avait la tête dure; il ne fut pas possible à Valentin de lui incruster deux phrases dans le cerveau, et comme il fallait qu'elle fît quelque chose sur le balcon, notre empirique arrêta qu'elle y danserait un *bolero* avec Dubreuil, qui était à Madrid le maître de danse de sa compagnie.

A la lueur non de cent flambeaux, mais de six chandelles, Valentin débuta dans la carrière dramatique et médicale. Il commença par faire, selon l'usage, une algarade à paillasse, qui répondit plus mal encore que ne l'avait cru le docteur. Auda, qui avait caressé Bacchus, afin de pouvoir, disait-elle, surmonter une timidité dont jamais personne n'avait parlé, Auda raccommodait par sa gentillesse et sa vivacité tout ce que Dubreuil gâtait. Bientôt des applaudissements sans fin lui prouvèrent l'extrême satisfaction de son auditoire délicat et connaisseur.

Nous sommes tous un peu empiriques, et, dans toutes les classes de la société, on cherche à captiver la bienveillance de celui à qui on veut faire avaler la pilule. Quand Valentin se crut sûr de son public, il pensa à faire valoir sa marchandise. Il cita un vieil Arabe qu'il avait connu dans ses voyages, de qui il avait appris à extraire des minéraux, des végétaux et des animaux ses pilules et son élixir sans pareil. Il fit un long détail des cures qu'il avait opérées dans différentes cours, et il affirma que ses cordons et ses crachats de cuivre étaient des marques de la reconnaissance de certains princes, dont il avait guéri les maîtresses et les chevaux. Il parla latin, il parla français; il frappa le carreau du pied et le grillage du balcon de ses deux mains; il ouvrit de grands yeux, une bouche encore plus grande, et, quand il ne sut plus que dire, il laissa à Auda le soin de moissonner.

Auda renchérit encore sur l'éloge que le docteur avait fait de ses pilules. Elle assura qu'elles avaient la vertu de donner de l'amour à la beauté la plus insensible, et elle détermina aussitôt l'auditoire à sortir de l'incertitude dans laquelle il paraissait flotter. La vente fut prompte, et rapporta beaucoup, parce que chacun voulait voir de près les jolies petites mines de mademoiselle Colombine, et avoir le plaisir de toucher le bout des doigts de celle qui peignait si vivement l'amour et ses plaisirs.

Le lendemain matin, les grands de la ville, à qui la décence n'avait pas permis de se trouver à la parade, voulurent voir Auda, et, pour la voir, il fallait acheter des pilules. Une salle basse, où elle figurait auprès de don Carlos, ne désemplissait pas. Elle en sortait d'heure en heure pour aller combattre sa timidité à grands coups de verre; tout le monde la trouvait charmante; on m'a même assuré qu'on lui fit à l'oreille des propositions auxquelles elle répondit par un sourire pénétrant, et qui peut-être ont eu des suites dans les intervalles d'une séance à une autre. Ainsi, une petite servante de cabaret, inconnue, ou dédaignée la veille, devint tout à coup un personnage intéressant et recherché. Que d'exemples on a vus de ces rapides métamorphoses, qui me révolteraient si je n'aimais mieux rire de tout!

Valentin sentit que rien ne trompe et ne persuade les hommes aussi facilement qu'une femme jolie et adroite. Il résolut de s'attacher celle-ci jusqu'à ce qu'il retrouvât Estelle, qui, lorsqu'elle était présente, n'avait jamais de rivale. Il proposa à Auda de le suivre lorsqu'il partirait de Daroca, mais sous la condition expresse qu'elle n'accepterait aucune proposition à l'avenir. Auda consentit de bon cœur, mais aussi sous la condition expresse qu'à l'avenir Sa Seigneurie ne ferait sa cour à aucune *Torribia*. Que risquait Auda? Elle savait bien qu'elle ne serait pas la première qui, après avoir eu un carrosse, aurait été obligée de trotter à pied, et il y a des cabarets partout.

Les conditions bien et dûment arrêtées de part et d'autre, Auda continua à sourire aux galants, et Valentin à faire une cour très-active à son hôtesse. Tout le monde était content, jusqu'à l'hôte, qui n'était pas sourd, mais aveugle: incommodité très-précieuse pour certaines femmes.

Cependant les pilules et l'élixir se vendaient, se vendaient!... On ne parlait que de cela dans la ville, et on commençait à leur attribuer des miracles. La caisse de Valentin était très-passablement garnie; mais il ne restait presque plus rien à vendre, et Valentin était très-décidé à être médecin jusqu'à ce qu'il eût mis le pied sur le territoire français. Il savait que là on ne peut distribuer un bon remède si on n'a soutenu trois examens, qui ne sont d'aucune utilité à l'espèce humaine, mais qui donnent au récipiendaire le droit de tuer impunément.

Il s'agissait donc de remplacer les pilules et l'élixir, dont on faisait une énorme consommation à Daroca. Valentin avait assemblé son conseil, et on balançait entre le sirop de miel et celui de raisin, entre la rhubarbe et le quinquina, lorsqu'un petit homme, très en colère, ouvrit brusquement la porte et apostropha notre docteur en ces termes: — Il vous sied bien, ignorant que vous êtes, de vous dire l'auteur d'un remède qui est connu depuis des siècles... Il est bon, très-bon, j'en conviens; mais, parbleu, je l'ai décomposé, et la recette est tout entière dans Galien. — Je nie le fait! répondit hardiment Valentin. — Ah! vous niez le fait, imposteur! répond l'apothicaire, et il arrache Galien de sa poche; il jette le livre sur une table; il le parcourt avec impatience; il s'arrête, et il lit du ton le plus animé la nomenclature des drogues qui composaient l'élixir et les pilules. Michel, qui ne valait pas son chef, mais qui avait aussi de l'esprit du moment, écrivait pendant que l'apothicaire lisait, et que Valentin le contredisait sans ménagement, pour l'engager à se livrer davantage. Quand il eut tiré de lui ce qu'il pouvait en apprendre, quand il eut su que les simples qui entrent dans la composition du remède se trouvent dans les montagnes des pays chauds, et qu'il fut certain de les trouver sur sa route, il s'adoucit tout à coup, et il montra froidement au pharmacien la note que Michel venait d'écrire. — Je n'ai pas prétendu vous apprendre quelque chose, lui dit le petit homme; mais j'ai voulu vous faire convenir que vous n'êtes pas l'inventeur du remède. — A la bonne heure. — Or, si vous n'en êtes pas l'inventeur, j'ai le droit de le préparer et de le vendre comme vous. — Eh bien, soit. Avez-vous déjà fait de mes pilules et de mon élixir? — Jamais. — Je vais vous donner une preuve de l'envie que j'ai de vivre en bonne intelligence avec vous en vous dirigeant dans votre préparation. — Voilà ce que j'appelle parler. Si vous m'eussiez répondu ainsi d'abord... — Si vous m'aviez abordé plus poliment... — C'est vrai, j'ai tort. Je suis naturellement très-vif; mais je reviens de même. Allons, mon cher confrère, préparer le remède de Galien.

Vous sentez bien que Valentin voulait prendre une leçon au lieu de la donner. Il se proposait aussi de reconnaître les plantes qui entreraient dans la composition du remède, pour les pouvoir cueillir avec confiance quand il en aurait besoin. Il parut se donner un air de grandeur en se faisant suivre par ses gens: son véritable motif était qu'ils vissent comme lui, et que ce qui échapperait à l'un fût recueilli par l'autre.

Notre docteur, un œil sur l'apothicaire et l'autre sur Galien, ouvert devant lui, dirigeait, ordonnait tout. Quelquefois il se levait, passait amicalement son bras autour du cou de son frère, regardait avec lui le degré d'ébullition du contenu de la chaudière, proposait des difficultés pour se les faire résoudre, et donnait à Michel et à ses camarades le temps de mettre dans leurs poches les échantillons de la mixtion qui se préparait. Le tout mûrement et bien terminé, on fit des pilules avec de la poudre de réglisse; de l'élixir, en délayant la matière avec du vin d'absinthe, et l'apothicaire enchanté pria don Carlos à dîner avec lui. Il n'était pas généreux, mais il voulait obtenir quelque chose encore de son confrère. Entre la poire et le fromage, comme disent les bonnes gens, il lui proposa de signer une espèce de pancarte qui l'autoriserait à vendre le remède merveilleux qui faisait tant de bruit. — Mes confrères pourront le décomposer comme moi; mais ils n'iront pas feuilleter Galien, et, la permission de l'inventeur à la main, je les empêcherai de fabriquer. Notre docteur, qui partait le lendemain, ne voyait pas le moindre inconvénient à ce qu'on vendît ses pilules à Daroca, où il comptait bien ne plus revenir. Mais, avant que de signer, il pria son confrère de reconnaître ce service par un autre : c'était de lui abandonner ce qu'ils venaient de fabriquer ensemble, parce que sa pharmacie était épuisée, et qu'il se proposait de s'arrêter et de vendre au premier endroit un peu considérable qu'il trouverait en sortant de Daroca. Le confrère, enchanté de cette modération à laquelle il ne s'attendait pas, fit aussitôt transporter pilules et élixir chez Valentin, de qui il reçut le droit incontestable de distribuer le remède dans la ville et dans la banlieue.

Torribia aimait beaucoup notre médecin roulant : mais elle n'était pas d'humeur à laisser ses habits à Auda. On employa le reste de la journée à faire un costume de théâtre, et un autre propre et commode pour la route. On tira du corrégidor un certificat des plus avantageux; on acheta une charrette couverte pour y mettre, à l'abri du soleil et de la pluie, Colombine et les herbes qu'on cueillerait à droite et à gauche du chemin. On n'oublia pas de la garnir de provisions de bouche; on mit la mule de don Carlos aux brancards, ce qui donnait le droit au docteur de s'asseoir auprès d'Auda, et on sortit de la ville comme on y était entré, la chansonnette à la bouche, le sourire sur les lèvres et la gaieté dans le cœur.

Oh! si Estelle savait tout cela!... Peut-être de son côté fait-elle pis : que sait-on? C'est ce que disait Michel à Valentin. — Si nous nous rencontrons, répondait celui-ci, ce que nous aurons de mieux à faire sera de ne nous demander aucun compte et de jouir du présent. — Mais Auda, par sa présence seule, déposera contre toi. — Pas du tout. C'est une femme de chambre que je mène à ma bien-aimée : peut-on pousser plus loin la prévoyance et les attentions?

C'est une terrible chose que le mauvais exemple, surtout quand il est donné par un chef. On a vu les courtisans de Philippe vouloir être borgnes, parce que le maître avait perdu un œil. Les flatteurs de monsieur son fils, avant d'en faire un fils de Jupiter, inclinèrent leur tête sur l'épaule, parce qu'Alexandre ne portait pas bien la sienne. Ici il s'agissait moins de faire la cour au chef que de satisfaire ses goûts; cependant on l'assurait qu'on se faisait un devoir de l'imiter, et, bien qu'on n'eût de femme de chambre à conduire à personne, on ne négligeait aucune occasion de procurer de la société à Auda, qui aurait été seule quand le maître fabriquait des pilules. A chaque recrutement nouveau que faisait la société, Valentin disait : — C'est bien. Il ne suffit pas que tout le monde vive, il faut aussi que chacun s'amuse.

Cependant les moyens d'existence diminuaient à mesure que la colonie errante s'agrandissait, et il faut que les peuples nomades vivent aux dépens de la nature ou de leurs voisins. Or il n'est pas facile d'avoir impunément recours à la nature depuis qu'on a bien voulu croire que la terre appartient exclusivement à quelques individus privilégiés. Valentin se décida donc à continuer de lever des impôts sur le public. Il se souvint que, semblable à l'abbé de Voisenon, il avait fait, étant chanoine, un joli opéra-comique. Il ne douta pas qu'il pût composer d'excellentissimes parades, et, par un seul acte de sa volonté, il transforma ses valets et leurs donas en une troupe de comédiens. Il écrivait lorsqu'on faisait paître les mules; il écrivait en déjeunant, en dînant, en soupant. Quand il avait fait une scène, il la lisait à Auda, et quand Auda avait ri Michel tirait les rôles. On les étudiait en marchant, on les répétait dans les cabarets. Valentin inspirait ses acteurs; il leur communiquait ses intentions, son esprit; et comme Auda riait toujours, le répertoire se formait avec une étonnante rapidité.

Arrivait-on dans un bourg où il n'y avait pas de malades, et où depuis la formation du globe on n'avait pas joué la comédie, on dressait des tréteaux dans une grange, et on charmait les spectateurs ébahis. Le directeur-auteur jouissait de toutes les manières : on l'applaudissait, et la troupe vivait dans l'abondance. Quelquefois le public se plaignait de voir un grand seigneur en habit de livrée, un cassandre de vingt ans et une vieille radoteuse jolie comme sainte Marie l'Egyptienne. Valentin répondait que ses acteurs vieilliraient, et que les garde-robes arriveraient le lendemain. Le lendemain il était parti.

Si la troupe entrait dans un endroit où la nature se montrait marâtre et où la médecine aidait à la nature, on tirait des cassettes de baume de *fier-à-bras*, et on faisait une ample récolte. On trouvait partout du plaisir, partout de l'argent. Quelle vie pour un garçon sans souci! — Parbleu! disait-il à ses camarades, nous jouerons la comédie à Urgel. Nous avons du talent, beaucoup de talent; toute la ville voudra nous voir. Si Estelle y est encore, elle ne laissera pas échapper cette occasion de s'amuser; elle reconnaîtra ma voix et peut-être ma figure, qui commence à blanchir depuis que je voyage en charrette couverte, et... et... et nous verrons. — Et, reprenait Michel, quand notre réputation sera faite à Urgel, que nous aurons grands et petits dans notre manche, nous dirons que nous voulons aller jouer la comédie à Ax, où on entend assez bien l'espagnol. Nous demanderons des passe-ports, on nous en donnera, et quand nous serons à Ax, ma foi... — Nous verrons. La troupe menait une vie joyeuse et commode; aucun nuage ne troublait la sérénité qui régnait sur toutes les figures. On avait oublié qu'il pouvait exister par le monde un certain Carlos dont la présence compromettrait un peu la sûreté générale.

On avait dépassé Fraga, Balaguer, Salsona; on n'était plus qu'à dix lieues d'Urgel. L'amour de Valentin pour Estelle se ranimait à mesure qu'il croyait se rapprocher d'elle, et Auda ne s'en trouvait pas mieux. De loin en loin, elle avait entendu murmurer le nom de cette Estelle. L'air de mystère et le ton d'intérêt avec lesquels Valentin en parlait lui avaient donné des soupçons : en amour, une servante de cabaret en sait autant qu'une duchesse. J'avoue très-volontiers qu'elle ne s'exprime pas aussi bien, et Auda revint à son premier métier dans l'explication qu'elle jugea à propos d'avoir avec M. le docteur. Toutes les femmes ont la manie de s'expliquer, et toutes ont éprouvé que cela ne sert pas à grand'chose. Auda mit tant d'acrimonie dans son style, elle fronça tellement le sourcil que Valentin, qui avait commencé par écouter, finit par lui rire au nez. — De quoi te plains-tu? lui dit-il. Tu étais servante de cabaret; je t'ai faite comédienne, et je t'ai donné assez de talent pour que tu puisses te présenter à la troupe de Madrid. Depuis que tu joues la comédie, tu as eu plus de plaisir que pendant tout le reste de ta vie : tu peux en avoir aujourd'hui et demain; que t'importe l'après-demain? — Cela est bien aisé à dire. — Parbleu! je ne m'en occupe pas, moi; et je me suis promis surtout de ne jamais me laisser contrarier. Fais-moi grâce de tes hoquets et de tes jurons, ou je te laisse au premier cabaret où la troupe s'arrêtera, et tu t'arrangeras comme bon te semblera. — Oh! cette Estelle, cette maudite Estelle!... — Si je la rencontre, je te quitte à l'instant, et qu'est-ce que cela te fait? Suis-je le premier que tu as aimé, et crois-tu que je doive être le dernier? Tu me fais, au style près, une excellente scène dramatique, et je t'ai vue dix fois regarder Michel d'une manière... Tout à coup les muscles du visage d'Auda se détendirent, le calme reparut dans ses yeux et sur son front, elle éclata de rire à son tour, et elle répondit à Valentin par une tirade philosophique prise dans une de ses meilleures pièces. — Nous avons toutes le goût du changement, et quand nous querellons un infidèle, ce n'est pas du tout parce qu'il nous rend libres de faire un nouveau choix, mais parce que l'abandon où il croit nous laisser blesse vivement notre amour-propre, et que la vanité est notre passion dominante. Celle-là d'abord, le plaisir ensuite, et enfin l'amour, s'il se présente.

Il est constant que Valentin fait ici parler les femmes un peu en garçon sans souci, et, quoique je tienne à lui d'une façon toute particulière, je ne balance pas à le déclarer calomniateur : *Experto crede Roberto*.

Si deux armées pouvaient se rire au nez, il est constant encore qu'elles ne se battraient pas. Ici les deux ennemis désarmés terminèrent la plus orageuse explication comme ont coutume de le faire des médecins divisés d'opinion : *Passez-moi la rhubarbe, et je vous passerai le séné*. Il fut convenu entre Valentin et Auda que chacun ferait exclusivement tout ce qui lui conviendrait, et ils conclurent de cet arrangement qu'ils se retrouveraient avec un plaisir plus vif. Les gens du grand monde sont assez de cet avis-là.

Il est à propos de remarquer ici que le frivole, l'insouciant Valentin savait garder un secret, et que la mauvaise humeur d'Auda n'aurait pu, si elle s'était soutenue, lui attirer aucun désagrément à Urgel. Elle le croyait fermement comédien et médecin, et ne savait rien de ce qui avait amené une suite de métamorphoses assez romanesques, mais cependant bien vraies, et vous n'en doutez pas.

Un beau jour, à huit heures du matin, la troupe joyeuse aperçut enfin les clochers d'Urgel. Valentin fit dans sa charrette une espèce de toilette; il peigna et noircit la moustache que la nature lui avait donnée depuis que le roi d'Espagne lui avait fait témoigner qu'il serait fort aise de l'avoir à son service.

On entra dans la ville ayant sept ou huit certificats à la main; on se logea à la meilleure auberge, qui pourtant ne valait pas grand' chose, et le premier soin de Valentin fut de s'informer de mademoiselle Estelle. Vous sentez bien qu'il prenait des détours pour arriver jusqu'à elle. Il demandait des nouvelles de gens qui n'avaient jamais existé; il la nommait ensuite d'un ton indifférent. Il indiquait sa taille à l'un, la couleur de ses cheveux à l'autre; son âge à celui-ci, la coupe de ses yeux à celui-là. Il n'entrait dans aucun détail suivi avec personne, et tout le monde s'accordant à lui répondre qu'on ne connaissait pas de demoiselle Estelle à Urgel, il en conclut assez légèrement qu'elle n'y était pas, et il résolut de ne pas se fatiguer plus longtemps là-dessus la tête et le cœur.

Cependant il ne voulait rien avoir à se reprocher. Estelle n'était pas à Urgel, à la bonne heure; mais les circonstances pouvaient l'avoir conduite dans quelque village, peut-être dans quelque ville des environs. On imprimait à Urgel, comme dans toutes les places *importantes*, un mauvais journal que tous les habitants veulent lire, parce qu'on aime tout ce qui vient du cru. Demandez aux bourgeois de Surene s'ils ne trouvent pas leur vin excellent. Valentin porta à M. le propriétaire, rédacteur, imprimeur, tireur et plieur du journal d'Urgel, une longue et pompeuse annonce de son arrivée en cette ville. A travers l'énumération de ses talents dramatiques et médicaux, il avait glissé quelques phrases à double sens qu'Estelle seule pouvait entendre, et, si elle lisait le journal, il était indubitable qu'elle accourrait à Urgel, à moins pourtant, ajoutait Valentin, qu'elle ne se trouve bien où elle est.

Le propriétaire de la gazette, qui devait se croire fort heureux qu'on contribuât à remplir sa feuille, fit cependant payer assez cher à notre héros l'insertion de son article; et Valentin, assuré qu'il paraîtrait le lendemain, alla hardiment se présenter chez le corrégidor : c'est par là qu'il aurait dû commencer.

Il frappe à la porte, et la vieille Inès vient lui ouvrir. La jambe droite en avant, la main gauche appuyée sur le pommeau de son épée, son chapeau à plumes sur l'oreille, la moustache haute et le nez au vent, il demande à parler au corrégidor. Inès le prend pour un grand seigneur et l'introduit aussitôt. Le corrégidor s'incline jusqu'à terre; mais, quand il sait qu'il n'est question que de pilules et de comédie, il prend le ton tranchant, et Valentin, qui a une permission à obtenir, veut prouver qu'il la mérite. Il parle de ses cures, il débite de sa prose et de ses vers... — Ta! ta! ta! ta! s'écrie le corrégidor; que m'importe à moi que vous soyez bon ou mauvais comédien, habile ou ignorant médecin? J'en ai un dans les mains duquel j'espère mourir. L'essentiel est de prouver que vous avez réellement exercé dans les lieux que vous venez de nommer. Voyons vos certificats. Ah! je ne trouve pas mes lunettes... Sa Seigneurie ne les trouvait jamais quand il fallait lire en présence de témoins. — Inès, allez chercher mon greffier ou l'alcade. Pendant qu'Inès cherche, Valentin fait cent contes plus plaisants les uns que les autres au corrégidor. Sa Seigneurie, qui n'avait jamais ri de ce que lui disaient ses inférieurs, ne put résister au torrent de saillies qui échappaient du cerveau de Valentin. Mais il avait fait d'abord des efforts si violents pour ne pas déroger que la respiration lui manqua tout à fait. Il devint rouge, bleu, noir, et un corrégidor d'Urgel allait être suffoqué dans les mains de notre docteur, comme dans celles de tout autre, si celui-ci eût perdu de vue un moment le passe-port à l'aide duquel il comptait passer à Ax avec Estelle ou une autre.

Il ne savait pas si son élixir ou ses pilules pouvaient prévenir une suffocation absolue; d'ailleurs il n'en avait pas dans ses poches, et il se hâta d'employer les procédés du frère Ambroise. Il en obtint les effets qu'ils produisent assez souvent. Le corrégidor, qui cinq minutes auparavant avait un pied dans la barque à Caron, fut enchanté, plus pour lui que pour le bien de ses administrés, d'être rendu à la vie, et proclama Valentin le plus grand médecin qui eût jamais existé. Inès n'avait rencontré ni le greffier ni l'alcade; mais les certificats de notre docteur furent trouvés excellents, admirables. Le corrégidor prétendit que la crise dont il sortait lui avait laissé un tremblement qui ne lui permettait pas de tenir une plume. Il invita Valentin à écrire lui-même la permission et à y apposer sa griffe. Il courut ensuite annoncer chez tous les gens en place qu'il était arrivé à Urgel un médecin qui faisait rire à volonté et qui guérissait les suffocations avec le bout de ses doigts. On savait que le corrégidor était une bête, et ce qu'il contait paraissait doublement invraisemblable. Cependant les médecins d'Urgel tremblèrent : c'est toujours par là qu'ils commencent en Espagne et peut être ailleurs quand on parle d'un moyen curatif nouveau.

Ils ne manquèrent pas d'aller publier partout que le corrégidor, personnage très-respectable sans doute, avait été dupe d'un charlatan, et qu'il serait affreux qu'on accordât quelque confiance à un homme incapable de tuer un malade selon les formes admises à l'université de Salamanque. Valentin, enchanté d'un succès qui mettait le corrégidor dans l'impossibilité de lui rien refuser, se promenait sur les places et dans les rues avec la fierté d'un grand d'Espagne de la première classe. Il jouait la comédie plutôt en homme qui veut bien obliger le public qu'en acteur qui cherche à captiver sa bienveillance. Il ne paraissait plus à la parade; il se bornait à faire inviter par le paillasse Lecourt ceux qui avaient mal aux dents, à la tête, à la gorge, à l'estomac, à passer dans son *salon*. Il les guérissait presque tous, et, après s'être brouillé avec les médecins pour une suffocation, il se brouilla avec les chirurgiens pour les dents qu'ils ne tiraient pas, pour les saignées qu'il les empêchait de faire. Il n'y a pas de petits ennemis, dit un vieux proverbe. Que n'a-t-on pas à redouter de ceux qui sont puissants, de la crédulité, de la confiance générale et d'une suprématie de science inintelligible pour le vulgaire?

Quand Valentin ne se laissait pas aller aux fumées de l'amour-propre, il revenait à ses pilules, à Estelle et surtout à Auda, qui était présente. Il était toujours au mieux avec le corrégidor, qui de temps en temps l'envoyait chercher pour le faire rire. Il était connu et demandé partout; partout il obtenait quelque succès, et il commençait à croire que la méthode du frère Ambroise vaut bien celle de Galien. Plus d'une duègne le faisait appeler pour une dent, et avait un billet doux à lui remettre. Il riait, il chantait plus que jamais, et il aurait cédé de suite aux instances de ses camarades, qui étaient impatients de rentrer en France, si un pressentiment secret ne lui eût dit sans cesse qu'il reverrait son Estelle et que ce serait à Urgel. Vous verrez bientôt qu'il ne faut pas plus se moquer des pressentiments que des tireuses de cartes.

Jour déplorable! jour de deuil! s'écrie Bossuet dans l'oraison funèbre d'Henriette d'Angleterre. Jour déplorable! jour de deuil! répétait-on dans tous les coins de la petite ville d'Urgel. Dona Séraphine, la nièce du corrégidor, venait d'être frappée de paralysie sur toute la partie droite du plus joli petit corps qu'ait jamais formé la nature, et ce n'est rien que le corps, disait-on de tous les côtés; elle unit à l'esprit et aux talents des qualités solides et le plus heureux caractère. Si elle eût été la nièce d'un savetier, personne ne se fût occupé d'elle.

Il était fort égal à Valentin que le corrégidor eût ou n'eût pas de nièce, qu'elle eût de l'esprit ou qu'elle fût idiote, qu'elle fût ou non paralytique; mais on la disait jolie, et une femme jolie inspire toujours de l'intérêt à un jeune homme. Il parlait de Séraphine à tout le monde, et il apprit qu'elle avait été élevée dans un des meilleurs couvents de France; qu'elle y avait reçu une excellente éducation; qu'à la mort de ses parents son oncle avait résolu de la prendre avec lui, et qu'il l'avait annoncée à toute la ville trois mois avant qu'elle y arrivât; qu'elle avait plu partout où elle avait été présentée; que les dames se l'arrachaient et notaient les soirées qu'elle allait passer avec elles. On ajoutait enfin qu'elle était au milieu de quatre médecins qui avaient déjà fait quatre consultations. Le résultat de la première était qu'il y avait peu d'exemples de paralytiques guéris par la médecine. La seconde se termina par ce mot remarquable : *experiamur*. On ne put convenir à la troisième de la manière dont on essaierait, et à la quatrième les avis furent différents, ce qui arrive quelquefois même à Paris.

Que diable, se disait Valentin, cette Séraphine-là ne peut être mon Estelle! j'aurais bien défié le corrégidor d'annoncer notre arrivée ici trois mois d'avance. Mais son oncle peut lui avoir parlé de celle que je cherche, quand j'y pense, et je veux prétendre aussi à l'honneur de la guérir. Je ne sais pas si le frère Ambroise ôte des paralysies avec le bout des doigts; ainsi je me présenterai modestement et je me garderai bien de rien promettre. Mais comment pénétrer dans la chambre d'un malade occupée par quatre médecins?

Il ne fut pas longtemps dans l'incertitude. Ces médecins discutaient toujours et ne faisaient rien. Le corrégidor était une bête; mais il savait bien qu'on ne guérit pas en causant, et il n'entendait pas que sa nièce n'eût que la moitié d'un corps à sa disposition. Il pensa au docteur qui faisait rire et qui guérissait les suffocations. Il congédia les quatre médecins et il fit appeler don Carlos.

On ne résiste point à un corrégidor; mais on murmure, on se plaint, et les élèves de Salamanque rangèrent en un jour tous les habitants notables de leur côté. En effet, comment préférer un empirique à des gens qui ont acheté un bonnet de docteur? Il est très-possible qu'ils ne guérissent pas dona Séraphine; mais Carlos peut-il se flatter de le faire? Le peuple, au contraire, approuvait hautement la conduite du corrégidor; il rappelait toutes les cures que notre docteur avait faites, et il criait dans les carrefours qu'il guérirait Séraphine. La crédulité est le partage de la canaille, disaient les médecins. L'orgueil et l'entêtement sont celui des gens comme il faut, répondait le peuple. Ainsi il y avait scission dans la petite ville d'Urgel, et de là à une guerre civile le passage est rapide. Heureusement les choses n'allèrent pas jusque-là.

Valentin, sans s'embarrasser de ce qu'on dirait ou de ce qu'on ne dirait pas, s'était rendu de suite à l'invitation du corrégidor. On l'introduisit dans une chambre où l'intéressante malade était étendue sur une chaise longue. Le jour n'était pas assez vif pour qu'il blessât l'œil dont l'usage lui était resté; cette chambre n'était pas assez obscure pour qu'on ne pût distinguer les traits d'un visage qu'on cherche à détailler quand on est prévenu qu'il réunit tout ce qui peut plaire. A peine don Carlos a-t-il regardé Séraphine qu'il pousse un grand cri, s'élève à trente-six pouces de haut et retombe d'aplomb sur les pieds du corrégidor, qui sont garnis de cors. Le corrégidor fait une grimace épouvantable et crie à son tour; Séraphine, qui voit aussi bien de son œil que Valentin de ses deux, crie aussi; enfin la vieille Inès crie, parce qu'elle entend crier tout le monde.

Valentin fait d'humbles excuses au corrégidor; il lui proteste qu'il ignorait qu'il fût derrière lui, et il avoue que dans les maladies graves il commence par un certain cri qui attire à lui son génie inspirateur. Il prouve qu'il en a un par l'exemple de Socrate et de César, qui avaient incontestablement le leur. Il prouve qu'il a été entendu, puisque la malade a été forcée de répondre; il prouve enfin que rien n'est plus dangereux que les cors aux pieds quand ils sont irrités par un accident quelconque, et il presse fortement Sa Seigneurie d'aller y faire appliquer par Inès des compresses imbibées de son élixir, qui est souverain pour ces sortes de maux.

Le corrégidor suivit à la lettre le conseil de Valentin, à cela près cependant qu'il se fit panser dans la chambre de la malade, qui, disait-il, savait fort bien comment des pieds sont faits. Le cher oncle était jaloux de sa nièce. Il consentait qu'elle vît quelquefois les dames de la ville, mais il n'entendait pas qu'elle fréquentât les spectacles : voilà pourquoi elle et Valentin avaient crié si tard.

Cependant Inès n'y voyait pas trop bien, même avec ses lunettes. Le corrégidor fut obligé de s'approcher d'une croisée ; la chaise longue de la malade était à l'autre bout de la chambre, et on peut causer bas à certaine distance sans être entendu de gens qui n'ont plus le tympan très-délicat. Valentin faisait semblant de jouer des doigts, et il disait à Estelle de très-jolies choses; Estelle lui répondait d'une manière touchante, et des larmes s'échappaient de l'œil dont elle pouvait disposer : vous vous souvenez bien qu'elle pleurait toujours dans les grandes occasions. A travers tous ces mots d'enchantement, d'ivresse, de bonheur, Valentin apprit que le corrégidor, fortement frappé des charmes d'Estelle, lui avait proposé d'être sa femme ou sa maîtresse. — Si je l'avais épousé, disait la petite, j'élevais entre nous une barrière insurmontable. Forcée d'opter, je me suis décidée pour le second parti. — C'est très-honnête assurément. Mais comment ce vieux reître-là a-t-il pu t'annoncer ici trois mois d'avance? — Il a effectivement une nièce à Toulouse, qu'il avait mandée, et à qui il a enjoint de rester où elle est quand il m'a agrégée à sa famille. — Au premier jour nous irons lui faire des compliments de son oncle. — Mais est-il vrai que ce vilain homme-là t'ait fait soldat? — Je l'ai été pendant un an et demi. Quand il m'a appris la chose, j'ai voulu me poignarder; mais j'ai réfléchi que cela ne te donnerait pas ton congé. — Reflexion pleine de sens. Ah çà... mais comment ce secret n'a-t-il pas percé dans le public? — Il n'est connu que d'Inès et de l'alcade, que le corrégidor paye bien et qu'il tient dans la plus étroite dépendance. Je pouvais d'un mot le perdre dans l opinion publique; mais il ne m'eût pas rendu la liberté, et d'ailleurs où aurais-je été, dénuée de toute ressource? — Taisons-nous : on remboîte les pieds crochus de ton oncle dans leurs étuis tailladés.

Si Sa Seigneurie eût été aussi fine que Bartholo, elle aurait pu concevoir des soupçons, car enfin on ne se dit pas tout cela sans que les figures parlent, sans que le geste ajoute à l'expression. Mais ce pauvre corrégidor était du nombre de ceux qui justifient les paroles du psalmiste : *Oculos habent et non videbunt.*

Valentin, ne pouvant plus s'adresser au cœur d'Estelle, commença à attaquer sérieusement la paralysie. Il invoqua l'Amour et Ambroise, et un doux sommeil s'empara bientôt de sa douce amie. A son réveil, il eut la satisfaction de la voir pleurer de ses deux yeux. Le côté droit de la tête avait recouvré la sensibilité et la vie; le pied avait fait un léger mouvement. Valentin annonçait, promettait une guérison entière et prochaine. Le corrégidor ne se lassait pas d'admirer et de s'écrier. Dans l'excès de sa joie, le fier magistrat embrassa tendrement celui qu'il appelait son sauveur, son ange tutélaire. Il n'était pas de sacrifices qu'il ne fût disposé à faire pour lui. Valentin ne désirait qu'une chose, c'était Estelle, et il comptait bien rentrer incessamment dans ses premiers droits.

A la séance du soir, il apprit que le corrégidor avait une maison de campagne à quelques lieues de la ville et dans une vallée assez isolée : il résolut de faire plus tard son profit de cette découverte.

Quand la bien-aimée s'éveilla, elle retrouva l'usage de sa main droite, que son cher oncle baisa avec transport, pendant qu'elle donnait l'autre à son doux ami : rien n'instruit les femmes comme la contrainte. Le corrégidor, ivre de joie, courut toute la ville et racontait partout les prodiges dont il avait été témoin. Comme les imbéciles dénaturent tout, celui-ci ajoutait à ce qu'il avait vu des choses impossibles, et il disait gravement aux médecins : — Ne soyez point humiliés de ce que don Carlos en sait plus que vous. Il a un génie inspirateur qu'il appelle en poussant des cris de Merlusine. Tout le monde ouvrait de grands yeux et de plus grandes oreilles : il y en a de longues à Urgel. Mais tout le monde attendait, pour croire, que Séraphine pût reprendre à pied le cours de ses soirées.

Le lendemain, notre héroïne marcha avec quelques difficultés, mais elle put marcher; le surlendemain, il ne restait plus de traces de la paralysie. Toutes les dames accouraient pour constater un fait aussi extraordinaire. La terrasse décorée et l'humble toit retentissaient également de l'éloge de Valentin et de celui de son génie inspirateur. Valentin n'avait pas manqué de dire au cher oncle qu'il était indispensable que sa nièce allât immédiatement à la campagne et qu'elle y passât un mois. Il prescrivit un régime, et il protesta que, si on omettait la moindre chose, la paralysie se reproduirait avec plus de force qu'auparavant. Il avait déclaré que, n'ayant plus rien à ajouter à sa réputation, il allait s'éloigner d'Urgel, et il avait demandé le passeport à l'aide duquel il voulait opérer des prodiges nouveaux à Ax. Le corrégidor lui en aurait donné cent.

Il avait fait reconnaître par Michel la maison de campagne dont nous avons parlé; il en connaissait parfaitement la position, et, en reconnaissance de ce service, il avait passé Auda au camarade, qui avait donné Isaure à Lecourt, qui avait arrangé Aurora avec Dubreuil, et, de proche en proche, tout le monde était content, à l'exception de la dernière de ces dames, qui, ne trouvant plus de mari, se décida à épouser le public.

L'esprit humain veut toujours avancer. Après qu'on eut parlé pendant quelques jours du génie inspirateur de Carlos, on se travailla la tête pour savoir dans quelle classe on le rangerait. Les jolies femmes en faisaient un ange, les moines un démon. Les médecins ne croyaient pas à son existence, et ils ne concevaient pas comment Carlos avait pu guérir en deux jours une paralysie constatée. Cependant on a toujours une opinion quand on est intéressé à se prononcer, et la Faculté feignit d'adopter celle des religieux de toutes les couleurs, dont la ville d'Urgel est peuplée.

Un violent orage se formait dans le silence; il grossissait à chaque instant, et notre héros, loyal et confiant, ne se doutait de rien. Tout le monde sait ou ne sait pas que, depuis 1481 jusqu'en 1808, l'inquisition espagnole a condamné 343,522 individus. C'est bien peu de chose, si on veut calculer que, d'une époque à l'autre, il s'est écoulé 327 ans; ce qui ne porte le nombre des hérétiques corrigés ou supprimés qu'à cent mille et quelques-uns par siècle. D'après cela, il n'est pas étonnant qu'on n'eût pas encore joui à Urgel du spectacle édifiant d'un *auto-da-fé*. Il s'était présenté telle circonstance où le bon peuple avait exprimé hautement ses regrets sur une privation aussi dure à supporter. Le révérend père supérieur des Dominicains de cette ville aimait tendrement son prochain, et il n attendait qu'une occasion favorable pour le satisfaire. De quelle gloire il jouirait aux yeux du public s'il pouvait faire griller un sorcier!

Cependant il n'y avait pas de tribunal érigé à Urgel, et Sa Révérence n'osait s'arroger des pouvoirs qu'on ne lui avait pas dévolus. Mais les gens d'esprit ont tant de ressources! Le prieur assembla son chapitre. Il exposa son projet avec une telle clarté, il fit si bien sentir les avantages qu'un demi-cent de fagots procurerait à l'ordre, qu'on arrêta à l'unanimité qu'un frère lai serait député vers le supérieur des Dominicains de Madrid, lequel serait supplié d'obtenir du grand inquisiteur l'autorisation de faire et parfaire le procès à un homme qui faisait des miracles à Urgel par l'intervention du diable. On aurait pu dépêcher un courrier ordinaire; mais savait-on si, dans la famille de celui qu'on aurait choisi, quelqu'un n'aurait pas été guéri par Carlos, et si une sotte reconnaissance ne révélerait pas un secret qu'on avait tant d'intérêt à cacher?

On porta la défiance jusqu'à ne pas donner de dépêches au digne frère qu'on fit partir : il pouvait les perdre en route. On choisit celui qui était le moins ignorant, qui avait le plus d'amour pour saint Dominique, et on lui répéta trente-deux fois sa leçon.

Un frère lai qui aurait voyagé en poste aurait certainement donné des soupçons. On expédia celui-ci en costume apostolique, et, comme il y a loin d'Urgel à Madrid, on s'occupa des moyens de retenir Carlos jusqu'à ce qu'on pût *l'appréhender* au corps. Cela ne fut pas difficile.

Le révérend père supérieur, d'ordinaire assez désœuvré, observait tout ce qui se passait en ville. Il avait la louable habitude de s'immiscer dans les affaires des particuliers, afin de maintenir la paix dans les ménages. C'est à lui que le commandant de la place allait conter ses peccadilles; d'après tout cela, était-il possible que quelqu'un lui résistât?

Il avait remarqué que, parmi les malades qui se présentaient à Valentin, il traitait de préférence les femmes jeunes et jolies, et Sa Révérence avait remarqué aussi que dona Séraphine était charmante. Vingt fois il avait rencontré don Carlos marchant avec cet air satisfait que ne donnent ni l'argent ni la persuasion qu'on est utile à ses semblables. Le plan du respectable père fut bientôt arrêté.

Le corrégidor, quoiqu'un peu libertin, était fort attaché à ses devoirs de piété : il y a des gens qui trouvent facilement le moyen d'allier les contraires. Il était dirigé par un Dominicain, qui l'alla voir tout exprès pour le féliciter sur la guérison de sa nièce. Pour mieux cacher ses projets, il porta au troisième ciel la science de don Carlos; mais il s'étendit sur le danger des rechutes et il prouva, par vingt exemples, que des malades que les médecins croyaient guéris étaient allés six semaines après souhaiter le bonsoir à leurs ancêtres. Le corrégidor frémit. Mais, plein de confiance dans notre docteur, il répondit que Carlos était sûr de son fait, et que le lendemain sa nièce partait pour la campagne. — Il faut que le docteur y aille avec elle. — Y pensez-vous, révérend? — Et nos usages, nos mœurs? — On peut tout concilier. Vous couperez une chambre par le milieu, avec une forte grille de fer, et le docteur ne verra Séraphine qu'à travers les barreaux. — Mais quand je remplirai mes fonctions magistrales; quand je réciterai mon rosaire? — N'êtes-vous pas sûr d'Inès et de votre vieux jardinier? — Je suis encore plus sûr de moi, et, je vous le répète, ma nièce est guérie, parfaitement guérie. — La preuve que vous pouvez compter sur Inès comme sur vous, c'est qu'elle n'a révélé votre secret qu'au père Chrysostome. — Quel secret, mon révérend? Que voulez-vous me dire? — Nous avons nos raisons pour que vous fassiez ce que je vous demande. Si vous résistez plus longtemps, toute la ville saura demain que vous êtes saisi d'une fille bien née qui avait fait une étourderie; que, pour la conserver, vous avez forcé à s'enrôler un jeune homme avec qui elle voyageait; que vous l'avez fait passer pour votre nièce; que vous l'avez présentée en cette qualité dans les meilleures maisons. Vous serez perdu de réputation, obligé de vous défaire de votre charge, banni et vilipendé par les honnêtes gens dont vous vous êtes joué. Obéissez et prenez les précautions que je vous ai indiquées. Inès recevra l'ordre de vous servir fidèlement, et dans quinze jours vous serez le maître de faire tout ce que vous voudrez. En attendant, gardez le plus profond silence sur ce que je viens de vous dire : ma discrétion est à ce prix.

Le corrégidor, confus, humilié, à peu près rassuré sur les suites de sa complaisance, promit tout ce que le père voulut, et il se promit à lui-même d'ajouter grille sur grille, de faire condamner telle porte, murer telle croisée, et de rendre enfin Estelle inaccessible à toute autre chose qu'aux yeux. Il fit venir les ouvriers ; il leur donna ses ordres et il voulut qu'ils fussent exécutés à l'instant. Il manda Valentin, et le pria, en enrageant, de rendre chaque jour une visite à sa nièce. Valentin fut enchanté de pouvoir connaître par lui-même la maison d'où il voulait tirer son amie. Il prétexta, pour la forme, l'occupation que lui donnaient les préparatifs de son départ et quelques malades qu'il achevait de guérir. Le corrégidor insista avec aussi peu de sincérité que Valentin venait de se défendre, et notre amoureux se rendit.

Les grilles de fer sont d'un débit sûr en Espagne. Aussi on en trouve de faites dans toutes les dimensions, et le lendemain la maison de campagne du corrégidor ressemblait à une forteresse. Il y conduisit Estelle et donna les ordres les plus précis sur le lieu où on recevrait Carlos. sur les précautions qu'on prendrait pour qu'il ne pût pénétrer dans l'intérieur de la maison. Qu'eût-il fait de plus s'il eût eu la mondre idée de l'intelligence qui régnait entre nos amants ?

Toute femme est plus ou moins coquette, c'est une qualité ou un défaut dont l'âge ne corrige point. Valentin n'avait jamais eu la moindre prévenance pour Inès ; elle ne pouvait le souffrir, et, malgré l'enthousiasme qu'il avait inspiré à son maître, elle ne cachait pas trop l'éloignement qu'elle avait pour lui. Le corrégidor avait d'abord exigé d'elle des marques de déférence envers son cher docteur. Mais dans la circonstance actuelle, il s'efforça de nourrir et même d'augmenter l'animosité d'Inès. Il était assez borné pour ne pas sentir que, changer en vingt-quatre heures d'avis et de ton, ce n'était pas donner une haute idée de sa sincérité. Il ne savait pas davantage que tout être cherche à briser les liens de la contrainte et que tous les moyens lui paraissent bons pour en sortir. Inès ne réfléchit pas un moment sur la versatilité de son maître. Elle lui dit tout ce qu'elle pensait de Carlos, et il la jugea incorruptible ; elle le répéta à Estelle, qui pleura selon sa coutume.

Le lendemain, Valentin se présente à la porte du château fort. Il est monté sur la plus belle de ses mules, et le jardinier vient lui tenir respectueusement l'etrier. Il le prie de le suivre, et Valentin s'étonne à chaque pas qu'il fait. A chaque pas, une lourde porte s'ouvre et se ferme sur lui ; d'énormes verrous crient à ses oreilles ; il arrive enfin à une chambre, où il est arrêté par deux grilles placées à un pied l'une de l'autre et dont les barreaux sont si serrés qu'il est impossible d'y passer la main. Le jardinier l'enferme là à double tour, et, à mesure que cet homme s'éloigne, Valentin l'entend ouvrir et fermer les portes par où il est arrivé. — Parbleu, s'écria-t-il, si Ménélas eût fait garder ainsi son Hélène, la guerre de Troie ne se serait pas faite, et j'en serais bien fâché : nous aurions perdu un poëme épique, que je n'entends pas, mais qu'on dit être le plus beau des poëmes faits et à faire. En effet, Voltaire, dans sa *Henriade*, ne s'est pas avisé de faire parler des chevaux, de faire combattre tous les dieux, pour ou contre un mari imbécile et trompé ; il n'a pas chanté la valeur d'un fanfaron, invulnérable par tout le corps, excepté au talon... Mais à propos de tout cela, je ne vois pas comment je tirerai Estelle d'ici... Bah ! cela n'est pas difficile. Je viendrai la nuit ; je rosserai le jardinier ; je lui prendrai les clefs ; j'entrerai ; j'enlèverai Inès avec ma maîtresse, et je laisserai la vieille sur le bord d'un fossé, quand je serai éloigné de quelques lieues de toute habitation. Allons, vive la joie !

Il n'avait pas remarqué deux gros chiens, qu'on lâchait dans l'enclos quand on n'entendait personne, et qui étaient de force à déchirer leur homme, comme lui une feuille de papier.

Inès et Estelle paraissent de l'autre côté des formidables grilles. Nos amants commencent par se parler des yeux. Ceux d'Estelle semblent se plaindre des barrières qu'on a élevées entre elle et son ami ; ceux de Valentin cherchent à la rendre à l'espérance. Comme un médecin ne peut pas parler toujours des yeux, le docteur commença une dissertation scientifique, qu'il interrompait souvent pour dire en français à sa belle des choses très-tendres et très-positives, et il voulait faire croire à Inès qu'il faisait des citations latines, selon l'usage pratiqué, de temps immémorial, par les médecins espagnols. Inès répondait que Séraphine n'entendait pas le latin ; qu'ainsi, l'érudition du docteur était perdue, et que, s'il disait un mot qui ne fût pas castillan, elle en conclurait qu'il avait des desseins cachés, et qu'elle en avertirait le corrégidor.

Valentin sentit qu'il ne tirerait aucun parti de cette vieille entêtée. Il crut devoir faire cette première visite très-courte, et il se décida à attaquer directement le cœur du vieux jaloux. Il remarqua qu'au moment où il voulut sortir, Inès tira le cordon d'une sonnette qui fit venir le jardinier : il faut tout remarquer quand on n'a pas encore de plan arrêté.

Il fut trouver le corrégidor. Il lui représenta qu'en envoyant Estelle à la campagne, il avait prétendu qu'elle respirât le grand air, et non qu'elle vécût derrière des grilles et sous des verrous. Il ajouta que tout médecin veut et doit toucher le pouls des individus qu'il visite et qu'il ne concevait pas qu'on le privât d'un avantage dont il avait constamment joui pendant qu'il traitait dona Séraphine à Urgel. Il jura enfin que le plus tendre des oncles s'exposait à perdre une nièce accomplie, s'il empêchait son médecin de communiquer librement avec elle. Le corrégidor répondit que sa nièce ne voyait de grilles que lorsque son médecin la visitait et qu'elle avait à sa disposition des appartements gais et un jardin immense, qui réunissait tout ce qui pouvait la flatter. Il convint que tout docteur a le droit de toucher le pouls de ses malades, mais il prétendit qu'il doit renoncer à cette prérogative, surtout à l'égard d'une jeune femme, lorsqu'elle n'a plus besoin des secours de la médecine. Il remarqua très-judicieusement que les visites que rendait Carlos à sa nièce étaient de pure précaution ; et pour lui prouver combien il était convaincu de la guérison radicale de Séraphine, il offrit au médecin des honoraires proportionnés à l'importance de la cure. Valentin, très-mécontent des obstacles qui se multipliaient à chaque instant, reçut cependant un sac de deux mille pistoles, dont il alla grossir une cassette assez bien fournie. — On fait tout avec de l'argent, disait-il, et je suis bien bon de me casser la tête sur les moyens que j'emploierai : une occasion se présentera, je la saisirai, et nous verrons. Et puis, j'aime beaucoup Estelle ; mais, si je ne peux définitivement la reprendre à son vilain corrégidor, ma foi, je la lui laisserai. Elle ne s'est pas poignardée quand il m'a fait soldat : me pendre ne serait pas le moyen de la ravoir.

Le lendemain, Estelle dit à Inès qu'elle ne se sentait pas bien. Valentin, dans ses prétendues citations latines, lui avait conseillé, en bon français, de jouer d'abord la petite santé, et d'arriver par degrés à une maladie simulée. La vieille, au lieu d'introduire le docteur dans l'intérieur de la forteresse, se hâta de faire avertir le corrégidor, et le corrégidor voulut absolument accompagner Valentin. Ainsi la petite ruse n'aboutit qu'à donner à nos amants deux témoins au lieu d'un Sa Seigneurie déclara au docteur que, si l'indisposition de sa nièce faisait des progrès, il viendrait s'établir auprès d'elle, et laisserait à son alcade et à son greffier le soin de faire la police.

Cette redoutable menace rendit aussitôt la santé à Estelle. Mais il était tard, et le corrégidor déclara qu'il passerait la nuit à sa campagne pour avoir des nouvelles de sa nièce le lendemain de très-grand matin. Il congédia Valentin, qui, en retournant à Urgel, laissait aller sa mule la tête basse, et faisait d'assez tristes réflexions sur les lois terribles de l'inexorable fatalité. Il prévoyait bien que le corrégidor ne s'occuperait pas de son rosaire pendant toute la nuit... — Ma foi, s'écria-t-il brusquement, une fois de plus, une fois de moins... qu'importe ? Tâchons d'avoir notre tour, et laissons de côté ces petites délicatesses dont tant d'autres à ma place auraient fait la sottise de s'occuper sérieusement.

Le jour suivant, il retourna voir son amie, et, quoi que pût dire Inès, elle ne l'empêcha pas de faire encore quelques citations. Les incidents présumés de la nuit dernière se présentaient à son imagination, et un garçon sans souci s'affecte quelquefois quand il a devant lui la victime qu'il desire et qu'il croit sacrifiée. Estelle ne pouvait répondre à ses citations par d'autres : Inès n'aurait pas manqué de lui demander comment elle savait aujourd'hui le latin, dont hier elle n'entendait pas un mot. Elle chercha à le rassurer du geste et du regard : il est des circonstances où la femme la plus aimante et la plus vraie ment nécessairement, et je douterais fort de la véracité d'Estelle, si le corrégidor n'avait eu que trente ans ; mais il en avait soixante, et cet âge-là est ordinairement celui du repos... Cependant il est certains jours...

— Bah ! disait Valentin en retournant à la ville, ne pensons plus à tout cela. Nos dames mariées ne sont-elles pas obligées d'épouser leurs maris, et l'amant ne se résigne-t-il pas ? Pourquoi aurais-je moins de caractère qu'eux ? Allons, allons, Estelle est madame la corrégidore ; elle et moi voulons tromper son mari, et, parbleu, nous en viendrons à bout. Demain je fais mes dispositions, et la nuit suivante j'enlève ma maîtresse, d'après le plan que j'ai conçu il y a quatre jours.

Quel malheur s'il eût tenté de l'exécuter ! Semblable à la mère d'Athalie, il eût été dévoré par les chiens, et le lecteur serait privé de la suite de cette intéressante histoire.

Il eût continué de laisser errer son imagination, si, à la moitié du chemin, il n'eût rencontré un bon Dominicain qui le salua le premier avec une effusion de cœur qui étonna Valentin, parce qu'il n'avait pas l'honneur de connaître Sa Révérence. Chacun tira de son côté, et notre héros entra en ville en faisant des réflexions très-sensées sur les vertus claustrales et sur la manie qu'on avait alors en France d'attaquer sans cesse les établissements religieux. De temps en temps il avait tourné la tête pour admirer la marche noble et tranquille du bon père ; il l'avait vu se diriger vers la maison de campagne du corrégidor, et il n'en avait pas conçu le moindre ombrage : celui qui l'avait abordé avec des paroles de paix devait nécessairement la porter partout avec lui. Les gens sans souci sont ordinairement heureux ; mais ils ne s'arrêtent jamais à aucune idée, et ils sont faciles à tromper.

Valentin jouait ce soir-là les plus brillants de ses rôles. Il annonça, pour le lendemain, la clôture à son auditoire, consterné de cette nouvelle. Il se proposait de demander au commandant l'ouverture des portes de la ville après la descente du rideau, et il invita ses camarades à être prêts à le seconder dans un coup de main de la plus haute importance.

Le père supérieur des Dominicains n'était pas un garçon sans souci; aussi avait-il l'art de prévoir tout, jusque dans les moindres détails. Il n'avait pas d'idée de l'intelligence qui régnait entre Estelle et Valentin, mais il savait que deux jeunes gens ne se voient pas tous les jours sans s'aimer bientôt; il savait encore qu'un homme de vingt-deux ans

Le bon Ambroise, qui ne sait pas lire, prend le diplôme et baise avec respect la signature de monseigneur : c'est celle du lieutenant de police de Toulouse.

ne s'amuse pas longtemps à faire l'amour en perspective; il sentait qu'il fallait retenir celui-ci à Urgel par quelque chose de plus réel que des espérances, et il était plus que jamais tourmenté du désir de faire rôtir un sorcier. Ce spectacle devait être d'autant plus beau, que le nécromancien était un inconnu qui n'inspirerait de regrets à personne. Je tiens ces détails de l'arrière-petite-fille d'une jolie dévote d'Urgel, que j'ai eu occasion de voir dans mes voyages.

Je ne sais où Sa Révérence en avait tant appris. Peut-être n'avait-il que de la théorie dans le genre grivois; peut-être aussi avait-il pratiqué autrefois ce qu'il sentait si bien alors. Quoi qu'il en soit, Valentin, en rentrant à son auberge, trouva le billet dont la teneur suit :

« On vous aime, on vous plaint et on a pourvu à tout. Retournez à la campagne du corrégidor. Inès disparaîtra après vous avoir présenté Estelle. Les deux grilles sont soutenues par des charpentes; au milieu de chacune est un bouton de fer, qui ressemble assez à une tête de clou. Appuyez-y le pouce : l'amour fera le reste. »

— Qui donc, pensait Valentin s'est occupé de moi, au point de me ménager une entrée par-dessous les grilles, et de gagner la vieille, que je croyais incorruptible? Ma foi, je jouirai du bienfait sans chercher le bienfaiteur. S'il se nomme, je le remercierai, et, en attendant... vive la joie!

Il ne dormit pas de toute la nuit. Dort-on quand on touche au moment de s'*unir* à ce qu'on aime? Et quelle douce insomnie que celle que donne l'amour, paré du prestige de l'espérance! Notre héros se leva avant le jour; il faisait, deux heures d'avance, ce qu'il avait l'habitude de faire deux heures plus tard : il croyait avancer le temps. Fatigué enfin de la lenteur avec laquelle marchaient les aiguilles de sa montre, il pensa qu'il était indifférent qu'il partît aussitôt, puisque Inès lui était dévouée. Il monta sur sa mule et la mit au galop. A une demi-lieue d'Urgel, il s'arrêta tout court. — Je ne connais pas l'auteur du billet, se dit-il. S'il me tendait un piége!... Vous êtes étonné que cette réflexion ait passé par la tête d'un homme qui n'en faisait jamais, ou du moins très-rarement. Je le suis autant que vous. Il retourne à la ville; il prend ses pistolets, il se met en route et il arrive encore au château fort avant qu'Estelle soit levée.

Il sonne à la porte avec la force et la confiance d'un homme qui est sûr d'être bien reçu. Le jardinier accourt, et marque de l'étonnement en voyant le docteur si matin. Cependant il l'introduit au parloir, et lui conseille d'attendre avec patience le moment du lever. Valentin, enfermé, selon l'usage établi dans la maison, sentit qu'il ne pouvait compter sur le jardinier; mais cet homme ne faisait aucun service intérieur; il devait être retourné à son travail, et, s'il ne donnait aucune facilité, du moins il ne pourrait pas nuire.

Valentin cherche les boutons de fer dont parle le billet : tout autre en eût fait autant à sa place. Il fallait être instruit pour les trouver, tant ils différaient peu des clous qui tenaient l'ensemble de l'ouvrage. Après quelques recherches, Valentin croit voir l'intéressant bouton; il met le pouce dessus, il presse et une petite porte, retenue par un ressort, s'ouvre aussitôt, la seconde cède de même et l'imagination va toujours en avant. Notre docteur, qui, cinq minutes plus tôt, eût donné tout ce qu'il possédait, et même tout ce qu'il pouvait espérer au monde, pour effleurer les lèvres rosées d'Estelle, conçut et exécuta aussitôt le projet d'aller la surprendre dans sa chambre. Il va, il vient, il tourne, il ouvre une porte, il en ouvre deux; il entre enfin dans l'asile qu'il croyait pouvoir consacrer à l'amour... O surprise! ô stupéfaction! J'allais dire, ô rage! ô fureur! si je ne m'étais souvenu que Valentin ne s'affecte jamais fortement.

Depuis que le corrégidor avait une nièce, ses audiences étaient remises à midi, et il allait, clandestinement, faire l'oncle avec elle, soit à la ville, soit à la campagne. Il fut pétrifié en voyant Valentin, et Valentin recula jusqu'à la porte de la chambre. Semblables à deux basilics, ils se menaçaient des yeux; c'était à qui tuerait l'autre... de ses regards seulement. Il paraît qu'il y avait des boutons partout dans cette maison-là, et le combat d'observation que se livraient les deux rivaux ne pouvait durer toujours. Le corrégidor pousse un bouton, et

Auda, la petite servante de l'hôtesse, entra dans la troupe de Valentin pour danser le bolero.

Valentin se met à rire de tout son cœur, non de ce qu'il voyait, mais de ce qu'il allait faire. — Il est donc d'usage à Urgel, monsieur le corrégidor, que les oncles épousent les nièces sans dispenses : c'est de quoi je m'informerai ce soir en racontant partout ce que j'ai vu. En attendant, comme je ne suis ni parent ni allié, je n'ai pas la moindre formalité à remplir, et je vous prie de vous lever, et de me céder une place que j'occuperai mieux que vous. J'ai été, à peu de chose près, spectateur; vous voudrez bien l'être tout à fait à votre tour.

Le corrégidor trouve la proposition impertinente, offensante, outra-

Paris. Typ. Henri Plon, rue Garancière, 8.

geante, et Valentin lui coupe la parole en lui présentant le bout d'un pistolet. Le vieil amateur se rend à cet argument irrésistible, et dans un clin d'œil Valentin se trouve dans l'état où s'était mis l'Amour quand il épousa Psyché pour la première fois. Trop pressé d'être heureux pour penser à tout, il avait oublié de fermer la porte et d'en mettre la clef sous son traversin. A peine était-il dans des toiles de frise et respirait-il l'haleine de la beauté, très-confuse du rôle qu'on lui faisait jouer, qu Inès parait armée d'un goupillon; elle est suivie du jardinier et de deux garçons, qui portent en avant fourches, faux et croissants : la sonnette d'alarme répond au bouton que le corrégidor a pressé, et a mis tout le monde sur pied.

— Par sainte Thérèse, murmurait Inès, le révérend ne m'a pas dit que le docteur dût venir jusqu'ici. — Seigneur, que faut-il faire de cet insolent? criaient le jardinier et ses garçons. — Attendez, attendez, mes enfants, que je réfléchisse, et pendant que je réfléchirai, empêchez-le de sortir d'où il est. — Monsieur le corrégidor, criait Valentin, souvenez-vous que le roi David eut une faiblesse qui donna le jour au grand Salomon, et ne m'empêchez pas de vous procréer un petit neveu, qui sera peut-être le flambeau de la Catalogne. — M'y voilà, mes amis, m'y voilà. — Vous allez dire d'aussi belles choses que vous en faites. — S'il dit encore un mot, qu'on lui mette... vous savez bien... — Monseigneur, nous ne savons pas. — Mettez lui dans la bouche quelque chose qui l'empêche de parler. — Ah! une poignée de chanvre... — Le manche de ma faux... — La pointe de ma fourche... — Eh! non, non... Ma foi, mettez-lui ce que vous voudrez.

Pendant ce colloque, Valentin a cherché ses pistolets, qu'il n'a pas oublié de mettre sous le chevet. Il les arme entre les draps. Estelle s'est aperçue du mouvement; elle veut arrêter son ami; elle lui prend les deux mains, et fait partir les deux détentes. Les balles traversent la couverture, l'une va briser une glace, l'autre met le feu à la perruque du corrégidor, qui est accrochée à un clou; la troisième enlève le bout du nez d'Inès, qui déjà était camarde; la quatrième ne casse qu'un carreau de vitre. Une fumée épouvantable emplit la chambre; les draps sont enflammés. Estelle, malgré sa modestie, est obligée de sauter sur le parquet; le corrégidor se hâte de la couvrir de son manteau; Valentin saute après Estelle, et le jardinier et ses garçons sautent sur lui.

Visite de Valentin à Estelle derrière les grilles du corrégidor et devant la vieille Inès.

— Jetez, jetez tout par la fenêtre, criait le corrégidor, draps, couverture et matelas. — Faut-il jeter ce jeune homme aussi? — Oui... non... attendez un peu... oui... oui... non, décidément non. Il aimerait mieux se sauver en chemise que ne pas se sauver du tout, il sauterait par-dessus les murs du jardin, et je ne veux pas qu'il m'échappe. Liez-lui bras et jambes avec vos ceintures.

Un grand homme est quelquefois obligé de céder au nombre, et Valentin, frémissant de rage, se vit en un instant arrangé comme une momie. Etendu sur le plancher, et n'inspirant plus de crainte à personne, il regardait tendrement Estelle. — Si du moins, disait-il, j'avais eu le temps de faire le petit neveu! Ce sera pour une autre fois. Le jardinier et ses garçons veillaient sur lui, posés en suisses de paroisse. Ils avaient fait des hallebardes de leurs instruments aratoires, et ils avaient l'air tout à fait imposant. Inès pansait son nez, et le corrégidor, rhabillé, à sa perruque près, s'était assis dans un grand fauteuil. La tête sur ses deux mains et ses deux coudes sur ses genoux, il méditait profondément sur ce qu'il fallait faire dans une occasion de cette importance.

Après un quart d'heure de réflexions, après avoir adopté et rejeté des idées contradictoires, avoir ébauché des phrases, qu'il ne pouvait conduire jusqu'au point, le corrégidor essaya de se faire comprendre tout à fait. — Mes amis, cet homme est venu... je ne sais par où... mais il est venu; oui, il est venu, puisque le voilà. Il est venu dans le dessein d'outrager ma nièce, vous pouvez en jurer, puisque vous l'avez trouvé dans une position qui n'avait rien... qui n'avait rien... d'équivoque. Pour m'empêcher d'aller chercher du secours, il m'a forcé, le pistolet au poing, de me mettre tout nu, et cela est tellement, tellement.... incontestable, que j'étais en chemise quand vous êtes entrés... Attendez un moment... que je me rappelle la suite... Ah! quand il s'est vu surpris par vous, il a fait feu de toute... de toute... son artillerie, et il a brisé ma plus belle glace, il a brûlé ma perruque, et coupé le bout du nez d'Inès, qui n'en avait pas trop. Il a incendié un lit que je ne... que je ne remplacerai pas facilement... enfin... enfin, il a tourné l'Ecriture en dérision en me parlant du roi David... du roi Salomon et d'un petit neveu qu'il voulait me faire, ce qui... ce qui me... me persuade qu'il peut fort bien être sorcier, comme plusieurs personnes respectables me l'ont déjà dit à l'oreille. Il y a là de quoi instruire cinq à six procès criminels. Vous avez été témoins des faits, et vous déposerez de la vérité de ce que j'avance; n'est-il pas vrai, mes amis, vous déposerez? — Certainement, seigneur, nous déposerons, et ce qui reste de votre perruque et du nez de la dame Inès ne déposera-t-il pas aussi? — On déposera l'un et l'autre au greffe. — Déposer mon nez au greffe! Mais, pensez donc, seigneur corrégidor, qu'il faudra que j'y reste avec lui. — Je n'avais pas fait cette réflexion-là. Dame, on ne saurait penser à tout. Allons, allons, on ne déposera que la moitié de ma perruque.

Après avoir dit beaucoup de choses inutiles, que par conséquent je ne dois pas écrire, le corrégidor fit envelopper Valentin dans un grand manteau, que de fortes courroies de cuir arrêtèrent autour de lui; on le coucha dans une vieille litière, et on partit pour l'installer dans les prisons d'Urgel.

— Ma foi, pensait-il en marchant, ma destinée n'a rien de très-désagréable. Charles XII a été heureux pendant neuf ans, et jusqu'ici j'ai réussi dans toutes mes entreprises. Charles XII a été prisonnier à Bender, et je vais l'être à Urgel : il est bien flatteur pour moi d'avoir des rapports aussi frappants avec une tête couronnée.

Mais Charles XII n'avait pas de maîtresse : que va devenir la mienne? Parbleu, ce prince ne s'inquiétait pas, en Turquie, de ce que faisait sa sœur à Stockholm; pourquoi aurais-je moins de caractère que lui! Ah çà, que peut-on me faire pour avoir couché avec la nièce d'un corrégidor et lui avoir brûlé sa perruque?... Ah! quelques jours de prison arrangeront cette affaire-là, et on vit en prison comme ailleurs.

On le descendit à la porte de la triste maison; on le mit au cachot, et comme on avait persuadé au corrégidor que le diable avait fait des portes sous les grilles de son parloir pour ouvrir un passage au maraudeur, Sa Seigneurie avait expressément recommandé qu'on chargeât le coupable de fers, afin qu'il ne pût faire un pas si son démon familier lui ouvrait la porte du cachot.

N'est-ce pas ici le moment de dire comment existaient ces portes fatales par lesquelles Valentin avait marché d'infortunes en infortunes? Je ne vois qu'une difficulté pour satisfaire la curiosité du lecteur, c'est que je n'en sais rien. Mais, semblable aux faiseurs de systèmes, je vais donner mes conjectures pour des réalités, et je tâcherai de les rendre vraisemblables.

Rappelons-nous l'exclamation d'Inès : *Le révérend ne m'a pas dit que le docteur dût venir jusqu'ici.* Ce révérend est sans doute le père Chrysostome que, la veille de sa mésaventure, Valentin avait rencontré sur le chemin qui conduisait au château du corrégidor. Le cher père avait usé de l'influence que lui donnait son ministère pour faire croire à Inès tout ce qu'il avait voulu, et, d'après le billet que j'ai transcrit, il est constant que Sa Révérence connaissait les portes dont nous cherchons l'origine, puisque sa démarche n'avait pour objet que d'en faciliter l'ouverture.

On doit conclure de ces premières preuves que le billet insidieux adressé à notre héros partait du chapitre des Dominicains, et que... — Mais les portes, monsieur l'auteur, les portes? Comment étaient-elles là? — Par un hasard singulier, le serrurier du corrégidor était aussi celui des révérends pères. Je vous ai dit que le supérieur, qui n'était pas un garçon sans souci, prévoyait jusqu'aux moindres détails... — Ah! j'entends, j'entends. Tenez-vous aussi cette particularité de l'arrière-petite-fille de votre jolie dévote? — Si je vous dis oui, me croirez-vous? — Ma foi, non. — C'est pourtant ce que vous avez de mieux à faire. Permettez-moi de reprendre la suite de mon histoire.

On ne parlait plus à Urgel que des portes qui s'étaient ouvertes où il n'y en avait pas. Les têtes les plus graves s'exerçaient à expliquer le fait, et, comme on ne trouvait pas d'explication vraisemblable, il fallut se ranger à l'opinion du petit peuple, qui aimait encore un peu Valentin, mais qui cependant attribuait tout au diable. Le père supérieur attendait son frère lai sous peu de jours; il avait grand soin d'échauffer tous les esprits, et il entravait lui-même la marche de la justice, qui est assez expéditive dans ce pays-là, et qui aurait très-bien pu faire pendre son sorcier.

On instruisait le procès de Valentin, mais on opérait avec lenteur, et parce que le père supérieur pressait sans cesse les juges de ne rien hâter et d'accumuler les preuves, et parce que le corrégidor commençait à se repentir de sa précipitation. Il ne conservait plus le moindre attachement pour Valentin, qui l'avait cruellement offensé dans ce qu'il avait de plus cher; mais il sentait bien, quoiqu'il fût très-bête, qu'il ne pouvait interroger, condamner et faire étrangler Valentin dans son cachot. Valentin, de son côté, se proposait bien de démasquer son trop heureux rival la première fois qu'on le ferait paraître en public, et même de se faire connaître lui-même pour prouver la vérité de ce qu'il avancerait. Les suites de cet aveu ne l'inquiétaient pas; il était tout entier à la vengeance.

D'après ce que je viens d'avoir l'honneur de vous exposer, vous avez lieu de croire que la mesure de l'infortune est au comble, et que notre pauvre jeune homme n'a plus d'affaire incidente à redouter. Eh bien, vous vous trompez.

Vous connaissez la fable du *geai* qui se pare des plumes du paon, et vous n'avez pas oublié un certain Carlos, dont Valentin a trouvé l'équipage dans les montagnes de Medina-Celi. Après s'être dérobé aux bons voleurs du frère Ambroise et avoir rejoint ses gens, Carlos avait fait des pilules et de l'élixir à la première bourgade où il s'était arrêté; il allait vantant ses denrées, et la vente était faible, parce qu'il voyageait à pied et qu'il n'avait plus ni habits brodés ni cordons: je crois vous l'avoir déjà dit, c'est d'abord par les yeux que les hommes se laissent prendre.

Carlos, obligé de se défaire successivement de ceux qui avaient si heureusement contribué à sa gloire et à son profit, vivait pauvrement, humblement, en se traînant de ville en ville. Il portait sous son bras une petite cassette, qui renfermait sa fortune et ses espérances. Il s'informait soigneusement partout si on n'avait pas vu quelque chose de ses dépouilles.

Le hasard ou son heureuse étoile le conduisit à Daroca. Rappelez-vous que Valentin, après avoir voyagé de jour, afin qu'on ne pût le suivre à la trace, était tombé dans cette ville sans que personne pût dire d'où il venait. C'est là que Carlos obtint les premiers renseignements sur ses mules, sa livrée et ses habits chamarrés d'or et d'argent. Il suivit à la piste les usurpateurs de son nom, de sa fortune et de sa renommée, et il les aurait atteints bien plus tôt s'il n'eût été forcé de s'arrêter un grand mois dans l'hôpital de Solsona. Un médecin à l'hôpital! Eh! pourquoi pas? Quand il est dépouillé de l'auréole dont le préjugé et la vogue avaient ceint son front, ce n'est plus qu'un homme comme un autre.

Les camarades de Valentin déploraient son triste sort. Ils n'avaient pu se décider à s'éloigner d'Urgel, quoique leur présence ne lui fût pas d'une grande utilité. Pour ne pas manger les fonds de la caisse, ils avaient continué à jouer la comédie; mais que pouvaient-ils faire, privés de leur appui? Il fallut redescendre à la parade et aux pilules. Michel avait succédé à Valentin, mais quelques efforts qu'il fît, il ne le remplaçait pas. Il était sur ses tréteaux avec Auda, qui soutenait partout sa réputation, lorsque Carlos entra dans Urgel.

Le pauvre diable est frappé d'abord de l'aspect de son tableau et de ses habits. En homme prudent, il ne dit rien; il entre dans l'écurie de l'auberge, et il reconnaît ses trois mules. Il court chez le corrégidor; il prouve, par son acte de naissance, qu'il est le vrai Carlos; il prouve, par ses lettres de licence, qu'il est le docteur de l'université de Salamanque; il prouve, par sa sotte et plate figure, qu'il n'a pu inspirer de confiance à des malades riches, et que n'ayant pas exercé la médecine dans des chambres dorées, il lui a fallu la pratiquer en plein vent. Il défera, dit-il, ceux qui lui ont pris ses mules et ses habits de dire où ils les ont achetés, et il conclut à ce que le seigneur corrégidor le rétablisse dans ses propriétés, sauf à lui à faire de ceux qui l'en ont dépouillé tout ce que bon lui semblera.

Sa Seigneurie, charmée de trouver une charge de plus contre Valentin, fit aussitôt arrêter et traduire devant lui la troupe comique. Il pensait que chacun de ses membres chargerait leur directeur pour se tirer d'embarras. Pour la première fois il devina quelque chose du cœur humain. Mais, comme Michel et ses camarades sentaient bien qu'on ne pouvait leur infliger de peine bien grave pour s'être servis de ce qu'ils avaient réellement trouvé, le *primo mihi* fut sans force. Ils déclarèrent les faits tels qu'ils s'étaient passés, et Carlos fut obligé de convenir qu'il ne reconnaissait là aucun de ceux qui l'avaient attaqué la nuit dans les montagnes. Le corrégidor répliqua que la nuit il ne fait pas clair. L'alcade, qui n'était pas aussi borné que son chef, demanda à ces dames et à ces messieurs ce qu'ils faisaient avant que le hasard les eût faits comédiens et médecins. Les actrices, qui n'avaient ni parents à craindre ni préjugés à ménager, racontèrent ingénument l'histoire de toute leur vie. Il en résulta qu'elles s'étaient successivement agrégées à une troupe toute formée, sur l'origine de laquelle elles ne savaient rien. Le greffier écrivait leurs déclarations pour qu'on pût vérifier les faits, et on les fit passer, sous bonne garde, dans la chambre voisine.

Les hommes, pressés de s'expliquer à leur tour, se trouvèrent diablement embarrassés. Michel aurait bien répondu qu'ils étaient ermites; mais il prévoyait que l'alcade allait répliquer par : Et que faisiez-vous avant que d'être ermites? Il resta muet et ses camarades imitèrent son silence. Les uns et les autres pensaient que la présence d'esprit de Valentin pouvait seule les tirer de ce mauvais pas, et ils refusèrent constamment de répondre, afin qu'il pût parler comme il le jugerait à propos. Tout ce que leur arracha l'alcade, et ce qu'ils répétèrent à satiété, c'est qu'ils s'en rapportaient à ce que dirait leur directeur.

L'alcade savait son métier. Il pensa très-judicieusement que des accusés qui s'obstinent à se taire n'ont rien de bon à dire. Il pressa le corrégidor d'envoyer la troupe en prison, de faire saisir ses papiers et ses effets, de mettre le tout au greffe, et vous connaissez le proverbe de Beaumarchais : Ce qui est bon à prendre est bon à garder.

— Parbleu, dit Valentin à ses camarades, je suis ravi de vous voir. Je n'aime pas à chanter seul, et nous nous amuserons ensemble. Il réfléchit un moment, quand Michel lui eut raconté ce qui venait de se passer. — Eh bien, dit-il, savez-vous ce que je conclus de tout cela? Que nous serons obligés de nous déclarer déserteurs, et que notre destinée est d'être pendus. Je n'ai pas d'argent; ils m'ont apporté ici tout nu. En avez-vous, vous autres? — Eh! sans doute. — Faisons donc bonne chère jusqu'au dernier moment. Allons, Domingo, l'olla podrida et le meilleur vin de la ville. Domingo était un honnête guichetier, qui venait d'entrer l'épaule chargée de vieille ferraille.

L'alcade avait réfléchi que, si réellement Valentin était sorcier, il délivrerait ses camarades, que, s'il ne l'était pas, ses camarades lui ôteraient ses fers, et il ne jugeait pas à propos de donner à six hommes la facilité de s'insurger. Le moyen le plus sûr de prévenir les événements était de les loger séparément; mais la prison d'Urgel n'est pas grande comme une citadelle, et il fallait y réserver de la place pour les seigneurs hâlés de la garnison et pour les honnêtes gens que la Sainte-Hermandad pourrait amener. Pour obvier à tout, le geôlier avait reçu l'ordre de *ferrer* les acteurs aussi solidement que M. leur directeur. — J'aime cela, dit Valentin; au moins il n'y a pas de distinction.

Le corrégidor, l'alcade et le greffier étaient descendus deux fois au cachot, et avaient interrogé la troupe comique, dont les membres leur avaient ri au nez et n'avaient pas voulu répondre. L'alcade avait conclu de cette opiniâtreté qu'ils attendaient un interrogatoire public pour perdre le corrégidor de réputation, et il tira un grand parti de cette idée première. Il conseilla à son chef de faire disparaître Séraphine, et de la mettre ainsi dans l'impossibilité de confirmer ce que dirait le faux Carlos. Il voyait dans cette mesure un moyen d'aggraver l'affaire du docteur, qu'on accuserait de rapt d'abord, et ensuite de calomnie.

Cela devait faire une masse de délits, tels que tous les diables réunis ne pourraient le tirer de là, fût-il sorcier comme tous les sorciers du douzième siècle ensemble.

Le corrégidor sentait toute la valeur de semblables conseils; mais il lui répugnait de confier sa nièce à des mains étrangères, et surtout de s'en séparer.

— Bah! bah! lui dit l'alcade, à votre âge, l'amour est dans la tête; il ne descend pas plus bas, et les personnes qui nous servent bien ne nous sont pas étrangères. J'ai à Aranza une sœur, dont je suis sûr comme de moi. Elle vit très-retirée, avec deux filles, qui ont à présent quarante ans, et qui, de leur vie, n'ont pensé à la bagatelle. Séraphine aura là trois duègnes au lieu d'une, et, si elle veut faire la méchante, elle trouvera que mes nièces ont le poignet vigoureux. Cette nuit j'irai la prendre, sur un ordre signé de vous. Avant le jour nous arriverons chez ma sœur; on l'habillera en petite bourgeoise; on ne lui laissera pas un sou, et si elle forme quelque projet d'évasion, ce qui est très-possible, elle sera retenue par la crainte de mourir de faim ou de gagner ses dépens, comme elle l'a fait chez vous, ce qui n'est pas agréable à toutes les femmes, surtout quand elles peuvent espérer mieux que cela.

Le corrégidor se laissa persuader; mais il prononça, sans balbutier et d'un ton très-ferme, que Séraphine serait rappelée aussitôt que les circonstances le permettraient.

Le projet de l'alcade fut exécuté dans tous ses points. On m'a même assuré qu'il avait été au delà des propositions arrêtées; qu'il avait eu de violentes tentations pendant le tête-à-tête de quatre heures de nuit; qu'Estelle, qui avait acquis de l'expérience, s'en était aperçue, et qu'elle avait dit au seigneur alcade qu'elle se servait aussi bien de ses ongles que lui de son écritoire. Pouvait-elle être infidèle, pour la seconde fois, au moment où elle venait de retrouver son amant, qu'elle désirait, qu'elle appelait, et qui peut être volait sur ses pas pour l'arracher à ses ravisseurs? Ah! si elle eût connu sa triste position, elle se fût écriée comme lui : — Si du moins on nous eût donné le temps de procréer le petit neveu!

Le corrégidor, rassuré sur les suites d'une audience publique, qu'il avait évitée jusqu'alors, fit enfin comparaître les coupables devant tous les habitants rassemblés. Le greffier fit la lecture des pièces à la charge des accusés, et Valentin fut interpellé de répondre, puisque les autres s'obstinaient à se taire. — Je serai moins long, dit il, que M. le greffier, qui vient de nous débiter une série de balivernes, et, contre l'usage adopté par MM. les avocats, je commence par le fait. Je suis Français, et fils d'un conseiller au parlement de Rennes. Je m'appelle Valentin de Merville. J'ai vu à Paris M. Duplant, président au premier de tous les parlements, à l'exception pourtant de celui d'Angleterre. M. Duplant a une jolie fille, et j'en suis devenu amoureux, c'est la règle. Mademoiselle Estelle m'a aimé, et cela ne vous étonnera point si vous voulez me regarder avec quelque attention. On m'avait donné la tonsure, et on voulait en faire une religieuse, ce qui ne nous arrangeait pas du tout. En conséquence, nous avons pris le parti de voyager ensemble, ce qui est fort agréable sans doute. Nous sommes arrivés à Urgel, et mademoiselle Estelle a singulièrement plu à M. le corrégidor, qui a jugé à propos de la confisquer à son profit et de la faire ensuite passer pour sa nièce. Or, comme j'étais un témoin incommode, on m'a persuadé, à grands coups de bâton, que mes services seraient fort agréables à Sa Majesté catholique, et Sa Majesté ayant déclaré, dans je ne sais quelle ordonnance, que les engagements doivent être entièrement libres, je proteste contre le mien, et je demande qu'il soit déclaré nul. Je proteste encore contre la violence que ce vieux laid-là a fait éprouver à mademoiselle Estelle, et je conclus à ce qu'elle me soit rendue, afin que je puisse la rendre à son père, ce qui, sans doute, sera très-louable.

Je déclare que, si on rejette mes conclusions, le parlement de Paris, à qui j'ai fait parvenir un mémoire, décrétera M. le corrégidor de prise de corps, et que le décret sera exécuté s'il s'avise de mettre le pied sur le territoire français. J'ai dit.

— Alcade, dit tout bas le corrégidor, croyez-vous que le parlement de Paris puisse me décréter de prise de corps? — Eh non, seigneur, eh non. Mais je vois, par ce que vient de dire ce drôle-là, que c'est lui qui m'a si bien rossé, et je vous engage à le pousser vivement. Allons, répétez votre leçon, comme je vous l'ai apprise, et prenez garde de vous tromper.

— Il est douloureux pour moi, messieurs, d'avoir à me justifier d'une calomnie infâme... Quoi! dona Séraphine ne serait pas ma nièce! Et... et... — Le témoignage d'un inconnu... — Le témoignage d'un inconnu l'emporterait sur celui d'un homme.... d'un homme... Soufflez-moi donc. — Dont vous connaissez la continence et l'intégrité. — Dont vous connaissez l'incontinence et.... et.... Je suis un peu distrait, le seigneur alcade vous dira le reste. Le corrégidor répète assez exactement ces dernières paroles et l'alcade continue.

— Si dona Séraphine était ici, elle démentirait l'horrible calomnie qu'on veut faire peser sur un homme respectable. Mais celui qui l'a guérie par enchantement, qui, par enchantement, a fait ouvrir des portes où il n'y en avait pas, qui, à la faveur de sa puissance diabolique, a commis les attentats affreux dont vous venez d'entendre la lecture, cet homme a fait enlever la vertueuse demoiselle par son démon familier, et l'a fait transporter je ne sais où. Ainsi le seigneur corrégidor joint aux regrets, au ressentiment profond que lui causent les outrages qu'a soufferts cette jeune dame, le chagrin amer de perdre une nièce dont vous connaissez tous, messieurs, la beauté, l'esprit et les talents.

Cet homme ose accuser M. le corrégidor de l'avoir fait enrôler de force; mais est-il digne de quelque croyance celui qui n'a pas craint de dépouiller un honnête charlatan, de prendre son nom et de parcourir l'Espagne en marchant de crime en crime, ce qui n'est pas prouvé encore, mais ce que le temps découvrira?

— Un moment! s'écria Valentin. Je prends acte de ce que vient de dire l'interprète du corrégidor. Ni mes camarades, ni moi ne sommes soldats, et nous devons jouir des droits de citoyens, dont on veut nous dépouiller par une insidieuse procédure. Je demande qu'on nous réintègre dans notre prison, et qu'on vérifie les faits que j'ai avancés dans mon court plaidoyer. Pendant l'information, mon Estelle se retrouvera, car il n'y a de diables que dans le cerveau de ces imbéciles magistrats. Elle dira, elle publiera que mes droits sont irréfragables, puisqu'elle s'est librement donnée à moi; que le corrégidor m'en a bassement dépouillé, et que vouloir y rentrer, ainsi que je l'ai fait, n'est pas un attentat, comme prétend vous le persuader ce nigaud.

— Nigaud! imbécile! balbutiait le corrégidor écumant de colère. — Il manque de respect à la justice, reprend aussitôt l'alcade, tremblant que son chef ne dise quelque balourdise, et cela seul mérite une punition exemplaire. Cependant il faut simplifier l'affaire et la dégager des incidents étrangers au fond. En conséquence, M. le corrégidor ordonne... — Oui, j'ordonne... Quoi? — Que les effets appartenant au véritable Carlos lui seront à l'instant rendus, ainsi que l'argent gagné ou volé en son nom. — A la bonne heure, dit Valentin : voilà ce qui s'appelle parler en homme de sens. Soyez aussi impartial envers moi que vous venez de l'être pour ce pauvre diable de Carlos.

— L'audience dure depuis longtemps, reprit l'alcade. La suite du procès est remise à demain, et le tribunal statuera, sans désemparer, sur le sort des accusés. — Parbleu! s'écria Valentin, vous avez une furieuse envie de me faire pendre. Je m'attendais à finir comme cela; mais je ne croyais pas que ce fût pour avoir fait l'amour.

Les opinions étaient partagées dans l'auditoire. Les uns disaient qu'on ne pouvait refuser à l'accusé de vérifier les faits qu'il avait exposés; les autres prétendaient, et auraient affirmé qu'un sorcier n'est jamais embarrassé, et qu'on n'en aurait pas brûlé un seul si on s'en était tenu à leurs dires. La discussion s'échauffait, et au moment où on allait reconduire les prisonniers au cachot, où on était prêt à se battre pour ou contre la sorcellerie, le supérieur des Dominicains calma l'orage par sa présence : elle commande toujours le respect en Espagne.

Sa Révérence entra suivie de tous ses révérends, et remit au corrégidor une cédule du grand inquisiteur. Ce juge suprême revendiquait les prisonniers, et il investissait de tous ses pouvoirs ses respectables et chers frères d'Urgel. Magistrats, huissiers et spectateurs écoutèrent la lecture de la cédule, debout, les mains croisées sur la poitrine et la tête baissée. — Allons, dit Valentin, ce n'était pas assez d'être pendu; vous verrez que je serai brûlé pour arranger tout cela. Votre Révérence donne-t-elle au moins la tunique soufrée à ceux qu'elle expédie? — Sans doute, répond un des familiers qui s'emparaient du coupable. — A la bonne heure!

La cédule ne faisait mention que de Carlos. Mais il était bien certainement sorcier, et il n'était pas possible que ses compagnons ne fussent pas entachés de sorcellerie. Quand on prend du galon, on n'en saurait trop prendre, dit un vieux proverbe. D'après cet adage, le révérend fit emmener maître et gens. On arrêta, par ses ordres, les demoiselles que le corrégidor avait relâchées, et qui attendaient dans un cabaret le dénoûment de tout ceci. Il était évident, d'après l'opinion du grand casuiste Sanchez, que les prétendues demoiselles étaient autant de succubes. On conduisit la troupe comique tout entière, non dans les prisons du saint office, il n'y en a point à Urgel, mais dans sept à huit chambres que le prévoyant supérieur avait fait solidement arranger pendant l'absence de son frère lai.

A l'exception de Valentin, nos pauvres captifs marchaient tristement. Michel, qui avait souvent montré du caractère, laissait aller sa tête sur sa poitrine, et poussait de temps en temps des soupirs à attendrir des tigres. On assure que les inquisiteurs sont plus impitoyables encore : c'est ce que je n'ai nulle envie de vérifier par moi-même.

Valentin regardait Michel d'un air de pitié. — Quand donc t'élèveras-tu à la hauteur des circonstances, et apprendras-tu à braver la fortune? Il y a deux heures, nous devions être tous pendus; il semblait qu'aucune puissance humaine ne pût nous tirer des serres du corrégidor; il fallait l'inquisition pour opérer ce prodige. Sais-tu si quelque être inconnu, inattendu, ne nous arrachera pas aux griffes de l'inquisiteur? Je ne perdrai l'espérance qu'au dernier moment, et je monterai sur le bûcher persuadé que j'en dois descendre. Imite-moi si tu veux conserver mon estime, et souviens-toi que tomber dans le découragement est le moyen le plus sûr de ne pouvoir rien entreprendre.

Après cette courte harangue, qui ne produisit pas un grand effet sur Michel et ses compagnons, on passa la première grille du couvent, qui se referma aussitôt, et nos sorciers furent conduits séparément aux logements qui leur étaient destinés. — Diable! dit Valentin en voyant sa chambre, il me semble que Vos Révérences ne renoncent au monde que pour mieux s'en assurer les jouissances. Tudieu! quel lit! quels fauteuils! quel linge! Je ne présume pas que vous nous ayez mis dans vos plus beaux appartements : comment sont donc décorés les autres? Ma foi, si votre cuisinier vaut votre marchand de meubles, je n'aurai à regretter que la liberté, et je crois qu'on peut s'accoutumer à vivre en prison, comme on s'accoutume à la migraine ou à une sciatique. Envoyez-moi à dîner et copieusement, car j'ai un appétit de moine. — Rira bien qui rira le dernier, répondit un gros frère lai taillé en Hercule. — Parbleu, je compte bien que ce sera moi. — C'est ce que nous verrons.

On avait moins à redouter les entreprises des succubes que des incubes. En conséquence, on avait pris moins de précautions avec nos demoiselles. Vous savez que nos jeunes gens ont le goût délicat, et ils avaient fort bien choisi leurs compagnes de voyage. Une jolie femme inspire toujours une sorte d'intérêt, et on avait logé celles-ci dans le grand dortoir. Les révérends voulaient être à portée de s'assurer à chaque instant du degré d'intimité où elles étaient avec le diable.

Valentin fut servi pendant toute la journée aussi substantiellement qu'il l'avait désiré. Les bons pères vivent très-bien, pensait-il; car enfin il n'est point présumable qu'on fasse un ordinaire à part tout exprès pour moi. Le souper répondit au premier repas. Mais la digestion pouvait en être pénible. A l'entrée de la nuit, quatre estafiers vinrent prendre notre héros dans sa chambre, et le firent descendre dans les caves du couvent. On sait que les ténèbres inspirent toujours une sorte de terreur, et on avait décidé que le supplice du sorcier en chef commencerait dès ce moment.

Deux torches funèbres éclairaient ces vastes caveaux, et laissaient entrevoir le père supérieur assis dans un vaste fauteuil. Il avait devant lui une table, sur laquelle on avait placé du papier, de l'encre et des plumes. Un moinillon attendait que l'accusé parlât pour écrire ses aveux ou ses dénégations.

Dans l'enfoncement était un chevalet auquel on avait adroitement adapté les poulies et les cordes du puits, une roue de la charrette du pourvoyeur, et auprès on avait mis en évidence la masse et les coins du fendeur de bois de la maison.

Le père supérieur prit le ton mielleux usité en pareille circonstance. — Allons, mon frère, confessez vos crimes, et ne nous forcez pas à employer les voies de rigueur. — Quel crime voulez-vous que je confesse? Je n'en ai commis aucun. — Prenez garde, mon frère. Votre endurcissement... — Mon frère! Vous êtes mon frère comme Caïn était celui d'Abel. — Votre endurcissement m'arrache des larmes. — Eh bien! pleurez à votre aise. — Mais je ne peux m'empêcher de vous faire appliquer à la question. — Oh! ceci devient trop fort! Pour la première fois de sa vie, Valentin fut frappé d'un sentiment de terreur qui ne lui permit pas d'ajouter un mot, et vous conviendrez qu'on aurait peur à moins.

Son silence fut considéré comme une preuve nouvelle de sa diabolique opiniâtreté, et l'ordre fut donné de le saisir et de l'attacher sur le chevalet. Si la vue du supplice l'avait effrayé, son approche lui rendit ses forces et sa résolution. L'idée la plus heureuse, la plus nouvelle, la plus grande, la plus inconcevable, jaillit à l'instant de son cerveau créateur. Suivez-le, messieurs, et vous connaîtrez enfin l'homme dont je vous raconte la mémorable histoire.

Deux satellites du saint office l'avaient saisi par-dessous les bras; un troisième le poussait par derrière; le quatrième tenait le redoutable levier qui devait serrer les cordes et froisser, disloquer ou rompre les membres délicats de Valentin. Tout à coup notre héros, si digne de ce nom, s'élance à deux pieds de haut et s'écrie : — A moi, frère Ambroise! Il laisse tomber ses deux mains d'aplomb sur les crânes de ses adversaires de droite et de gauche. Une violente énergie de volonté les jette dans un profond sommeil. Il se tourne aussitôt vers celui qui s'était emparé de son postérieur. Il le prend par l'enfourchure et le jette, la tête en bas, sur le bureau de l'auguste tribunal. Le quatrième, terrifié, laisse tomber son levier. Valentin s'élance; il s'arme. Il a vu dans l'*Avocat patelin* que les coups à la tête *sont dangereux en diable*, et il frappe à tour de bras sur les chefs tondus ou chevelus jusqu'à ce qu'il n'ait plus rien a redouter de leur industrieuse imagination.

Assis sur le gros ventre du père supérieur, il réfléchit à sa position. Il me semble voir le révérend père Jean de Domfront ayant assommé son père gardien, l'ayant jeté dans une chaudronnée de tripes et délibérant sur le parti qu'il allait prendre.

— Il est constant, se dit Valentin, qu'on ne m'appliquera pas à la question cette nuit. Mais il ne suffit pas de vaincre; il faut savoir profiter de la victoire. Que vais-je faire?... C'est cela... Oui... Non, non, point de demi-mesures. Il faut périr ou triompher complétement. Mon plan est arrêté.

Il se lève; il fait un tel effort, il comprime tellement le ventre de feu Sa Révérence, que le dieu *Crepitus* des Romains, qui sans doute s'était logé dans ses entrailles, s'échappe avec une détonation qui fait trembler les voûtes souterraines. Valentin prend la lanterne sourde du gros père, et compulse les papiers qui sont sur le bureau. Il trouve la cédule du grand inquisiteur, et il la met en lambeaux. Il voit toutes les pièces de la procédure commencée par le corrégidor, et il en fait un *auto-da-fé*. Un trousseau de clefs lui tombe sous la main, et il le met dans sa poche. Il craint les revenants, et il distribue encore quelques coups de levier à droite et à gauche. Il charge sur son épaule les cordes et les ficelles destinées à la torture. La lanterne dans une main, les clefs dans l'autre et le levier sous le bras, il s'approche de la porte; il essaie une, deux, trois clefs. Il ouvre enfin, et s'avance sans bruit vers le dortoir où étaient sa chambre et celles de ses compagnons.

Il eut de la peine à pénétrer dans la première, et il reconnut bientôt que toutes s'ouvraient avec la même clef. En moins de dix minutes, ses camarades sont habillés et armés de leurs couteaux de table. Il ne restait plus qu'un obstacle à surmonter : il fallait s'assurer des Révérences dormantes et les mettre dans l'impossibilité de nuire. Mais dans quelle partie de la maison logent-elles, et comment faire pour les surprendre?

— Cherchons et nous trouverons, dit Valentin à voix basse. On marche sur le bout du pied; on retient son haleine, et la pointe du couteau menace déjà des ennemis qu'on ne voit pas encore. On monte, on descend, on tourne, on revient.... on entend des ronflements qui annoncent une digestion pénible; on arrête, on veut tenir conseil. — En avant! dit Valentin, et il lève son redoutable levier. On aperçoit deux gros frères, auprès de qui on a déjà passé dix fois, et qui sont là pour veiller sur les prisonniers. L'intempérance a livré ces vedettes à leurs ennemis. — Ne versons pas de sang sans nécessité, dit Valentin, et il éveille les deux frères à grands coups de pied dans le derrière. Ils se frottent les yeux, et ils les ouvrent pour voir les pointes des couteaux fixées sur leurs poitrines. — Si vous jetez un cri, vous êtes morts, leur dit Valentin. Il déroule ses cordes; il fait mettre les deux frères dos à dos; on les ficelle comme des carottes de tabac. La peur est laxative, et ici elle précipite les digestions. Valentin demande en se bouchant le nez où sont les chambres des révérends et des sorcières. Quand il a obtenu les éclaircissements qu'on ne peut refuser à sa manière d'interroger, il fait bâillonner les deux frères, et il marche à de nouveaux exploits.

Il met deux de ses camarades à chaque bout du dortoir, il prend Michel avec lui, et il va de chambre en chambre à l'aide de son passe-partout. Il intime l'ordre absolu de se taire, et il porte tous les vêtements au milieu du corridor, parce qu'il sait que des hommes nus sont hors d'état de se défendre. — Quelle manie, dit-il à Michel, ont donc ces moines de coucher deux par la chaleur qu'il fait! En y regardant de plus près, il s'aperçoit qu'il existe entre les camarades de lit des différences frappantes; il retourne aux vêtements qu'il a entassés dans le dortoir, et il reconnaît ceux de nos sorcières. — Ah! ah! dit-il, messieurs, vous avez deux poids et deux mesures! Vous vouliez nous faire griller comme sorciers, et vous jouez avec ces dames a mettre le diable en enfer! Allons, debout, et qu'on réponde brievement et avec clarté aux questions que je vais faire.

Il relève les postes qu'il a établis aux deux bouts du dortoir, et, le couteau en arrêt, on rassemble Leurs Révérences. — Combien avez-vous de frères lais dans cette maison? — Quatre. — Où sont-ils? — Il y en a deux en sentinelle... — Et les autres? — Il sont couchés dans ce bâtiment que vous voyez, au clair de la lune, là par la fenêtre. — Lequel de vous est le père procureur? — C'est moi. — Où est la clef de la caisse? — La voici.

— Mes amis, trois d'entre vous vont aller prendre les deux frères que nous venons de garotter. Vous les forcerez à vous conduire à la chambre des deux autres, que vous surprendrez au lit. Vous les envelopperez dans leurs draps, et vous les serrerez de manière qu'ils ne puissent remuer ni bras ni jambes. Vous leur ôterez la parole avec leurs mouchoirs, et vous aurez soin de ne pas bourrer la bouche jusqu'à suffocation. Si vous éprouvez de la résistance, jouez des couteaux.

Trois membres de la société se détachent, et Valentin, le levier en l'air, prie Leurs Révérences de s'asseoir les unes contre les autres. Bientôt les camarades reparaissent et ils apprennent à leur chef qu'ils ont découvert une vieille citerne sèche et profonde, d'où cinquante matous réunis ne pourraient se faire entendre de personne. Les quatre frères, soumis et tremblants, y sont descendus à l'aide des draps de lit; et, comme il faut avoir pitié de son prochain, on a jeté les draps après eux. Il doit résulter de cette mesure que, lorsqu'on les tirera de là, ils pourront paraître dans un état décent, quoique assez burlesque.

— Y a-t-il encore de la place dans la citerne? demanda Valentin — On y mettrait une compagnie de grenadiers tout entière. — Allons que chacun de vous prenne ses draps et se dispose à aller joindre les deux frères. Le cortége se met en marche, à l'exception du père procureur, dont Valentin s'est emparé. Il le conduit à la caisse, et il lui prouve sommairement que sa troupe ne peut voyager sans argent. Il rappelle qu'il en avait gagné beaucoup et qu'on le lui a injustement ravi. Il termine ses observations en disant qu'il est permis de reprendre son bien où on le trouve. Le père procureur aurait pu répliquer que l'argent que Valentin allait prendre n'était pas celui qu'on lui avait volé; mais il savait qu'il est inutile de raisonner quand on n'est pas le plus fort, et il se soumit.

Valentin sentait la nécessité de marcher lestement en sortant de la communauté. En conséquence, il dédaigna l'argent blanc, il garnit ses poches d'or, et continuant de brandir son levier sur la tête du procureur, il le conduisit à la citerne et lui ordonna d'aller joindre ses confrères.

Nos aventuriers, n'ayant plus d'ennemis en présence, remontèrent au dortoir. Auda, Isaure et les autres, bien éveillées et revenues de leur première surprise, jurèrent que leurs complaisances pour les révérends n'avaient eu d'autre objet que de captiver leur bienveillance et de garantir leurs amants du fagot. — Bah! dit Valentin, une infidèle convaincue a toujours des raisons à donner. Bien dupe qui les écoute. Mais ce n'est pas de cela qu'il s'agit. Sommes-nous maîtres de ous nos adversaires? Sois vraie, Auda. Comptons. Le supérieur, six noines, quatre frères lais et quatre gredins morts ou entassés dans la iterne, est-ce bien tout? Auda, pour preuve de sa véracité, avoue u'elle et ses compagnes étaient si bien avec Les Révérences qu'elles en vaient reçu la permission d'aller partout, excepté pourtant dans le ortoir où étaient détenus les sorciers. Elle assure que les commenaux de tous les grades viennent d'être désignés, si les estafiers qui isent dans les caves sont bien le cuisinier et ses marmitons. Auda es reconnaît au signalement qu'en donne Valentin, et il est démonré que nos jeunes gens n'ont plus d'ennemis à combattre.

— Expliquons-nous maintenant, dit notre héros. Je suis persuadé ue l'inquisiteur et sa séquelle avaient pour vous des charmes secrets, ui vous ont promptement fait oublier le peu que nous valons. La olérance est ma vertu favorite, et je ne veux pas contraindre vos inlinations. Si vous avez un goût décidé pour la vie claustrale, desendez dans la citerne; il y a encore de la place pour vous. Si au ontraire vous voulez partager notre bonne ou mauvaise fortune, vous ous suivrez.

Ces dames hésitèrent, balbutièrent, et Valentin sentit que le bientre présent l'emportait sur des espérances fort incertaines. On conuisit ces dames à la citerne. Elles voulaient avoir leurs habits, et /alentin répondit que Vénus sortit nue du sein de la mer; que ces ames ne pouvaient avoir de plus brillantes parures que leurs attraits, t que, lorsqu'on va se réunir à des amis très-intimes, on ne doit pas aire de mauvaises difficultés.

La bougie qui brûlait dans la lanterne sourde du père supérieur allait nir. On allume celles qu'on trouve dans les chambres des révérends. alentin rase ses moustaches naissantes, et ses compagnons suivent on exemple. Il prend les habits d'Auda, qui ne lui vont pas très-mal, t les camarades se transforment en jeunes filles. Pour masquer la aucherie ordinaire à des jeunes gens en corsets et en jupons, on se it de grands voiles avec les robes des révérends qu'on coupe en quae. On prend ce qu'il reste de cordes, et on sort en toute hâte du ouvent, dont on a grand soin de refermer les portes. On n'a pas un oment à perdre : le soleil va dorer l'horizon. On connaît parfaiteent la ville, et on sent bien qu'on n'en peut sortir par la porte. On onte sur les remparts; on s'arrête devant une embrasure de canon; n y fixe le levier en travers; on y attache une bonne corde, et nos x demoiselles se laissent glisser dans le fossé. Depuis l'avénement de hilippe V au trône, les fortifications d Urgel sont inutiles et ne valent pas mieux que celles de Saint-Quentin. Nos coureurs les traverent facilement; ils marchent sans s'arrêter jusqu'à Santa Julia, village tué sur la route de France. Ils entrent dans un cabaret, et ils se onsultent sur ce qu'il convient de faire pour se mettre en sûreté.

Santa Julia remplit en Espagne les fonctions dont nous avons chargé aint Nicolas en France; c'est elle qui marie les jeunes filles, et celles qui un certain je ne sais quoi dit qu'un joli garçon est bon à quelue chose vont par troupes en pèlerinage à la chapelle de la sainte, t trouvent quelquefois en route ce qu'elles ont en vain cherché dans ur *endroit*.

Nos aventuriers apprirent ces particularités de quatre muletiers ui buvaient dans ce cabaret d'un joli petit vin qui sentait le bouc à leine bouche. Nos demoiselles voilées piquaient singulièrement leur uriosité. Leur imagination leur prêtait des charmes, que bien ceriinement elles n'avaient pas. Après une conversation générale, qui vait amené les détails que je viens de vous communiquer sur le genre e service que rendait la sainte, vinrent des questions plus directes. /alentin répondit qu'elle et ses compagnes étaient lasses du célibat; u'elles venaient de Forja del Serral, et qu'elles y retourneraient ussitôt après avoir imploré l'assistance de la sainte. Or, ce village de 'orja del Serral est à l'extrême frontière d'Espagne, sur la route d'Ax. Admirez, je vous prie, avec quelle adresse notre héros tire parti des oindres circonstances.

Les muletiers demandent la permission de boire aux maris que les ignoras ne manqueront pas de trouver bientôt, et les filles les plus éservées ne refusent pas une marque de politesse. Les muletiers s'aprochent le verre à la main. Le moyen de ne pas trinquer? Mais pour oire il faut écarter son voile, et les muletiers ont l'œil perçant. Ceuxi s'écrient que si d'aussi jolies personnes ne sont pas mariées, ce n'est as la faute de santa Julia, et que sans doute elles ont fait quelques edaines qui les ont rendues indignes de ses bontés. — Il n'y a, ajouent-ils, que le premier pas qui coûte, et les gens de notre métier ont ne réputation qui adoucit les plus sévères. Là-dessus, ces messieurs rouvent qu'ils ont les mains aussi actives que l'imagination. Nos demoiselles jouent l'indignation à ravir, et, à cheval sur leur vertu, elles chargent les muletiers. Les soufflets pleuvent de toutes parts, et résonnent si bien sur les joues arrondies et rubicondes des assaillants, que l'hôte, frappé du bruit, entre dans la chambre armé de son escopette, et menace de tirer sur ceux ou celles qui ne s'asseoiront pas à l'instant. Les demoiselles, certaines que l'explication doit tourner en leur faveur, obéissent aussitôt et prennent un air modeste qui enchante l'hôtelier et qui leur tient lieu du plus éloquent plaidoyer. Il ajuste les quatre muletiers l'un après l'autre, les force à se replacer sur leurs bancs vermoulus, et les harangue avec une chaleur et une force de logique qu'il devait sans doute au vif intérêt que lui inspirait la beauté outragée. Il représenta que des muletiers et des vierges fatiguées de l'être ont bien quelques rapports sous un certain aspect, mais qu'ils sont diamétralement opposés sous les autres; qu'être lasse de sa vertu n'est pas vouloir en faire le sacrifice à des inconnus; qu'il devait la prospérité de son hôtellerie aux jeunes signoras que la sainte attire en ces lieux; que, si la beauté cessait de trouver chez lui un asile sûr, elle s'éloignerait de son toit hospitalier; qu'enfin le plus ardent des muletiers trouve dans toutes les auberges d'Espagne des servantes choisies exprès et dont l'amour du prochain n'a jamais connu de bornes.

Le discours de l'hôte et l'aspect de l'escopette toujours menaçante avaient calmé les têtes jusqu'à un certain point. Mais, pendant que l'orateur parlait, sa femme, très-prévoyante, avait été chercher l'alcade, son compère, son cousin et peut-être quelque chose de mieux. Les magistrats subalternes tiennent à leurs fonctions en raison inverse de leur peu d'importance. Celui-ci commença une instruction dans toutes les formes. Après avoir ouï les parties plaignantes, et n'avoir omis aucune des tentatives faites par des mains audacieuses, il interrogea les délinquants, qui répondaient à toutes les questions : *La nature! la nature!* et toujours *la nature*. Ici Valentin s'approche du juge du village et lui glisse une pièce d'or dans la main.

Le juge prend aussitôt un air rébarbatif et répond d'un ton aigre :

— Apprenez, mes drôles, que la nature est une sotte, quand elle fait faire des sottises. En réparation des vôtres, vous reconduirez *gratuitement* les dames que vous avez outragées jusqu'à Forja del Serral, leur patrie, ou je confisque vos mules à leur profit. — Mais, seigneur alcade... — Silence! Et pour les garantir de vos insultes pendant la route, j'ordonne que de ce moment à celui du départ vous ne boirez que de l'eau et vous ne mangerez que de la salade. Je défends trèsexpressément à votre hôte, mon compère, de vous fournir d'autres aliments, et je lui enjoins de veiller exactement à ce que vous n'en alliez pas chercher ailleurs. Si vous trangressez le moindre des articles de mon jugement, j'informe criminellement contre vous, et je vous fais traduire dans les prisons d'Urgel.

Pendant l'énoncé du jugement, Valentin regardait Michel, et il lui disait des yeux : Tu vois comme tout s'arrange; douteras-tu à l'avenir de quelque chose? Va, sois, ainsi que moi, un garçon sans souci; et, s'adressant au petit magistrat : — Seigneur alcade, lui dit-il, je vous prie de nous donner une expédition du jugement pour que ces muletiers n'aient rien à nous demander lors de notre arrivée à Forja del Serral. — C'est trop juste, répond l'alcade. Et il expédie la pièce qui doit remplacer le passe port que le corrégidor d'Urgel a délivré un mois auparavant à Valentin et qui est resté au greffe : c'est dans cette seule vue que notre héros a demandé l'expédition du jugement.

Enchanté d'avoir mis en évidence les hautes prérogatives de sa charge, très-satisfait du procédé de la vierge pudibonde, qui a grassement payé sa vacation, le magistrat se retire après avoir fait à son auditoire un salut de protection. Alors commencèrent les interpellations, l'abjuration de toute abomination, les promes es de conversion, les mouvements d'effusion, les intercessions et les supplications de MM. les muletiers. — Allons, allons, leur dit Valentin, la fille la plus sage n'est jamais fâchée de plaire, même à l'homme qu'elle ne veut pas aimer. Nous oublierons vos impertinences si vous vous conduisez bien pendant le voyage, et nous vous payerons largement quand nous serons arrivés. Vous pouvez même ne pas observer rigoureusement le régime que vous a prescrit le seigneur alcade; nous vous promettons de ne rien voir. — Oh! les aimables, les vertueuses dames! dit un des muletiers. Mais tiendrez-vous réellement ce que vous nous promettez? — Voilà six piastres à compte, dit vivement Valentin. Nous allons à la chapelle de la sainte, et nous partons à l'instant. Il faut absolument nous montrer là pour la forme, souffla-t-il bien bas à ses camarades.

Les muletiers, rendus à toute leur gaieté, courent arranger leurs mules; ils tiennent respectueusement l'étrier à des dames qui payent aussi bien qu'elles appliquent des soufflets; le cortége se met en marche, et les filles du village ne manquent pas de prier ces demoiselles de les recommander à la sainte, qui jusqu'alors n'a pas jugé à propos d'exaucer leurs vœux.

Vous souvenez-vous que l'âme damnée du corrégidor d'Urgel a au village d'Aranza une sœur et deux nièces âgées de quarante ans, et qui, de leur vie, n'avaient pensé à la bagatelle?

Tôt ou tard, a dit je ne sais quel auteur, il faut payer le tribut à la nature. Nos vieilles filles, étonnées, confondues de certains mouvements intérieurs qu'elles n'avaient jamais connus, cherchèrent à se confier l'état, tout nouveau pour elles, où le diable probablement venait de les mettre, et quand deux personnes qui veulent se faire des confidences sont toujours nez à nez, l'explication ne peut tarder à avoir lieu. L'aînée mit la main de sa sœur cadette sur son cœur, et la cadette appliqua celle de l'aînée sur le sien. Elles se regardèrent, et un soupir brûlant s'exhala à la fois de leur sein. Elles se tournèrent vers un petit miroir, et elles s'y regardèrent avec complaisance. — Nous ne sommes plus de la première jeunesse, dirent-elles toutes deux à la fois; mais nous sommes très-bien conservées. Elles étaient aussi laides à quarante ans qu'elles l'avaient été à quinze. — Nous pouvons encore faire le bonheur d'un honnête homme, et je sens qu'un honnête homme m'est nécessaire. Mais nous ne dérogerons pas à la vertu, que nous avons professée jusqu'ici, et santa Julia nous en doit la récompense. Allons la lui demander, et nous cesserons de languir sur notre couche solitaire. — Mais, ma sœur, convient-il à de jeunes personnes d'aller seules en pèlerinage? — Ah! grand Dieu! que dirait-on de nous? — Il faut que maman nous accompagne. — D'ailleurs elle ne peut garder seule cette petite Séraphine... — Dont les principes me paraissent très-équivoques. — Nous l'emmènerons avec nous. — Elle cherchera à nous échapper. — Nous ne la perdrons pas de vue un moment.

Désir de fille est un feu qui dévore.

Je crois avoir déjà dit cela quelque part. N'importe, je le répète en faveur de l'à-propos. Dès le soir même, nos pucelles de quarante ans font part du projet qu'elles ont conçu à leur respectable maman. Maman leur répond qu'elle sera enchantée de se voir renaître dans de petits enfants, et on notifie à Estelle qu'elle ait à être prête pour le lendemain matin. Estelle répond qu'elle n'a rien à dire à santa Julia. On lui réplique qu'elle ne peut mieux faire que de demander le seigneur corrégidor d'Urgel pour époux, et qu'elle sera trop heureuse de voir ses vœux exaucés. Estelle reprend la parole, et dit qu'elle n'en forme aucun sur cet entêté et méchant vieillard. La conversation s'échauffe; les vieilles ordonnent ce qu'elles avaient d'abord demandé avec assez de douceur; leur ton indique que les gestes ne tarderont pas à suivre les paroles: Estelle, totalement subjuguée, promet d'obéir.

Elle pensait, en se couchant, que le petit voyage qu'elle allait faire romprait l'uniformité de la vie ennuyeuse qu'elle menait à Aranza. Elle dormit d'un sommeil tranquille; elle se leva gaiement, et parut belle et fraîche, au point de désespérer toute femme qui aurait eu moins de vanité que nos trois vieilles.

On se mit en route. Les demoiselles surannées se donnaient des airs enfantins à faire mourir de rire. Tantôt elles folâtraient sur le gazon; tantôt elles chantaient en chevrotant la plaintive romance: on aurait juré que santa Julia allait faire pleuvoir des maris.

En faisant les enfants, elles n'oubliaient pas celle dont la garde leur était confiée. Estelle était toujours placée entre elles trois, et la force de leurs jarrets répondait à celle de leurs bras carrés. D'ailleurs, où aurait été la petite? A Urgel, où elle soupçonnait que son amant était encore? Ne serait-elle pas retombée dans les mains du corrégidor? Pouvait-elle penser à rentrer en France? Elle ne possédait pas un réal. Elle n'avait qu'un parti à prendre: c'était d'espérer et d'être patiente. Telles étaient en effet ses dispositions, quand on arriva chez la sainte.

O jour heureux! jour dont la mémoire doit être éternellement conservée! C'était celui, c'était l'heure, le moment où Valentin et ses compagnons jouaient les filles à marier. La mère Léonarde, Caliste et Ursule étaient exactement voilées; elles voyaient tout juste autant qu'il le fallait pour se conduire. Elles n'avaient pas manqué de couvrir d'un tissu épais les charmes d'Estelle. Mais la curiosité, très-ordinaire aux jeunes filles, avait un peu dérangé le voile de celle-ci; peut-être un sentiment d'amour-propre avait conduit sa main. Quoi qu'il en soit, tout un côté de cette figure charmante était à découvert, et c'était celui que Valentin pouvait voir.

Sa position n'était pas faite pour lui inspirer de la sécurité. Son œil actif se portait furtivement partout, à travers l'ouverture du lambeau de la robe d'une des Révérences d'Urgel, qu'il dérangeait à chaque instant. Tout à coup il est saisi d'étonnement; il regarde: il doute; il croit être frappé d'une illusion; il regarde encore; il ne sait s'il veille; il s'interroge sur la réalité de ce qu'il voit; bientôt il est convaincu. Il a retrouvé Estelle et le tendre amour qu'elle lui a inspiré.

Mais que fait-elle là, et avec qui y est elle? Elle ne peut voyager que par les ordres du corrégidor: elle doit être gardée à vue. Si pourtant elle s'était échappée de la campagne du vieux reître?... Quelle raison aurait-elle de passer en pèlerinage un temps qu'elle pourrait mieux employer?... Mais lui-même n'est-il pas pèlerine, et est-il possible à Estelle de deviner ses motifs? Elle peut donc avoir les siens, bien qu'ils paraissent impénétrables. Mais comment s'approcher d'elle sans donner des soupçons? Comment lui parler sans s'exposer aux tristes effets d'un premier moment de surprise? Cependant l'occasion est unique, elle est précieuse: il est impossible de la laisser échapper. Telles étaient les idées qui se succédaient avec rapidité dans la tête de Valentin.

Il avait été assailli, en entrant, par des marchands de brimborions, qui fourmillent aux portes de ces sortes de lieux. Oraisons contre la migraine, contre les maux d'estomac, que se donnent assez volontiers les fillettes, contre la stérilité, contre les fausses couches, etc. On y trouvait tout, et Valentin avait fait de cela une assez bonne provision sans en prévoir l'utilité. Il se remet sous son voile; il détache les lettres majuscules, avec le bout du doigt et un peu de salive, il les arrange sur la couverture d'un des livrets; et il a écrit: *Valentin est près de vous, peut-il se faire connaître?* Il dit quatre mots à Michel, et Michel prend le livret. Il fait une station devant chacun des *ex-voto* que la reconnaissance a suspendus aux murailles; il arrive enfin auprès d'Estelle, agenouillée sous un portrait, ressemblant ou non, de saint Ildephonse. Il touche légèrement le coude de la petite; elle se tourne de son côté; elle a reçu le livret.

A son tour, elle se renferme sous son voile: elle lit; elle tressaille, elle se sent mourir de plaisir. — Possédez-vous, lui dit tout bas Michel en se frappant la poitrine et en fixant l'image du saint. — Cette nuit, chez la dame Léonarde, à Aranza, lui répond Estelle d'une voix défaillante, et elle tombe privée de sentiment.

Léonarde et ses filles n'ont rien entendu, bien que leur rosaire tombât presque sur les talons d'Estelle. La mère était à peu près sourde; Caliste et Ursule étaient exclusivement occupées des maris qui viendraient, sans faute, le soir ou le lendemain. Or, vous savez que, lorsque nous sommes fortement préoccupés, nous n'entendons que très-machinalement ceux qui parlent haut autour de nous.

Cependant Estelle, en se renversant sur les genoux d'Ursule, la tire de sa douce rêverie. Cette fille s'empresse de la secourir et Michel de lui aider. Léonarde et Caliste prodiguent aussi leurs soins, et Michel a entendu répéter: Ma fille, maman, et ma fille. Il sait que la vieille dame est mère des deux infantes qu'il a sous les yeux.

Valentin a tout vu. Il sent qu'il n'a plus rien à redouter des effets de la surprise; il s'approche, et ses camarades le suivent. On fait sortir Estelle, et Michel propose de la mettre sur une de ses mules et de la reconduire chez elle. La proposition est acceptée, à condition que les trois dames auront aussi leur monture, et qu'elles accompagneront leur nièce. Elle trouve partout des oncles et des tantes, pensait Valentin. Passe pour les tantes, mais celles-ci m'ont bien l'air de l'être de la façon du corrégidor: ce sont des duègnes. Lui et Dubreuil s'attachent à Léonarde et à Caliste; Michel fait sa cour à Ursule; les vieilles bénissent la sainte, qui, en attendant les maris, leur envoie de jeunes filles compatissantes aux peines de leur prochain. Chacune d'elles monte derrière un de nos aventuriers. Elles ont soin de placer Estelle au centre de la cavalcade, et elle est sur la croupe de la mule de Valentin. Son bras est passé autour du corps de son amant; elle sent battre son cœur, et elle sait qu'il ne bat que pour elle... Elle le croit au moins, et cela revient au même.

Il était bien difficile, dans une telle position, de n'avoir pas envie de parler de ses amours. Mais comment faire? Léonarde est à la droite de la mule de Valentin; Caliste est à sa gauche, et Ursule la suit immédiatement. Elles ne soupçonnent rien, et cependant elles ont sans cesse l'œil sur Estelle: que serait-ce si un mot indiscret s'échappait, et s'il était entendu? On cheminait donc sans rien dire, assis à côté les unes des autres, et les regards de ceux qui montaient certaine mule avaient un feu que la contrainte augmentait encore. Cependant, si des circonstances critiques ferment des bouches brûlantes de parler, vous savez de quoi, rien ne les empêche de s'ouvrir pour charmer un peu l'ennui du voyage.

Valentin se permit quelques plaisanteries, très-honnêtes, très-modestes sans doute, telles que doit les faire une fille qui se respecte. Ces dames trouvent que la signora a de l'esprit comme un ange; il leur adresse quelques questions sur le lieu de leur résidence, et elles y répondent avec ingénuité. Il n'avait pensé qu'à se rapprocher d'Estelle, et il ne s'était pas informé si son nouveau domicile était sur la route d'Urgel ou sur celle de France, ce qu'il importait cependant de savoir. Il apprend, à sa grande satisfaction, qu'Aranza est situé entre Santa-Julia et Forja del Serral, d'où on peut en une heure gagner les Pyrénées. Il sait qu'il ne fera plus un pas qui ne le rapproche de sa patrie. C'est fort bien; mais sur quel pied son amie est-elle chez la dame Léonarde? Quelle est la distribution de la maison? Y a-t-il des grilles partout comme dans celle du corrégidor? Estelle n'a pu entrer dans aucun détail avec Michel; on n'est convenu d'aucun signal à donner, soit de l'intérieur, soit de l'extérieur; il est absolument impossible de parler de rien de tout cela.

Valentin pensa un moment à piquer sa mule et à enlever Estelle, au risque de tout ce qui pourrait en arriver. Des réflexions aussi rapides que son premier mouvement le retinrent. Il pensa que les vieilles crieraient; que le chemin était peuplé de gens qui allaient à Santa-Julia ou qui en revenaient; que peut-être on prêterait main forte aux duègnes; qu'il faudrait alors se faire connaître comme garçons, et qu'on ne savait pas pour qui se prononceraient les muletiers. Ils avaient, à la vérité, reçu des soufflets; mais ils les croyaient détachés par des mains féminines, et ils étaient de taille et de force à embarrasser singulièrement six jeunes gens sans armes.

En réfléchissant, en causant, en rêvant, on fait du chemin. Nos pèlerines et leurs conducteurs entrèrent à Aranza, où nos amants craignaient d'arriver: c'est là que probablement il faudra se séparer encore. En effet, la maison de la dame Léonarde est située au milieu du village, et l'alarme peut s'y répandre en un instant.

Caliste et Ursule poussent leur maman du coude. — N'engagerez-vous pas ces obligeantes pèlerines à se rafraîchir? L'invitation est aussitôt acceptée que faite; on saute à terre, on entre dans la modeste maison, et en un clin d'œil Valentin l'a parcourue. — Par ici ! criait Caliste. — Par ici ! répétait Ursule, et il était déjà revenu. Il avait reconnu la chambre d'Estelle et les barreaux de fer qui rendaient sa croisée inaccessible à tous les amants nés et à naître.

La limonade circule ; on boit, on rit, et Valentin, qui cherche à gagner du temps, propose de jouer à de petits jeux que sa grand'maman a appris en France. Deux poulettes de quarante ans qui se disposent à se marier sont bien aises d'avoir des notions de tous les petits jeux possibles. La proposition est acceptée ; on donne des gages, on les retire, on s'embrasse, et à chaque baiser Estelle saisissait un mot et en répondait un autre. Elle s'approchait insensiblement de la porte de la rue, et enfin elle en fut si près que la vieille Léonarde, qui était sourde, mais qui voyait très-bien, vit le moment où la tendre fauvette allait s'envoler. Elle court à la fugitive fillette ; elle lui prend la main, la conduit à sa chambre et l'y enferme à double tour. Estelle, en sortant, n'a pu qu'adresser un regard à Valentin ; mais qu'il était expressif ! Après sa sortie, le jeu commença à languir, vous vous en doutez bien. Valentin remarqua que la nuit approchait ; que lui et ses compagnes avaient encore deux lieues à faire, et qu'elles ne voulaient pas s'exposer aux entreprises malhonnêtes que pourraient tenter des muletiers. Les vieilles, qui n'étaient pas fâchées de pouvoir s'aller coucher, répondirent qu'il n'y avait rien à répliquer à d'aussi bonnes raisons, et on se quitta très-satisfait en apparence les uns des autres.

Nos jeunes gens étaient remontés sur leurs mules et ils cheminaient tristement. Quand Valentin n'était pas gai, tout languissait autour de lui. — Parbleu, lui dit Michel, tu t'affectes bien mal à propos. — Je ne m'affecte pas ; je cherche un moyen... — Je l'ai trouvé. — Quel est-il ? — Retournons à Aranza. Va chez l'alcade ; proteste contre la violence qu'on exerce sur la personne d'Estelle ; demande qu'elle comparaisse, qu'elle déclare la vérité, qu'elle te soit rendue, qu'elle...— Mon cher ami, tu bats la campagne. Ce que tu proposes pourrait tout au plus s'exécuter si nous étions des personnages connus dans le canton, de ces personnages dont le crédit force les juges à être équitables. Loin de chercher à nous approcher de ces messieurs, nous devons les éviter avec le plus grand soin, garder le plus rigoureux incognito, nous estimer trop heureux si nous sortons de cette maudite Espagne. Nous devrons notre sûreté à ces habits de filles qui nous vont assez mal, à ces voiles qui nous tombent jusqu'aux pieds, et qui ont pu tromper l'alcade de Santa-Julia, qui ne nous a vus qu'assis et pendant une demi-heure. Ici il faudra être filles ou garçons. Si nous redevenons nous-mêmes, il nous faudra donner des raisons de notre travestissement ; si nous persistons à passer pour filles, il faudra décliner nos noms, nos qualités, et que dirons nous ? Si notre déclaration a quelque vraisemblance, on fera une enquête qui prendra du temps ; nos bras carrés, nos jambes longues, nos mouvements masculins nous décèleront ; la supercherie sera découverte, et nous serons réintégrés dans les prisons d'Urgel, qui ne me plaisent pas du tout. — Tu laisseras donc Estelle à la vieille Léonarde ? — Non, ventre-bleu. — Et que feras-tu ? — Je n'en sais rien.

La troupe allait entrer à Cobarrin lorsque tout à coup Valentin fit mettre pied à terre à tout le monde. Il range ses camarades en cercle et fait placer les muletiers dans le milieu. — Que gagnez-vous par mois ? leur demanda-t-il ? — Mais... mais... un quadruple chacun ou à peu près. — Je vous en donne vingt si vous voulez me servir fidèlement pendant le reste de la nuit. — Nous sommes tous à vous, signora. — Il n'y a plus de signoras. Nous sommes six garçons déterminés et capables de nous venger de ceux qui tenteraient de nous trahir. Valentin arrache son voile, il détache son jupon, il délace son corset ; ses camarades se déshabillent comme lui, et ils paraissent tous en culottes et en gilets.

— Parbleu ! Pédro nous étions bien dupes de vouloir chasser un pareil gibier ! — C'est notre or qu'il faut désirer, qu'il faut gagner, mes amis. Et, pour vous donner plus que des espérances, je vais vous compter la moitié de la somme que je vous ai promise. Les muletiers, éblouis, il faisait clair de lune, sautent, embrassent Valentin, embrassent ses camarades, et leur joie est le garant le plus sûr de leur bonne foi. — Connaissez-vous le pays ? — Parfaitement, mes jeunes seigneurs. — Pour aller à Forja del Serral, est-il nécessaire de traverser Cobarrin ? — Nous vous conduirons dans les Pyrénées sans vous faire passer par aucun village si vous le désirez. — Tu soupçonnes donc que nous voulons sortir d'Espagne ? — Par Saint-Jacques ! des jeunes gens qui s'habillent en filles, qui font des pèlerinages, et qui payent tout au poids de l'or ont bien leurs petites raisons... Mais cela ne nous regarde point. — Pédro, dix carolus de plus quand nous serons à la frontière de France. — Tope, mon joli seigneur.

— Michel, affuble-toi d'une houppelande, d'une paire de guêtres et d'un chapeau de muletier. Prends un de ces bons enfants avec toi pour te servir de guide. Va à Cobarrin, achètes-y une guitare et ce que tu trouveras de mieux pour nous habiller en hommes. Cours et reviens, voilà de l'argent. — Si Vos Seigneuries n'étaient pas trop difficiles... — Eh bien ! Pédro, que ferais tu ? — Nous trouverions dans le bal ot que porte la dernière mule de quoi vous mettre notre uniforme sur le corps, et les muletiers vont, passent partout sans être remarqués. — Bravo ! bravo ! mon camarade. Voilà un carolus pour ton conseil. Allons, je me fais muletier, et j'espère que ces messieurs ne seront pas plus fiers que moi. Mais la guitare ! la guitare ! il m'en faut une absolument.

Michel représente qu'il est un peu tard pour se présenter chez un luthier, si toutefois il y en a un dans le village. Valentin réplique qu'il y allait bien pour acheter des habits, et que les fripiers dorment comme les luthiers. Michel convient qu'il n'a pas fait attention d'abord qu'il est dix heures du soir, et que... — Une guitare ! te dis-je, une guitare ! bonne ou mauvaise, je ne puis pas m'en passer. Viens avec moi, Pédro ; Michel m'assomme avec ses réflexions.

Pédro représente à ses bons seigneurs qu'ils doivent être fatigués, qu'une heure de sommeil ne leur fera pas de mal, qu'il est sûr de se faire ouvrir tous les cabarets de Cobarrin, et qu'il n'est pas de paysan en Espagne qui n'ait des castagnettes ou une guitare. Il promet positivement d'en rapporter une. Valentin l'embrasse, il part. Notre héros se couche sur l'herbe et il engage ses camarades à dormir. — Pour moi, leur dit-il, j'ai autre chose à faire. Il prend un de ses livres d'une main et la pointe de son couteau de l'autre ; il regarde la lune, les étoiles ; il invoque Estelle et sa muse, et avant le retour de Pédro il avait, tant bien que mal, gravé sur le carton des couplets très-peu dignes de Virgile et d'Horace, dont il était le nourrisson. Vous en jugerez plus tard.

— Parbleu ! disait-il quand il avait fini un couplet, il est plaisant qu'un homme qui peut être pendu, brûlé demain, s'amuse à faire des chansons. J'ai vraiment une tête à gouverner un empire. Les affaires publiques iraient assez mal ; mais on rirait dans mes Etats, et c'est quelque chose.

Michel s'éveille en sursaut. — Pédro est-il revenu ? — Non, laisse-moi chanter. — Il nous livre peut-être au moment où je parle. — Eh ! à qui ? Quelqu'un serait-il assez sot pour nous acheter vingt quadruples ? Nous ne les valons pas. Le corrégidor seul serait disposé à faire des sacrifices ; mais il n'est pas à Cobarrin. Tiens, voilà des couplets que j'ai faits et que nous chanterons en duo. — Où ? — Je te le dirai. — Sur quel air ? — Sur celui des *Folies d'Espagne*. Lis. — Et comment veux-tu que je lise ? — Il fait un clair de lune superbe. Au reste, je vais te chanter les couplets. — Les paroles ne vont pas sur l'air. — En sais-tu un autre qui soit espagnol ? — Non. — Ni moi non plus. — Il faut refaire ta chanson. — Bah ! bah ! on peut chanter cinquante mesures sur un mot : vois nos finales d'opéras-comiques. Allons, répète après moi, puisque tu ne peux pas lire.

Pendant que Michel prend sa première leçon, Pédro revient avec une guitare qui a la forme d'un sabot et le son d'un chaudron. — As-tu payé cela plus de dix réaux ? dit Michel. — Elle ne m'en coûte que quatre. — Tu es honnête garçon. — Mais j'ai été obligé d'en donner seize au cabaretier, qui s'est marié hier et que j'ai singulièrement dérangé. — Fripon ! — Finissons, finissons, s'écrie Valentin. Michel, messieurs, regardez-moi faire et imitez-moi.

Avec la jupe d'Auda, il se drape les épaules et le buste ; avec le corset il fait une espèce de turban, et les manches frangées lui tombent sur l'oreille gauche avec une grâce toute particulière ; la ceinture, coupée en deux, fait des laçures au bas des jambes. En un quart d'heure nos six jeunes gens sont transformés en Turcs, en Arabes, en Maures, en tout ce qu'il vous plaira. — Quel est l'objet de cette mascarade ? demande Michel. — A cheval ! répond Valentin. — Pour aller où ? — A Aranza. — Eh ! qu'y faire ? — Tu le sauras. A cheval ! à cheval !

On saute sur les mules. Les muletiers font un paquet des uniformes de leur *état*, qu'ils ont prêtés à nos jeunes gens ; ils le rattachent sur le dos de la vieille mule ; ils se disposent à suivre le cortége ; on se met en marche. De Cobarrin jusqu'aux premières maisons d'Aranza, Valentin fait chanter Michel, qui, tant bien que mal, fait sa partie. On laisse montures et muletiers à l'entrée du village, et on va droit à la maison de Léonarde. Valentin prend la guitare, dont il n'a pincé de sa vie, et, à la manière du comte Almaviva, il s'accompagne avec le dos de la main : il est impossible en Espagne de chanter sans guitare.

Michel et lui commencent ce duo sous le balcon de bois de ces dames :

DUO.

Voulez-vous goûter le bonheur ?
Adorez et charmez Ursule.
Pénétrez jusqu'en sa cellule ;
Mais soyez guidé par l'honneur.

Oui, Caliste, par sa fraîcheur,
Charme toute la Péninsule.
C'est la brillante renoncule
Que garde le sévère honneur.

Aux pieds de santa Julia,
Qui vous destine cette belle,
Allez jurer d'être fidèle,
Assidu, tendre, et cætera.

Aux pieds de santa Julia,
Qui pour moi forma cette belle,
Je vais jurer d'être fidèle,
Infatigable, et cætera.

Faites à ce timide agneau
Des enfants dignes de leur mère,
Et de Madrid en Angleterre
On n'aura rien vu de si beau.

Je veux faire à ce tendre agneau
Des enfants dignes de leur mère,
Et de Madrid en Angleterre
On n'aura rien vu de si beau.

Ursule avait été obligée de se lever, parce que la limonade donne quelquefois la colique. Dès les premiers *from, from*, elle court éveiller sa sœur. — Caliste, Caliste, écoute donc. Caliste se frotte les yeux, bâille, étend les bras et se met sur son séant. — C'est une sérénade! ma sœur, c'est une sérénade! — Et la première qu'on nous ait donnée. — Mais est-elle bien pour nous?... Oui... oui ..— Certainement, très-certainement. *Adorez et charmez Ursule...* — *Caliste, par sa fraîcheur, charme toute la Péninsule.* Que cela est délicat! — *Aux pieds de santa Julia, je vais jurer d'être fidèle...* — *Assidu, tendre, et cœtera.* — Oh! que cet *et cœtera* est expressif! O grande sainte, que je vous remercie! — *Je veux faire à ce tendre agneau des enfants dignes de leur mère.* — Ils veulent nous faire des enfants, ma sœur. — Oh! ma sœur, qu'ils nous en fassent! — Paraîtrons-nous à notre balcon? — Et comment ne pas accueillir des maris que santa Julia nous envoie! — Bonne sainte! — Excellente sainte!

Le révérend père supérieur.

Estelle aussi s'est éveillée. Elle a reconnu la voix de son amant et elle a tressailli. Sans doute il ne peut aimer celle à qui il paraît adresser ses vœux. L'amour a inspiré quelque ruse; il faut la seconder. La petite s'habille et se tient prête à tout événement.

La croisée est ouverte; nos infantes sont sur le balcon. Valentin et Michel, un genou en terre, leur débitent sans rire les plus jolies choses du monde, et à la fin de chaque phrase les pauvres filles, mourantes de plaisir, s'écrient: — C'est charmant! c'est charmant!

Valentin demande d'un ton tendre et soumis la permission de voir de plus près l'objet qu'il adore. Michel supplie, le front courbé et les mains étendues vers le balcon. Les vieilles brûlent de se rendre à leurs désirs; mais elles hésitent, elles balancent. Recevoir la nuit chez elles des hommes qui ne sont pas leurs maris! — Ils le seront dans une heure, répond Valentin. — Dans une heure, juste ciel! dans une heure! est-il possible? Expliquez-vous plus clairement, charmants étrangers. — Nous pouvons être entendus des voisins. De grâce, ouvrez-nous. — Faites au moins éloigner vos écuyers. Vous voyez que ces demoiselles ont lu des romans. Elles en lisent partout et elles n'en conviennent nulle part.

Ursule, sa lampe à la main et la clef de la chambre d'Estelle dans sa poche, a entre-bâillé la porte de la rue. Valentin et Michel se glissent; la porte se referme à l'instant. On se regarde, on soupire, on se parle; les mains décharnées des deux sœurs sont baisées et rebaisées. Elles perdent la tête, et pourtant elles conservent un reste de prudence. Qui sont ces jeunes et jolis seigneurs? Que signifie ce costume brillant, mais bizarre? Alvarès et Mendoce sont issus des plus nobles familles de la Catalogne, et ils veulent faire partager leurs rangs et leurs richesses aux objets charmants que santa Julia leur a fait voir en songe. Ils se rendent à un tournoi superbe qui va se donner à Barcelone pour célébrer la naissance d'un infant d'Espagne; ils doivent y représenter les Maures combattant contre les chrétiens; et ils ont voulu se montrer à leurs belles avec le costume sous lequel ils comptent briller et vaincre.

Après avoir levé d'une manière aussi satisfaisante les doutes qu'avaient formés ces demoiselles, qui ne demandaient qu'à être persuadées, Valentin vide ses poches sur une table, parce que, dit-il, le poids de l'or le fatigue horriblement; et cela peut être vrai, car il y a quatre ou cinq cents quadruples. A la vue de ces richesses, dont les deux sœurs ne soupçonnaient pas même l'existence, leur confiance n'eut plus de bornes.

Il restait à peine deux heures de nuit et il n'y avait pas de temps à perdre. Valentin, voyant l'amour, la vanité et l'intérêt prononcés en sa faveur, crut pouvoir tout hasarder et il proposa d'aller de suite à Santa-Julia. Tous les moments sont comptés; il n'en a pas un à perdre pour arriver à temps au tournoi où il est attendu, et il sera déshonoré s'il donne seulement deux heures à d'inutiles formalités. — Partons, ma belle. — Quoi! sans le consentement de maman! — Elle sera trop heureuse de le donner à notre retour. D'ailleurs pourquoi la fatiguer? Nos écuyers serviront de témoins, et nos litières, que nous avons laissées à Urgel pour faire plus de diligence, seront ici à la pointe du jour. Cette chère maman et vous voyagerez enveloppées dans les rideaux jusqu'à ce nous puissions vous habiller selon votre rang et vous faire paraître avec éclat au tournoi de Barcelone. — Au tournoi! ma sœur, au tournoi! — Mais nous marier sans en dire un mot à maman! — Eh! femme charmante, renoncez donc à vos usages bourgeois et adoptez ceux de la cour. — Les filles de la cour se marient donc à l'insu de leurs mères? — Eh! cela arrive tous les jours. — J'aimerais beaucoup à me donner des airs de cour; cependant, seigneur Mendoce... — Puisque vous le voulez absolument, allez faire part à votre respectable maman de notre amour et de nos projets.

Comment Valentin et Michel, se disant seigneurs maures, chantent un duo sous les fenêtres de Caliste et d'Ursule.

— Diable soit de leurs scrupules, dit Valentin à Michel quand les deux sœurs furent sorties. Je ne voulais pas me charger de toute la famille. — Mais tu prends un détour bien long pour arriver à Estelle, et il est temps qu'elle entre en scène. — Cela ne peut manquer d'arriver. Viens donner à la mère Léonarde une certaine idée de nos talents. Il faut la persuader aussi, et elle sera peut-être plus défiante que ses filles. — Et si elle résiste? — Nous les enlèverons toutes les quatre.

Ils vont répéter leur mauvais duo à la porte de la vieille, qui s'ouvre aussitôt. Elle n'entend pas; mais elle voit bien qu'on chante et qu'on gratte les cordes de la guitare. Elle sourit aussi agréablement qu'elle peut le faire; elle présente la main aux chevaliers. Ses filles ont parlé; Alvarès et Mendoce se sont montrés, et toutes les difficultés sont levées. Il ne reste plus qu à savoir ce que deviendra Séraphine. La mère et ses poulettes se le demandent, et c'est là que les attendait Valentin. Il questionne, il presse, et, comme une fille bien née n'a pas de secret pour son époux, ces demoiselles lui racontent ce qu'il sait mieux qu'elles. — Que vous importe, leur dit-il, qu'un petit corrégidor ait de l'humeur ou non? Il serait plaisant qu'il osât en marquer à des femmes à qui il serait trop heureux de faire humblement sa cour. — Mon cher Mendoce a raison. Je vais ouvrir la chambre de cette petite sotte, et elle deviendra ce qu'elle pourra. — Ouvrir sa chambre! oui, ma séduisante Ursule; mais je n'entends pas qu'elle s'éloigne. Il vous faut une femme de chambre, et les filles du village ne connaissent pas le service. — Il a raison, il a raison, et toujours raison. Venez, petite, et aidez-nous à mettre nos habits du dimanche! — Oh! nous vous aiderons tous les trois; nous sommes si pressés d'être heureux!

Caliste et Ursule, les deux vieilles nièces du corrégidor d'Urgel.

En deux tours de main les vieilles sont harnachées; Michel va donner l'ordre aux écuyers de faire avancer les mules. On descend; les écuyers s'inclinent jusqu'à terre, puis ils présentent le genou, et font monter Ursule derrière Mendoce; Caliste a le plaisir d'arrondir son bras autour du buste chéri d'Alvarès. Un écuyer se charge de Léonarde, et Estelle est confiée au paillasse Lecourt, qui n'est ni beau ni bien fait. On sort du village à petit bruit, parce qu'au retour, ces dames se font une fête de jouir de la stupéfaction et de la jalousie de leurs compatriotes. A peine est-on arrivé à la dernière maison, qu'Alvarès et Mendoce engagent une conversation brûlante. Peu à peu la main des infantes descend du buste à la ceinture. Quand une femme est préoccupée à ce point, elle ne sait plus où on la mène, et, dans quelque disposition qu'elle se trouve, il est difficile qu'elle voie le chemin, lorsqu'elle a les yeux à peu près collés aux épaules du cavalier de devant.

Quand on fut dans la campagne, Valentin ordonna aux muletiers, qu'il avait dit être les valets des écuyers, de prendre la tête du cortége. Le prétexte était qu'il fallait rendre la marche plus imposante. La véritable raison, c'est qu'on avait besoin de guides pour tourner Cobarrin et Forjo del Serral.

On ne peut pas toujours garder la même position La main des infantes commençait à remonter, et leurs idées devenaient plus nettes. — Il me semble, dit Ursule, que nous devrions être arrivés à Santa-Julia. — Adorable impatience! s'écria Valentin en tournant la tête à se donner le torticolis pour baiser un des petits yeux de sa princesse; que mon sort est digne d'envie! Il n'est pas en Espagne de seigneur aussi fortuné que moi A ces douces paroles, la main d'Ursule redescend; la même scène est répétée sur la mule de Michel. La mère Léonarde commence à grommeler; mais elle est sourde, et Dubreuil, d'ailleurs, n'a pas le talent d'imitation de Michel. Il laisse dire la vieille,

Le commandant seul ose approcher de la citerne; il interroge les cris qui en sortent, il y répond, il comprend, et il rit en se tenant le ventre a deux mains.

met sa mule au galop, et prend la tête de la colonne. Si elle s'avise de sauter à terre, se disait-il, quelqu'un de nos camarades la ramassera par

Estelle et le garçon sans souci sont revenus en France.

le chignon. On marcha une demi-heure encore sans que les demoiselles fissent la moindre observation. On avait dépassé les deux villages, et le jour éclairait la cime des Pyrénées, objet de tant de vœux et de travaux, lorsque Ursule et Caliste commencèrent une série d'observations, de questions et de plaintes tellement rapides et multipliées, que Valentin, ne pouvant ou ne voulant pas y répondre, cria : — Au galop! Chaque muletier saisit la queue de sa mule, et on alla comme le vent.

Ce genre de marche n'était pas familier à nos princesses, et la crainte leur faisait serrer leur cavalier plus fortement que jamais. Si les mains étaient occupées, la langue était libre, et on n'entendait plus que ces mots, poussés par des voix aigres : Au ravisseur! au viol! au voleur! Estelle, qui voyait le dénoûment approcher, riait de tout son cœur. Les pâtres devant lesquels on passait ouvraient de grands yeux; l'étonnement les rendait immobiles, et en un instant ils perdaient de vue les cavaliers et leurs montures.

On se lance dans les Pyrénées, et on s'arrête devant la ligne qui sépare l'Espagne de la France. Quand on a le pied droit dans un royaume, et le gauche dans un autre, on ne craint pas d'être surpris, et, s'il se présente des figures équivoques d'un côté, on est sûr de trouver un asile de l'autre.

Valentin saute sur le gazon, et va se précipiter dans les bras d'Estelle, qui le presse sur son cœur. Léonarde et ses filles, naguère si orgueilleuses de leur destinée, sont reçues par les muletiers. La maman furieuse se tord les bras, et serre les mâchoires de manière qu'elle casse sa dernière dent; ses filles s'arrachent ce qu'il leur reste de cheveux. — Ces démonstrations sont inutiles, leur dit Valentin. Ecoutez-moi. Vous êtes des misérables qui, pour quelques pistoles, avez exercé votre dégoûtante tyrannie à l'égard de mademoiselle, sur qui vous devez savoir que votre imbécile corrégidor n'a aucun droit. Je pourrais la venger et ordonner aux muletiers de prendre leurs étrilles et de vous en gratter le postérieur jusqu'au sang; mais je me pique de générosité, même envers mes ennemis. Voyons, combien votre oncle l'alcade vous a-t-il promis par mois pour tourmenter mademoiselle? — Mais... mais... — Point de mais. Combien vous a-t-il promis? — Un carolus. — En voilà six. Retournez dans votre bicoque, et souvenez-vous que, loin de pouvoir captiver de jeunes seigneurs, il n'est pas dans l'univers entier de goujats qui voulussent de vous.

Les signoras essayèrent de répliquer à ce discours énergique. Valentin fronça le sourcil et prit le haut ton : — Muletiers, si elles ajoutent un mot, conduisez les à grands coups de fouet jusqu'au bas de la montagne. Il ne restait rien à répondre, et, clopin-clopant, les trois vieilles reprirent le chemin de leur masure.

Valentin donna encore à Estelle quelques baisers, qu'elle reçut et rendit avec une joie, un ravissement, un plaisir inexprimables. Il s'occupa ensuite des affaires de la société. — Voilà le tournoi fini; ainsi quittons notre costume mauresque, et reprenons celui de nos muletiers, qui n'est pas brillant, mais qui ne nous fera remarquer de personne. On fait un paquet des vêtements d'Aula et de ses compagnes, et on le donne aux muletiers. On se cache dans leurs serpillières; on s'enfonce la tête dans leurs résilles; on la couvre de grands feutres gris; on s'arme de leurs fouets, et on les congédie, après les avoir payés au delà du prix convenu.

Valentin s'assied sur l'herbe; il place son Estelle auprès de lui : ses camarades l'entourent; il vide ses poches sur le gazon. — Nous sommes sept, dit-il, parce qu'Estelle m'a toujours tendrement aimé, et que c'est pour elle seule que j'ai tenté des aventures dont la fin a tourné au bien de tous. Voilà quatre cent cinquante quadruples, dont je vais faire sept parts. Chacun prendra la sienne, et se retirera où bon lui semblera. — Ta conduite est noble, lui dit Michel; mais nous te connaissons trop pour en être étonnés.

Je vous ai dit, il y a longtemps, que la conscience de ces messieurs était un peu chargée. Ils aimaient beaucoup leur chef, et, pour s'excuser de l'espèce d'abandon où ils étaient forcés de le laisser, ils se montraient disposés à faire de pénibles aveux. — Je ne veux rien savoir, leur dit Valentin, de ce qui peut nuire à l'amitié que j'ai pour vous. Séparons-nous pour courir moins de danger, et disons-nous un tendre et éternel adieu.

Après tant d'aventures et de périls tentés et bravés ensemble, on ne se quitte pas d'un œil sec. Les adieux furent longs et touchants. On sortait des bras de l'un pour se jeter dans ceux de l'autre. — En voilà assez, en voilà assez! s'écria Valentin : soyons hommes, et quittons-nous. Il prend son Estelle sous le bras, et, sans tourner une seule fois la tête, il la fait trotter pendant une heure. Il essuyait la sueur qui coulait de son front; il lui rendait ses forces avec des baisers de feu; il regardait à chaque pas s'il ne verrait pas une grotte, un trou dans un rocher, où il pourra reprendre la scène que les gens du corrégidor ont si désagréablement interrompue. Ce qu'il cherchait, ce qu'il désirait s'offrit enfin. — Tu as besoin de repos, dit-il à Estelle. Elle ne lui répondit rien; mais elle l'attira mollement après elle en le regardant d'un œil humide de volupté.

Jetons un voile sur l'ivresse, le délire de nos amants, et sachons un peu ce que sont devenus les révérends et les demoiselles que nous avons laissés dans certaine citerne, où ils n'avaient pour tout bien que des draps de lit, qui ne sont ni très-chauds, ni très-restaurants.

Malgré les horreurs qui s'étaient passées la nuit dans le couvent, le soleil s'était levé brillant et pur. Le corrégidor et l'alcade se promenaient par les rues; ils passaient, ils repassaient devant les portes de cette maison, qui ne s'ouvraient pas, et pour cause. Sans doute, disait le corrégidor, on continue l'instruction du procès, et leurs Révérences veulent prononcer sans désemparer. Oh! quel plaisir j'aurai à voir brûler ce drôle, qui voulait me faire un petit neveu en ma présence! Il est indubitable que les passions rendent éloquent, car ce fut la première et la dernière fois de sa vie que le corrégidor ait pu lier deux phrases qui eussent le sens commun.

Cependant, huit heures, neuf heures sonnent, et la grille ne s'ouvre pas. Les dévotes, étonnées, interdites d'abord, stupéfaites, alarmées ensuite, se rassemblent, se parlent, s'agitent, et ajoutent à leurs mutuelles terreurs. Une partie des habitants se réunit à elles; on raisonne, on conjecture; le temps s'écoule, et nos jeunes gens avançaient toujours.

A midi, les plus impatients parlent de faire sauter la grille. Les dévotes crient à la profanation, saisissent les montants en fer, et protestent qu'elles ne les quitteront qu'avec la vie. Le corrégidor va criant partout que sans doute le sorcier a joué quelque nouveau tour, et qu'il faut s'en assurer. Les uns lui rient au nez, les autres répondent qu'il a raison. Quelques-uns prétendent que si les révérends n'ouvrent pas, c'est qu'ils ont de bonnes raisons de tenir leur maison fermée. Toute la ville est en rumeur; on parle, on crie, on propose; on est contredit, on s'échauffe, et on ne sait plus où l'effervescence s'arrêtera.

Cependant les grandes affaires n'excluent pas le sentiment des besoins physiques. Les rues, si peuplées, se vident en un instant. L'un trouve son rôt brûlé; l'autre son olla podrida renversée : celui-là voit sa femme en conversation très-particulière avec un jeune homme qui ne se mêle jamais des affaires publiques; celui-ci cherche sa fille, et elle est disparue. On boit, on mange à la hâte; on ressort, agité par des intérêts particuliers. On se coudoie, on se heurte, on s'emporte; la garde vient; elle est dispersée par ceux qui s'agitent en tout sens. Les seigneurs soldats perdent leurs parasols, et jettent leurs fusils pour courir après des meubles beaucoup plus nécessaires. Le corps municipal s'assemble. Il fait inviter le commandant de la place et le corrégidor à se rendre dans son sein. On discute, on délibère; on n'arrête rien, et il est six heures du soir.

Une impassible dévote était allée réciter son rosaire sur la partie du rempart qui domine la maison conventuelle. Habituée à faire filer ses grains l'un après l'autre, elle n'y portait plus des yeux que la curiosité faisait errer de tous les côtés. Elle aperçoit le levier instrument précieux de la fuite de notre héros; elle se lève, elle s'approche; elle voit pendre le long du mur la corde à l'aide de laquelle nos jeunes gens sont descendus dans le fossé. Elle redescend dans la ville; elle court autant que les bienséances de son état le lui permettent; elle apprend que toutes les autorités sont réunies à l'Hôtel-de-Ville. Elle y va, elle demande à être introduite, on lui répond que Leurs Seigneuries délibèrent et que personne ne peut être admis. A huit heures, ces braves magistrats arrêtent qu'ils se conduiront selon que l'exigeront les circonstances. Ils sortent, et la vieille leur fait part de ce qu'elle a vu.

— Voilà, seigneurs, dit le plus savant d'entre eux, ce qu'on gagne à ne rien précipiter. Montons sur les remparts, et dressons du procès-verbal des faits. Avant que le procès-verbal fut clos, Valentin était à Aranza.

Le commandant s'ennuyait fort de toutes ces formalités. — Seigneurs, dit-il, il est évident pour moi que les prisonniers se sont évadés en escaladant les murs du rempart. Mais comment sont-ils sortis de ce couvent, dont toutes les portes sont fermées, et où règne partout un silence alarmant? c'est ce qu'il faut éclaircir sans délai.

Autre procès-verbal à rédiger sur les présomptions et les motifs qui déterminent à enfoncer les portes d'un couvent; et encore deux heures de perdues. Enfin, au coucher du soleil, le peuple, serré, pressé, foulé, voit à sa grande satisfaction ouvrir la grille principale.

Il était de droit que la magistrature entrerait seule; que la Sainte-Hermandad la protégerait dans les recherches assez inquiétantes qu'elle allait faire, et qu'on empêcherait ceux qui ne pouvaient que nuire à la régularité des opérations juridiques de pénétrer plus avant. Mais le droit public est sans force quand le droit particulier se prononce et que chaque publiciste est armé d'une flamberge ou d'un bâton. Magistrats, cavaliers, peuple, tout pénètre pêle-mêle; le couvent est encombré, on parle, on crie tous ensemble, et, après une heure de tumulte et de bruit, on ne sait rien encore, si ce n'est que les sorciers, qui ont passé par les trous des serrures y ont fait glisser aussi Leurs Révérences et les ont emportées au diable très-probablement.

Cependant les poumons les plus vigoureux ne peuvent alimenter des vociférations continuelles. Et puis, il faut prendre le temps de tousser, de cracher, de se moucher et, au premier moment de silence ceux qui étaient dans la cour reculée que nous connaissons si bien entendirent des cris sourds partir du fond de la citerne. Ils ne doutent pas qu'elle ne soit le repaire des revenants; ils se précipitent les uns sur les autres; tous veulent fuir, tous sont arrêtés par la foule; on pousse, on est poussé; la commotion devient générale, et cours, chambres, dortoirs offrent l'image d'un parterre de spectacle agité du flux et du reflux. Ici on enfonce une côte; là un œil est poché; plus loin une femme crie qu'elle accouche, et un accoucheur gascon saute par-dessus vingt têtes pour gagner une pratique; là bas un gros chanoine allonge le bras pour rattraper sa perruque qui s'envole, et il ne peut ramener son bras. L'épée du commandant est cassée entre ses jambes; la robe du corrégidor est en pièces; la moitié des flambeaux s'éteint; le désordre est partout. Un bruit circule de toutes parts : il y a des revenants dans la maison; on les a entendus, on les a vus. Il y en a de blancs, de noirs, de rouges. L'un vomit de la fumée; l'autre crache du feu. Ceux qui sont près de la grille s'enfuient avec effroi. Ils sont suivis par d'autres qui font place aux derniers; la foule s'écoule enfin, et il ne reste dans la maison que ceux à qui leur devoir ne permet pas d'en sortir. Tous tremblent plus ou moins, à l'exception du commandant, qui s'approche bravement de la citerne le tronçon de son épée à la main.

Les mêmes cris sortent du souterrain. Il y répond, il interroge, il comprend, et il rit en se tenant le ventre à deux mains. Les magistrats, qui sont restés à une distance respectueuse, le voient rire, et le courage leur revient; ils s'approchent à leur tour; tout s'explique, et il n'est plus question que de tirer de là Leurs Révérences et les demoiselles sans qu'on en puisse gloser dans la ville. On fait venir une échelle; on renvoie le porteur, on ferme la porte de la cour, et les habitants de la citerne se présentent un à un, mourant de faim et de froid.

Le commandant fait sortir la Sainte-Hermandad; il ferme la grille d'entrée, et revient aux révérends, dont le premier soin est de courir au réfectoire. Auda et ses compagnes les suivent; tous sont enveloppés dans un drap, et ressemblent à des ombres burlesques qu'aurait dessinées Callot.

Il ne restait que les débris du souper de la veille; mais une faim dévorante est le meilleur des cuisiniers. C'était une chose à voir que ces petites filles et Leurs Révérences s'arrachant les morceaux et des bouteilles à moitié vides. Quand leur appétit fut calmé, on entra dans les détails de cette extraordinaire aventure. Vous jugez bien que les sorciers furent chargés de tout, et que les succubes étaient parfaitement innocentes. On réintégra les pères dans leurs chambres, où ils trouvèrent de quoi s'habiller; mais le diable avait emporté les vêtements des fillettes, et on ne put rien imaginer de mieux que d'en faire des enfants de chœur. On décida que dès qu'il ferait jour on leur enverrait des habits convenables; que le père procureur leur donnerait une centaine de pistoles doubles, et qu'elles sortiraient aussitôt d'Urgel.

Il ne restait plus à connaître que ce qui s'était passé dans les caves, et à cet égard Leurs Révérences n'en savaient pas plus que le commandant et les magistrats. On prend des flambeaux, on descend, on trouve... Tirons sur tout cela un épais rideau.

On arrangea une histoire très-courte : c'est le moyen de ne pas se couper. On convint de la répandre dans la ville qui y croirait ou qui n'y croirait pas. On dressa le signalement des sorciers, qu'on chargea la Sainte-Hermandad de porter dans les villages voisins; on résolut d'en envoyer des expéditions dans toute l'Espagne, et chacun fut se coucher. Je ne sais si Leurs Révérences glacées invoquèrent le secours d'un compagnon de lit. Ce qu'il y a de certain, c'est que l'homme à qui il ne reste plus qu'un moment heureux ne le laisse pas échapper.

Le corrégidor avait autre chose à faire que de penser à dormir. Il ne doutait pas que, par l'intervention du diable, le faux Carlos n'eût découvert la retraite de la belle Séraphine. Dès qu'il fut libre, il fit partir sur des mules de louage l'alcade, son jardinier et ses garçons. Il leur ordonna d'aller ventre à terre et de lui ramener sa nièce morte ou vive. Ces messieurs marchèrent au pas, parce que leurs montures refusèrent de prendre une autre allure, et ils arrivèrent à Aranza vingt-quatre heures après que Léonarde et ses filles étaient rentrées dans leurs tristes et pauvres foyers.

Il vous importe peu de savoir ce que leur dit l'alcade, et ce qu'elles lui répondirent. Il est inutile de vous peindre la mine que fit le corrégidor quand il apprit que la tendre colombe était envolée. Je ne vous ferai pas la description des pompeuses funérailles du père supérieur; je ne vous parlerai pas des cris de vengeance qui s'élevèrent sur sa tombe; je reviens à des objets plus riants et plus doux.

Estelle et Valentin avaient donné le premier moment à l'amour : que pouvaient-ils faire de mieux? Livrés aux plus vives, aux plus délicieuses illusions, ils avaient oublié l'univers. Forcés enfin de faire un retour sur eux-mêmes, ils s'occupèrent de leur situation. Ils étaient en France; mais quel sort les y attendait, et quel sera leur avenir? Ces idées tirèrent des larmes à Estelle, qui ne manquait jamais de pleurer quand elle n'avait pas d'autres ressources. — Pleure pour nous deux, lui dit Valentin, et je rirai pour toi. De quoi diable vas-tu te tourmenter! L'avenir! l'avenir! Nous venons d'avoir du bonheur pour dix ans, et déjà tu t'occupes de demain! Après tout, qu'avons-nous tant à redouter? Nous n'avons pas enfreint les lois de notre pays, et personne n'a rien à nous dire, à l'exception pourtant de M. et de madame Duplant. Mais que diront-ils? que feront-ils? Ils me mettront à Saint-Lazare; j'en sortirai. Ils te mettront au couvent; je t'en tirerai. Quels obstacles pouvons-nous craindre après en avoir autant surmonté? Allons, mon petit ange, en avant, et vive la joie!

A la chute du jour ils entrèrent à Ax. Un dragon les arrêta à la porte par un d'où venez-vous? — D'Espagne. — Qui êtes-vous? — Français? — Où sont vos papiers? — Les voici. — Cela ne suffit pas. Brigadier, emparez-vous de ces jeunes gens-là. Le brigadier prend deux fusiliers et se met en devoir de conduire nos amoureux chez le commandant. — Un moment, dit Valentin. Je crois reconnaître l'uniforme. N'êtes-vous pas du régiment Dauphin qui était en garnison à Toulouse il y a deux ans? — Précisément. — Le capitaine d'Abancourt est-il ici? — Sans doute. — Conduisez-nous d'abord chez lui, nous irons ensuite rendre visite à M. le commandant, si cela est nécessaire. — Vous connaissez donc le capitaine? — C'est mon meilleur ami. — Lui, l'ami d'un roulier! — L'habit ne fait pas l'homme. Tel que vous me voyez, j'ai été écolier, chanoine, soldat aux gardes wallonnes, déserteur, ermite, comédien, médecin, fille, Maure, muletier, et je redeviens M. de Merville, dont vous n'avez jamais entendu parler, mais que le capitaine aime beaucoup.

Le brigadier ne voit pas d'inconvénient à faire passer nos jeunes gens par le logement du capitaine pour aller chez le commandant. Il était à déjeuner, et son domestique lui annonce un jeune homme et une jolie fille que lui amène la garde de la porte d'Espagne. Au mot de jolie fille, d'Abancourt secoue les oreilles; il se lève, et à peine a-t-il ouvert sa porte, que Valentin lui saute au cou. D'Abancourt recule, indigné de cette familiarité; ses yeux se portent sur Estelle, et il la reconnaît aussitôt. Valentin jette le chapeau, la résille, la houppelande, ses beaux cheveux tombent sur ses épaules, sa charmante figure paraît dans tout son éclat; la reconnaissance est théâtrale; elle est complète. On s'embrasse; on se fait cent questions, on s'embrasse encore; on se met à table, et on déjeune avec cette satisfaction que cause un événement heureux et inattendu.

Dès les premiers mots, Valentin avait donné à entendre qu'il était dans l'opulence. Bien jeune encore, il savait que jamais on ne reçoit mieux un ami que lorsqu'il n'a besoin de rien.

Vous pensez bien que la garde avait été renvoyée, que Valentin et sa tendre compagne étaient aussi libres à Ax que s'ils y eussent été domiciliés depuis dix ans, et qu'enfin le capitaine était impatient de connaître les aventures de ses jeunes amis. Valentin les raconta avec la rapidité, la gaieté qui lui étaient naturelles. Quand il en fut à la prise de possession d'Estelle par le corrégidor, elle rougit, elle baissa les yeux, elle pleura. — Qu'est-ce que cela fait, qu'est-ce que cela fait? Tu as couché avec un corrégidor; tu n'as pu t'en dispenser. Je l'oublie, et je t'engage à ne pas t'en souvenir plus que moi.

Quand il eut terminé son récit, d'Abancourt lui demanda ce qu'il comptait faire. — Nous habiller convenablement, acheter une chaise de poste où nous ne serons pas gênés par les témoins qu'on a toujours dans une diligence, et descendre droit chez M. Duplant. S'il s'attendrit, je le bénirai; s'il se fâche, je l'enverrai au diable, et puis... et puis, nous verrons.

Il ne perd pas un moment; il fait toutes ses dispositions dans la journée. Il conduit Estelle dans une auberge où on est beaucoup mieux couché que dans un trou de roche des Pyrénées. Brillante de bonheur, de jeunesse, de beauté, que relevait une mise simple, mais soignée, elle reçut, en rougissant encore, le dernier adieu du capitaine, tant la modestie a de puissance sur une fille bien née qui aime le plaisir, et qui se reproche celui qu'elle goûte, sans avoir rempli certaines formalités préalables qui l'autorisent à marcher le nez au vent. Valentin fit promettre à d'Abancourt de le venir voir quand il irait à Paris, dans son hôtel, s'il en avait un; dans son galetas, s'il n'avait autre chose. Il l'embrassa de tout son cœur; il monta en voiture avec sa charmante amie; il baissa les stores : les voilà partis.

Qu'il est agréable de voyager ainsi, avec une femme qu'on aime, qu'on a crue perdue, qu'on a retrouvée au moment où on l'espérait le moins, et près de qui l'amour a repris le charme de la nouveauté! Estelle allait au-devant des plus douces caresses; elle les recevait, elle les rendait avec un feu sans cesse renaissant; elle craignait de ne pas prouver assez combien elle aimait. On traversait les villages, les villes, sans s'en apercevoir, sans être inquiété : il n'y avait alors de passeports que pour le pauvre voyageur à pied, qu'on considérait comme un être sans aveu.

Cependant, à mesure qu'on approchait de Paris, Estelle se refroidissait involontairement; de tristes réflexions succédaient aux plus doux transports; elle n'avait pas toujours la force de dissimuler avec Valentin, que pourtant elle craignait d'affliger. Valentin répondit que la peur du lendemain devait rendre les moments présents plus précieux, et il se conduisait d'après son axiome. Il représentait à Estelle que la colère de M. Duplant n'était rien, comparée à celle d'un corrégidor puissant et d'un inexorable inquisiteur; qu'après tout, il était indépendant de M. le président; qu'il répandrait dans tout Paris qu'il avait couru la France et l'Espagne avec sa fille, et que ce magistrat n'aurait rien de mieux à faire que de la lui donner. — Si j'avais eu ajouta-t-il, plus d'expérience il y a deux ans, nous ne serions pas sortis de la capitale. Nous aurions passé une nuit ensemble dans un hôtel garni; je t'aurais présentée à ton père comme ma femme, et il ne t'aurait pas remise dans un couvent qui n'est pas consacré à Lucine.

En craignant, en doutant, en se rassurant, en bravant l'avenir, on arriva à la barrière d'Enfer. Le cœur d'Estelle battit avec une extrême violence quand elle aperçut les arbres de la place Royale. Valentin lui rit au nez, et commença dix contes plus plaisants les uns que les autres. Tout à coup la voiture s'arrête; il frappe, le suisse tire le cordon, Saint-Jean ouvre la portière. Il reconnait ses jeunes maîtres, il pousse un cri de joie et il monte les escaliers en courant. Annette descend, elle s'approche de la voiture, elle s'écrie : — C'est le ciel qui vous ramène! Estelle fond en larmes; Valentin descend, et il est aussitôt entouré de tous les gens de la maison. Ils ressemblent à une volée de corbeaux : ils sont noirs jusqu'aux boucles à souliers. Que signifie tout cela? pensait Valentin en avançant toujours. Au milieu des degrés, il rencontre M. et madame Duplant. Il avait préparé un discours; il n'a pas le temps d'en prononcer le premier mot. Le président et sa femme le pressent dans leurs bras; il sent leurs larmes couler sur ses joues; il ne sait plus où il en est. M. et madame Duplant vont au-devant d'Estelle, qu'Annette pouvait à peine soutenir; ils la comblent des plus tendres caresses. La pauvre petite revient à elle; ses pleurs tarissent; elle rend à ses parents les marques touchantes de tendresse qu'elle a reçues. — Du courage, lui disait Valentin. Une affaire qui commence comme cela ne peut finir mal; mais que le diable m'emporte si j'y comprends rien.

Il est temps de vous donner le mot de l'énigme. M. Hippolyte, après avoir été le tyran des domestiques et des enfants de son âge, était devenu celui de ses parents, qui reconnurent trop tard les effets d'une mauvaise éducation, mais qui étaient entraînés dans la route qu'eux-mêmes avaient tracée. Il suffisait que ses parents exprimassent un désir pour qu'Hippolyte voulût le contraire, et on finissait par céder. Son père désirait le marier et lui passer sa charge. Hippolyte, qui avait déjà des maîtresses et des complaisants, déclara que la vie de garçon est délicieuse, qu'un président est un homme ennuyeux, et qu'il entendait entrer dans un des corps de la maison du roi. En conséquence on le mit à l'Academie, où il ne trouva ni flatteurs ni gens à gronder ou à battre. Il annonça d'abord beaucoup de prétentions, et on le détesta. Piqué de l'éloignement qu'on lui marquait, il fit l'insolent; il reçut un soufflet, tira l'épée, et celle de son adversaire l'envoya joindre ses respectables aïeux.

Le président et sa femme tombèrent dans un accès de désespoir dont on craignit les suites. Les parents les plus aveugles finissent par sentir ce qu'ils gagnent à être débarrassés d'un mauvais sujet, et quand la douleur est diminuée au point de permettre de réfléchir, on ne tarde pas à chercher des dédommagements. La présidente n'était plus d'âge à remplacer Hippolyte, et elle se rappelait Estelle, si douce, si soumise, si jolie. Le president pensait à Valentin, si pétulant et pourtant si facile à conduire. — Oh! s'ils étaient ici! répétait à chaque instant la présidente. — Nous les avons forcés à nous fuir, répondait le président.

On fit insérer dans *la Gazette de France*, le seul journal qui parût alors à Paris, un avis par lequel on invitait M. de Merville à revenir et à ramener mademoiselle Duplant, que, par ménagement, on désignait sous le nom d'Estelle. On leur promettait toute espèce de satisfaction. Or, *la Gazette de France* ne parlait que de messes, de voyages de la cour, de présentations, de promotions, et elle avait fort peu d'abonnés, surtout dans les pays étrangers. Valentin, d'ailleurs, était logé chez les Dominicains d'Urgel quand l'article parut, et, de toutes manières, il n'avait pu en avoir connaissance.

Il était impossible que nos jeunes gens arrivassent dans un moment plus favorable, et, à chaque instant, Valentin embrassait Estelle, et s'écriait : — Ne te l'avais-je pas dit? Le président et sa femme conclurent de ces embrassades multipliées et de la longueur du pèlerinage qu'il était temps de marier ces enfants, si on ne voulait pas que la ceinture de la petite déposât contre elle en public. Cependant il paraissait certain que quelques heures de retard dans les préparatifs ne causeraient pas de graves inconvénients. Les parents se groupèrent avec les enfants, et on pressa Valentin de raconter ses aventures. Il le fit avec sa franchise et sa gaieté ordinaires. Cependant il fut moins vrai qu'avec d'Abancourt; il glissa sur l'intimité qui avait existé entre Estelle et le corrégidor : il est des choses qu'un mari peut savoir et oublier, mais qu'il ne se soucie pas que des parents connaissent. Il appuya beaucoup sur son mariage naturel, et il rappela avec complaisance qu'il avait épousé Estelle une fois, dix fois, cent, deux cents fois. Il présumait que ces aveux ouvriraient plus vite les deux battants de la porte de l'église. — Vous vous marierez, vous vous marierez, disait la présidente en baissant les yeux et en faisant semblant de rougir. Mais en voilà assez sur cet article-là : nous présumons bien qu'Estelle a fait :

« Tout comme a fait sa mère. »

La noce se fit avec une pompe, une publicité extraordinaires, qui n'en imposèrent à personne. On en rit la veille, on en rit le jour, on n'y pensa plus le lendemain. Estelle aima constamment; Valentin conserva son caractère, et fut l'homme du monde le plus heureux, parce qu'il n'était ni libertin ni prodigue. Il chérissait sincèrement son Estelle, et il ne lui était infidèle que quand l'occasion s'en présentait.

Un auteur, je ne sais plus son nom, a dit que personne ne doit écrire sans avoir un but moral. Plein de respect pour sa décision, je vais m'y soumettre et vous épargner la peine de trouver le mien, qui, je crois, est bien caché.

MORALITÉ.

Prenez le temps comme il vient, l'argent pour le faire rouler, les hommes pour ce qu'ils sont, les femmes pour ce qu'elles veulent être.

Au revoir, ami lecteur.

BIBL. IMPR.

FIN DU GARÇON SANS SOUCI.

LE VOYAGEUR,

PAR

PIGAULT-LEBRUN.

Je n'aime pas les dîners en ville. Cependant il est des gens si affables qu'il m'est impossible de les refuser. Un homme, qui me témoigna beaucoup d'affection, me promit de me donner quelqu'un dont la conversation m'intéresserait infailliblement : je me laissai entraîner.

Je trouvai là une espèce de philosophe qui prétend avoir pénétré en Afrique, 700 lieues au delà du point où s'est arrêté *le Vaillant*. Là, il a trouvé, dit-il, un peuple immense, opulent, civilisé, et dont les annales datent de 18,000 ans. Cela ne me parut pas vraisemblable, d'après cent raisons qu'il est inutile de déduire ici. Cependant le sage doute, et ne nie pas légèrement. De ce qu'une chose nous paraît inconcevable, il ne s'ensuit pas qu'elle n'existe point

Si on disait à des Lapons qu'avec certaines marques tracées sur des chiffons pilés on peut peindre la pensée, lui donner l'existence ; causer avec ceux qui ont vécu des milliers d'années avant nous, transmettre nos idées d'une extrémité du globe à l'autre et les faire passer à la postérité la plus reculée, ces gens-là concevraient-ils l'écriture?

Et si on parvenait à leur communiquer quelques lumières, concevraient-ils qu'on ait brûlé des fourbes, des charlatans, des physiciens comme sorciers?

Que de grands hommes aient été persécutés pour avoir trouvé les Antipodes et le mouvement de la terre?

Que certains hommes persécuteraient encore, s'ils en avaient la puissance, pour des choses qu'ils n'entendent pas?

Doutons, lorsque mon philosophe m'assure que, dans l'empire qu'il a parcouru, il a trouvé le peuple désabusé de mille préjugés adoptés, il y a huit ou dix mille ans, par les personnes de la condition la plus élevée ; que l'artisan, le portefaix sont familiarisés avec les idées du beau et du vrai ; qu'ils savent, par exemple :

Que le plus fort agent de la nature est le feu ;

Que nous sommes environnés de feu, en une quantité suffisante pour causer à chaque instant un embrasement universel ;

Que le froid n'étant que le sentiment produit en nous par la diminution de la chaleur, l'eau bouillante, très-chaude à l'égard du corps humain, est froide relativement au fer fondu;

Que le froid absolu, les ténèbres, l'opacité, le néant, sont des mots purement négatifs ; le froid n'étant qu'une moindre chaleur; les ténèbres, une moindre lumière ; l'opacité, un composé de corps diaphanes; le néant, l'absence de toutes choses ;

Que, sans l'air, les corps sonores ne rendraient aucun son ;

Que nous nageons dans l'atmosphère, comme les poissons dans l'eau ;

Que sans la pression de l'atmosphère, on ne pourrait tirer de l'eau avec une pompe, un enfant ne pourrait teter, un homme ne pourrait humer un œuf frais;

Que l'air coopère tellement aux opérations de nos sens, que sur les montagnes élevées, où il est plus raréfié, les sensations de l'ouïe et de l'odorat sont très-affaiblies;

Que l'eau, ainsi que l'air, est un fluide transparent qui n'a ni odeur, ni couleur, ni saveur, dont l'état naturel est d'être glace, et qui ne devient liquide que par l'action du soleil ou du feu central ;

Que l'eau est, ainsi que l'air, l'aliment de tous les végétaux, et que la terre n'en est que la matrice;

Que l'eau contient de la terre, du feu et de l'air; que la terre contient de l'air, de l'eau et du feu; que le feu contient de la terre, de l'air et de l'eau; que de leurs combinaisons différentes résultent des pierres, du bois, de la chair, des os, des fruits, et qu'ainsi la division des éléments, admise en Europe, peut n'être qu'une chimère;

Que la cause de la diminution des eaux est leur *solidification* ;

Que la corruption, la pourriture ne peuvent produire aucun être vivant;

Qu'elles n'engendrent pas plus les insectes et la vermine qu'une charogne n'engendre des corbeaux ;

Que la terre tournant sur elle-même en vingt-quatre heures, chaque point du globe parcourt en une heure un espace de trois cent cinquante lieues;

Que la vitesse du boulet de canon, qui parcourt six cents pieds dans une seconde, est moindre de plus de moitié que celle du mouvement diurnal de la terre, et que ce boulet, qui parcourrait 3,456 lieues dans un jour, serait environ vingt-cinq ans à arriver au soleil ;

Que toutes ces vitesses n'ont rien de comparable à celle de la lumière, qui parcourt 66 000 lieues en une seconde, et nous arrive du soleil en sept à huit minutes;

Qu'un des plus étonnants phénomènes de la lumière c'est qu'elle se réfléchit de dessus les corps, sans toucher à leur surface ;

Que l'oreille a dix mille fois plus de finesse pour distinguer les sons que la vue n'en a pour discerner les couleurs et les objets ;

Que... — Ah, monsieur, vous allez me faire un cours de physique complet! Il est inconcevable qu'un menuisier, un cordonnier sachent toutes ces choses-là. — Je vais vous étonner bien davantage. Dans ce pays-là un enfant de dix ans, qui joue avec son microscope, découvre des animaux vingt sept millions de fois plus petits que les plus petits animaux sensibles à la vue;

Il sait qu'il n'y a que certaines parties du corps qui puissent nous procurer des plaisirs, et que toutes, à l'exception des ongles et des cheveux, font éprouver de la douleur ;

Il a remarqué qu'une balle, poussée contre une autre, lui communique le mouvement qu'elle perd par la résistance qu'elle éprouve ;

Qu'une balle d'ivoire, ou de toute autre matière élastique qui tombe sur une enclume, s'aplatit, ainsi que le plan sur lequel elle tombe, et qu'en se séparant, par l'effet de l'élasticité réciproque des deux corps, chacun d'eux reprend aussitôt sa forme première ;

Qu'une cloche s'allonge alternativement à l'endroit frappé par le battant, et se rétablit aussitôt dans son premier état;

Que les hommes ont, comme les femmes, vingt-quatre côtes, quoiqu'il dût leur en manquer une;

Que dans les animaux l'agilité diminue en proportion de leur plus grande force ;

Qu'un fil de soie, de grosseur parfaitement égale dans toute sa longueur, soutiendrait un poids immense sans pouvoir se rompre, puisqu'il n'y aurait aucune raison pour qu'il cédât à un endroit plutôt qu'à un autre. C'est ainsi que des nerfs, des fibres résistent à des efforts prodigieux ;

Qu'une flèche qu'on décoche d'un arc ne se détache de la corde que lorsque celle-ci est remise dans son état naturel;

Que six personnes peuvent s'arranger autour d'une table de 720 façons différentes ; huit, de 5,040; neuf, de 362,880 et dix de 3,628,800 manières sans que la même figure soit jamais répétée. — Tudieu, monsieur, quels enfants que vos enfants! quels hommes que vos tisserands et vos menuisiers ! Et quand ont-ils trouvé le temps de labourer ou d'apprendre un métier? — Dans un climat heureux la terre produit d'elle-même et on n'use presque pas de vêtements. Aussi, dans le pays dont je vous parle, les ouvriers ont peu à faire, et ils sont rangés dans la classe où nous mettons ici les amateurs de musique et de peinture. — A la bonne heure. Mais, comme il faut qu'ici le très-grand nombre travaille pour vivre, je ne vous conseille pas de publier la relation de votre voyage, qui ne servirait qu'à jeter les uns dans le découragement et à augmenter la paresse des autres. Permettez-moi maintenant de vous proposer quelques doutes sur les habitants de votre pays, réel ou imaginaire. Avez-vous réfléchi que, pour qu'ils sachent tant de choses, il faut qu'ils soient mathématiciens, physiciens, astronomes, anatomistes, observateurs surtout, et que la durée de la vie suffit à peine à de semblables études? — Et vous, monsieur, pensez-vous à la perte énorme de temps que fait ici l'homme studieux? Le sommeil, les besoins physiques, la conversation, l'amour, l'ambition, l'avarice absorbent les quatre cinquièmes de son existence. — C'est-à-dire que ces gens de là-bas ne dorment, ne mangent, ni ne causent; qu'ils ne sont pas amoureux, qu'ils ne prétendent à rien et qu'ils ne font aucun cas de l'or? — Ils aiment avec passion ; mais la beauté ayant aussi le goût de l'étude, chaque enfant devient le disciple de celle que dès ses premières années il adopte pour sa petite femme; ils croissent, ils s'instruisent ensemble, ils s'épousent enfin sans qu'il soit question de dot, parce qu'on prie l'ami à qui l'on a fait une paire de bottines de faire en échange une tunique ou un châle. — Et sans doute on ne connaît pas d'époux infidèles dans ce pays privilégié? — C'est de quoi je ne peux vous répondre. Mais ici j'ai remarqué en général que le penchant à la galanterie vient de l'imagination exaltée par l'oisiveté. Enfin, pour répondre à toutes vos questions, je vous dirai que le travail n'est pas nécessaire où on trouve tout sous la main; qu'il est au contraire le délassement de l'étude, dont les jouissances intimes ne permettent pas aux passions violentes de se développer.

J'ajouterai que dans ce bon pays là on ne connaît pas le luxe, parce qu'il ne peut s'élever de fortunes colossales où chacun est dans l'abondance de toutes choses, et que les grandes fortunes qui vous éblouissent ici ne peuvent se faire qu'aux dépens du faible, que le sort condamne à l'indigence. Cependant, comme un faquin ne doit pas jouir des égards dus à un homme de mérite; qu'une femme ignorante, jouissant et abusant de sa personne, ne doit pas être confondue avec l'épouse éclairée, tendre et bonne mère; qu'on est bien aise partout, même au milieu de la confusion des rangs, de savoir à qui on parle, chacun porte, dans ce pays-là, un signe qui indique sa profession honorable ou ignoble. — Ah! monsieur, qu'on ferait bien de suivre cet exemple à Paris! Le marchand n'y serait pas pris pour le banquier, le banquier pour le gentilhomme opulent, le gentilhomme pour le grand seigneur, la femme de chambre pour sa maîtresse, la couturière pour celle qu'elle habille, la fille publique pour une Excellence.

Déjà je sentais de la reconnaissance pour l'homme qui m'avait en quelque sorte forcé d'aller dîner chez lui : la conversation était attachante, et, si on me faisait des contes, du moins ils étaient amusants et instructifs. Je désirais apprendre encore quelques particularités sur des gens qui préfèrent l'étude au cabaret, au mélodrame, à *Jocrisse*, aux conversations oiseuses, aux jeux de *siam*, du *tonneau* et de la *brisque*. Je désirais surtout savoir si ceux qui savent tant de choses se connaissent un peu eux-mêmes.

Je priai mon philosophe de satisfaire ma curiosité. Enthousiaste comme tous les voyageurs, toujours pleins d'admiration pour les peuples qu'ils ont visités, il n'avait rien oublié de ce qu'il avait vu ou entendu, ou cru voir et entendre. Il me parla avec un extrême plaisir des connaissances métaphysiques communes dans ce pays-là à l'homme en place et à son subordonné, au propriétaire et à ses journaliers, à la dame de distinction et à sa blanchisseuse.

Mon philosophe va répéter ce qu'il a recueilli sur cette matière, et il se substitue à un habitant de son bon pays.

« Les cinq sens ne sont, rigoureusement parlant, qu'un seul sens, dont le *toucher* est le mobile.

» La *vue*, l'*ouïe*, le *goût*, l'*odorat* ne sont que des modifications de sensation générale du *toucher*, parce que nous ne pouvons éprouver de sensations que par les objets extérieurs, et que ces objets *touchent* nécessairement quelque partie de notre individu, soit directement, soit par l'entremise de quelque fluide intermédiaire.

» Ce qu'on appelle notre intelligence n'est que la manière dont nos organes sont frappés par les objets extérieurs. Des organes déliés, sensibles à toutes les impressions, font un homme d'esprit. Un sot a des organes épais et lourds. L'enfant n'acquiert de perceptions qu'à mesure que ses organes se développent; le vieillard les perd à mesure que ses organes s'affaiblissent : donc nous ne sommes rien que par nos organes, et l'intelligence n'est qu'un *toucher* abstrait.

» Rien ne parvient à ce qu'on désigne par le mot *âme* qu'au moyen de l'intervention des sens.

» Rien aussi ne parvenant à l'âme sans être altéré par l'entremise des sens, nous ne pouvons, toujours incertains, juger de rien qu'avec une extrême circonspection.

» En effet, si tous les sentiments viennent de l'âme, c'est par les organes que passent tous les objets qui les excitent, et il n'y a point de relation entre les opérations des sens. Ils ne peuvent se prêter aucun secours. L'un d'eux ne peut s'apercevoir des erreurs de l'autre. Souvent même, ils se contrarient : la peinture, par exemple, qui est plate au *toucher*, présente des reliefs à la *vue*. L'âme est trompée par les sens, lorsqu'elle juge ronde un tour carré, vue d'une certaine distance; lorsqu'elle nie l'existence d'une chose qui par son extrême petitesse échappe à la vue; lors que deux rangs d'arbres parall les et de même hauteur semblent se réunir à l'extrémité d'une avenue, et que la lune paraît assise sur leur cime.

» Les sens, à leur tour, sont trompés par l'âme, d'où naissent les passions. Ainsi l'amour trouve dans l'objet qui l'attache des agréments qui n'existent pas pour d'autres yeux; la haine crée dans un autre objet une laideur, une difformité imaginaires; la jalousie prodigue à une rivale mille défauts, qui se multiplient dans la proportion des avantages qu'obtient cette rivale. Enfin, la disposition triste ou gaie de l'âme pare ou enlaidit tous les objets, qui pourtant n'ont pas changé.

» Les premiers mouvements des passions sont dans la nature; elles sont toutes bonnes par leur essence; mais l'action des sens sur l'âme, et de l'âme sur les sens, produit l'abus.

» Qu'est-ce que l'âme, qui n'est rien que par les organes, et qui est souvent trompée par eux?

» D'après l'action et la réaction continuelle des sens sur l'âme et de l'âme sur les sens, qui semblent concourir à un même résultat, et qui se trompent mutuellement, bien des gens ne savent pas comment l'âme, qui est *incontestablement* un pur esprit, peut agir sur la matière, et la matière sur un esprit. Il en est qui demandent comment la matière organisée peut concevoir l'existence de quelque chose qui ne soit pas matière. Ceux qui ne conçoivent pas que cela puisse être ont le bon esprit de se taire.

» Rien ne vient de rien. Toute naissance n'est donc qu'une nouvelle modification de la matière, qui sort d'un état insensible, après avoir péri en apparence : il ne naît rien qui n'ait déjà existé sous une forme quelconque.

» Les sensations ne sont pas dans les objets qui les occasionnent, mais en nous. L'harmonie n'est pas dans le *piano*, mais dans l'ouïe. L'amour n'est pas dans l'objet qui l'inspire, puisqu'il peut y être indifférent.

» Les objets de plaisir et de douleur sont toujours les mêmes, et ne prennent l'un ou l'autre caractère que selon les diverses manières de voir et de sentir, et des aspects différents sous lesquels ils se présentent. La mort, considérée par un être comme le plus grand des maux, est un bien aux yeux de celui qui se la donne.

» L'homme ne peut que modifier. Il ne saurait rien créer, parce qu'il est subordonné à la nature qui crée; que ses idées ne peuvent s'étendre au delà du cercle que lui a tracé la nature; que hors de ce cercle rien n'existe pour lui.

» Le temps n'est ni un corps, ni une substance, mais la suite des choses que nous concevons. Si rien n'existait, il n'y aurait pas de temps.

» On ne connaît rien du mouvement, que l'espace parcouru et le temps employé à le parcourir.

» Les causes du mouvement et toutes les causes nous seront toujours inconnues. Ce que nous appelons cause est le premier effet qui nous frappe. Nous ne sommes sensibles qu'aux effets, qui seuls peuvent agir sur nos sens. Nos sens n'ont nulle analogie avec les causes.

» Le plus grand phénomène de la nature est le mouvement, sans lequel l'univers serait engourdi et plongé dans une espèce de léthargie éternelle.

» On apprend à voir et à entendre par le *toucher* et l'habitude; mais il est très-difficile d'apprendre à bien voir et à bien entendre.

» En effet, les couleurs ne sont pas dans les objets. Rien, dans la nature, n'est coloré que les rayons du soleil. Ces rayons pénètrent tous les corps, qui les réfléchissent d'après leur contexture, la qualité de leurs pores et le lieu d'où ils sont fixés par l'organe de la vue. Ce qui, vu de près, nous paraît d'un vert foncé, est d'un bleu clair dans l'éloignement, parce qu'alors l'action de la lumière est moindre pour nous, et lorsque le soleil se retire, les couleurs disparaissent avec lui. Par conséquent le ciel n'est pas bleu, la neige n'est pas blanche, l'encre n'est pas noire.

» Sans être savant, chacun raisonne assez pour sentir que ce n'est qu'à l'aide d'un système qu'on peut deviner quelque chose de la marche de la nature; qu'un système, lié dans ses parties, doit être pour nous la vérité, puisque nous ne pouvons aller au delà; que ce système peut seul nous donner quelque idée des mondes, de la manière dont ils se meuvent, dont ils se soutiennent dans l'espace sans point d'appui, et comment ils suivent une route régulière au lieu de se précipiter les uns sur les autres. Nous avons tous une notion superficielle mais suffisante de la théorie de *Newton*.

» Quelque sensibles que soient, dans les opérations de l'art, les effets de l'action sur la matière, nous ne les confondons point avec les grands ressorts employés par la nature, que nous ne pouvons que soupçonner. Nous ne connaissons rien de plus probable que l'attraction; et si nous réfléchissons sur l'imperfection des instruments à l'aide desquels nous établissons nos conjectures, et sur les bornes de notre intelligence, nous nous étonnerons plutôt de ce que nous avons découvert que de ce qui nous reste caché. »

Je fus assez étonné qu'on connût *Newton* dans le pays dont me parlait mon philosophe. — Le mot *Newton*, me répondit il, étant pour le genre humain le synonyme du mot *vérité*, il doit être connu partout.

Mais, disais je encore, dans un pays où tout le monde est si savant, les académiciens doivent être innombrables. — Il n'y a pas là d'académiciens. Si tous les hommes étaient ici précisément de la même taille, nous n'aurions ni géants ni nains. Si toutes les femmes avaient la même physionomie, nous n'aurions pas l'idée de la beauté et de la laideur. Il ne peut y avoir de distinction où il n'y a rien à comparer. C'est à l'ignorance et à la sottise que l'homme de génie doit ici sa réputation. — Il est fâcheux qu'il faille deux cent mille sots pour faire distinguer un homme de mérite. Mais s'il n'y a pas là d'académies, il ne doit pas y avoir d'*Almanach des Muses*, ni de *Mercure de France*, espèces de petits magasins où chacun se présente, et desquels on extrait parfois un académicien; par conséquent, pas de journalistes qui sachent tant, à ce qu'ils pensent, qui parlent de tout, qui jugent de tout; pas de public qui les croie sur parole; pas d'émulation, de tracasseries entre les gens de lettres; pas de coteries, de petites persécu-

ons; rien qui réveille, qui occupe les oisifs. La vie doit être là d'une
tigante uniformité. — Entendons-nous. Si ce peuple là ne connait
s les abus de la littérature, il n'est pas étranger à la chose.

On était au dessert, et je crus m'apercevoir qu'on étouffait autour
e moi des éclats de rire, dont je ne démêlais pas la cause. Je cher-
hais à lire dans tous les yeux, et on cessa de se contraindre. Je crus
bord qu'on se moquait de moi, et je commençais à avoir de l'hu-
eur, lorsque j'aperçus sous la serviette de mon philosophe un assez
os manuscrit dans lequel il avait probablement lu à la dérobée les
lles choses qu'il venait de me débiter. — Mesdames, m'écriai je,
ous avez tort de vous railler de monsieur. Il n'est pas obligé de sa-
oir son ouvrage par cœur. On rit plus fort que jamais. Je plaignis mon
losophe, et je me tus.

Cet accès de rire se calma à la fin, et mon voyageur reprit la parole.

— Vous voulez savoir, me dit-il, quelle est la littérature du peuple
ez qui j'ai voyagé : je vais vous satisfaire.

La culture des lettres est considérée là, en général, comme une oc-
upation futile, qui détourne les hommes de choses profitables à eux et
 public. On n'accorde d'estime en ce pays qu'aux productions du
nie, dont l'objet est d'une utilité réelle : aussi la presse n'y gémit
s sous une multitude d'ouvrages insignifiants. Un jeune homme n'y
end pas son enthousiasme, sa vanité, sa paresse même pour du ta-
nt. S'il s'abusait à cet égard, il n'en serait pas moins obligé de con-
lter longtemps ses forces avant que de se présenter dans la carrière.
n exige d'abord de lui qu'il choisisse une profession; qu'il l'étudie
clusivement; qu'il en sache tout ce que ses facultés morales lui
ermettent d'en apprendre : il est libre ensuite de faire des vers s'il
 veut.

En conséquence, la littérature n'est point là un état. On est juris-
onsulte, ingénieur, artisan, médecin, moissonneur, architecte, et on
 délasse en jetant ses idées sur le papier, comme une mère de famille
ace ici un dessin à broder sans être peintre; comme un homme de
érite parle un instant *pompons* sans être marchande de modes.

Il résulte de là que le public n'est jamais fatigué des ridicules pré-
ntions de certains auteurs; que l'homme de lettres n'est dans la dé-
ndance de personne, parce qu'on le considère en raison de sa pro-
ssion, de la manière dont il l'exerce, et non de ses vers; qu'il n'a
s besoin d'être protégé; qu'il n'est pas obligé d'être le complaisant
 son protecteur, parce qu'il a des moyens d'existence honnêtes et
sures.

Je vous parle de poésie pour me faire mieux entendre, car ici le
ot *auteur* signifie généralement poëte. Faute d'imagination, nous met-
ns en vers toute idée commune ou rebattue, qui ne peut passer qu'à
 faveur de la rime et de la mesure. Un ouvrage neuf, fortement pensé,
 il faut penser avant d'écrire, doit être écrit en prose. *La Rochefou-
ult*, *Montesquieu*, *Buffon*, *Jean-Jacques*, n'ont pas écrit en vers. Dans
 pays dont je vous parle, on recherche les ouvrages qui satisfont l'es-
rit, le cœur, la raison, et on y fait peu de cas des écrivains qui croient
ndre leurs idées plus brillantes en perdant beaucoup de temps à trou-
r et à accoupler des rimes, qui très-souvent altèrent ou détruisent
 naturel, la justesse, le sens et la vérité. L'inversion, qui fait en par-
e le mérite de la poésie, semble à ces gens-là aussi éloignée de la
éritable construction, qu'un bâtiment dont les caves seraient sous le
it, et le grenier dans les fondations.

Ils regardent la rime comme un jeu séduisant, un abus de l'esprit;
 vers, comme une parure de la pensée, et non un moyen de mieux
re, puisqu'il n'offre jamais le langage de la nature. Ils prétendent
e le vernis éclatant de la rime fait passer le mauvais, peut affaiblir
 bon, et ne laisse souvent dans la mémoire que des mots. Ils se
aignent de la surabondance d'épithètes oiseuses qui embarrassent
 pensée, et ne sont que de l'affectation et de l'enflure. Un poëte
eut-il parler du haut d'un rocher, il ne manquera pas d'écrire :

> De ce roc orgueilleux l'inébranlable cime....

Il est monté sur des échasses, et n'en marche pas mieux.

Pour lire la prose, disent-ils, il ne faut que du sentiment. Pour se
laire à la lecture des vers, il faut de l'habitude : donc la poésie n'est
s naturelle.

Ils trouvent que le mérite de la prose est dans le fond des choses,
 le mérite des vers dans l'harmonie; qu'ainsi il faut plus de pensées
 d'esprit dans la prose que dans les vers, dont le brillant couvre la
édiocrité.

Ils appuient cette opinion en démontrant que la versification la plus
illante et la plus exacte est remplie d'équivoques, de fautes de lan-
ue, de construction et de sens. Ils ont mis en prose quelques vers de
urs meilleurs poëtes; il n'en est rien resté du tout.

Alors ils ont proclamé la poésie un art purement mécanique dans
arrangement des parties. La disposition pénible des mots, pour arri-
er à la césure et à la rime, leur paraît une tâche de manœuvre qui
eplâtre une masure.

Quelques jeunes gens qui croyaient avoir reçu du ciel ce qu'on appelle ici le *feu poétique*, le *feu divin*, s'étaient érigés en défenseurs de la rime et de la mesure. Ils ont bientôt senti qu'il est plus difficile et plus sensé de nourrir l'esprit de choses que de frapper l'oreille de sons. Peu de temps après, on a vu éclore des ouvrages excellents en tout genre par la justesse, la netteté, la précision des pensées, par le *nombre* et l'énergie du style.

A mesure que mon philosophe parlait, je sentais diminuer de l'estime que j'avais conçue pour les habitants du fond de l'Afrique. Quel peuple en effet que celui qui proscrit les vers, ce doux amusement de nos loisirs, soit qu'on en fasse, soit qu'on en lise! Si cette manière de voir se propageait ici, que deviendraient ces jolies dames dont toute la réputation est dans l'*Almanach des Muses?* que deviendraient tant de jeunes auteurs, dont tout le mérite consiste à faire marcher deux à deux *flamme* et *âme*, *rose* et *éclose*, *aurore* et *adore*, *pleurs* et *douleurs;* qui n'ont pas d'état, qui n'en veulent pas avoir, et pour qui toutes les portes sont ouvertes, parce qu'ils ont toujours un madrigal en poche? Je me déclarai le partisan zélé de la rime et de la mesure, et je soutins que la poésie est utile à tous, depuis le chiffonnier, qui fournit la matière première, jusqu'au relieur, qui la décore de maroquin et de dorure.

— Ma foi, me dit mon philosophe, le maroquin et la dorure pourraient bien être ce qu'il y a de mieux dans tout cela. Ne vous passionnez pas, et traitons cette affaire de sang-froid. Ouvrons, au hasard, celui qu'on reconnaît en France pour le plus pur des poëtes, et mettons en prose quelques-uns de ses vers.

> Quelle Jérusalem nouvelle
> Sort du fond des deserts, brillante de clartés,
> Et porte sur son front une marque immortelle!
> Peuples de la terre, chantez!
> Jérusalem renaît plus brillante et plus belle.

Voilà sans doute de très-beaux vers. Ils séduisent, ils entraînent quand on ne les examine point. Examinons-les.

« *Quelle nouvelle Jérusalem, brillante de clartés, sort du fond du désert, et porte une marque immortelle sur son front! Chantez, peuples de la terre. Jérusalem renaît plus brillante, plus belle* »

Je n'ai pas changé un mot, et je vous demande si cette prose vaut celle de Massillon et de Bossuet. Non sans doute, puisque l'expression est toujours vicieuse. Qu'est-ce que cette *marque immortelle?* Sans la gêne imposée par la mesure et la rime, Racine eût écrit : *Et porte sur son front le sceau de son immortalité.* Poursuivons : *Peuples de la terre, chantez.* Chantez, quoi? Tous les peuples ont-ils lieu de se réjouir de la résurrection de Jérusalem? Ici on entonnera un hymne d'allégresse, là on chantera d'une voix plaintive. Finissons. *Jérusalem renaît plus brillante et plus belle.* Plus belle que qui? Tout comparatif exige un *que* qui amène la comparaison. Ici le sens n'est pas terminé; et Racine eût dit en prose : *Plus brillante et plus belle qu'elle ne le fut jamais*, ce qui ne serait pas de la prose admirable. Racine n'eût pas répété en prose le mot *brillante* dans cinq demi-lignes; il n'eût pas mis au pluriel le mot *clartés*, qui doit être au singulier.

Je ne savais trop que répondre, et, pour me tirer d'embarras, je me rejetai sur les journalistes africains, s'il y en a.

— Il y en a, me dit mon homme; mais ils sont soumis à un tribunal qui juge leurs critiques, et qui les condamne à une réparation authentique envers l'auteur qu'ils ont blessé par les traits de l'envie et de la malignité. — Ce tribunal-là doit avoir de l'occupation, ou le métier de journaliste ne doit pas valoir grand'chose en Afrique. — Aussi n'est-il pas exercé, comme ici, par des hommes de *génie*. Les journalistes africains font un journal, parce qu'ils ne peuvent faire autre chose. Ainsi la modération qu'on leur impose ne leur coûte rien. Comment être insolent envers un auteur quand on se sent incapable d'écrire quatre pages de son ouvrage? — Les journalistes-là se rendent donc justice? — Très-certainement — C'est incroyable. — Et pourquoi? — C'est que je ne peux concevoir un homme sans amour propre. — Ils ont celui qu'ils doivent avoir; mais ils se gardent bien de confondre un amour-propre légitime avec la morgue, l'orgueil et l'impertinence.

Je rêvais à ce que je venais d'entendre lorsqu'on passa au salon. Un cercle nombreux se forma autour de moi, et un éclat de rire général me tira de ma rêverie — Vous êtes *mystifié*, me dit une jolie petite dame, plus franche ou plus maligne que les autres.

Un *mystificateur* est un homme sans profession qui fait métier de dîner en ville et d'amuser vingt personnes qui le connaissent aux dépens de la vingt et unième qui ne le connaît pas. Il débite toutes les sottises qui lui passent par la tête, et son talent consiste à conserver un sérieux imperturbable. On vit de cela à Paris comme d'autre chose.

Je sentis quelque vanité de ce que, pour fixer mon attention il avait fallu parler pendant deux heures de choses raisonnables, et je me retirai plus satisfait de moi que la compagnie ne l'avait été de mon *mystificateur*.

LES BEAUX-ARTS,

PAR LE MÊME.

Les beaux-arts, répète-t-on partout à Paris, font le charme de la vie. Il faudrait dire : Les beaux-arts sont le plus agreable des délassements.

Faire des beaux-arts le charme de sa vie, c'est s'en occuper exclusivement, c'est leur sacrifier son état, sa fortune, ses espérances. En faire un simple délassement, c'est se conduire en homme raisonnable.

Tel qui se passionne pour les beaux-arts, en quittant les bancs de l'école, voit la gloire dans l éloignement; il entend déja la trompette de la renommee, et il croit fermement qu'une couronne de laurier et une trompette suffisent au bonheur de la vie.

Que devient-il à cinquante ans, lorsque après des efforts multipliés et soutenus, la couronne lui échappe et la trompette se tait? il dit, en proie aux regrets : Les beaux-arts ne mènent à rien.

Et si, au lieu des éclats flatteurs de la trompette, il entend l'aigre et affligeant bruit des sifflets, il s'écrie avec amertume : Les beaux-arts sont le fléau de la vie.

Quelle est alors son unique ressource? D'accuser ses contemporains de mauvais goût et d'ingratitude, et de se boucher les oreilles lorsqu'il entend la trompette sonner pour un autre.

Et que gagne cet autre pour qui la trompette sonne? Les clameurs de l'envie le poursuivent; elles lui ôtent le repos et le sommeil. Le chagrin s'attache a tous deux, les mine, les ronge et les tue.

Oh! c'est une bien belle chose que les beaux-arts!... pour l'homme opulent qui s'en amuse.

Si nous descendons des beaux-arts aux choses d'agrément, nous trouvons dans chaque coterie un petit poëte sans conséquence, qui a passé sa journée à préparer les impromptus qu'il débitera le soir; un chanteur qui a travaillé l'air qui doit faire oublier les impromptus; un danseur qui ne dit rien, mais qui dîne comme les autres, parce qu'on espère que mademoiselle aura dans trois mois les plus beaux bras de Paris.

Ces messieurs-là ont aussi leur petite trompette : c'est la voix doucereuse de la dame de la maison, qui vante leurs talents à ceux qui viennent faire leur cour à monsieur, parce qu'ils en attendent une place, ou parce qu'il perd facilement son argent à l'*écartée*.

Ils saluent les protégés de madame en avançant imperceptiblement le menton. Ils leur tournent le dos pour considérer une jeune héritière que personne n'aime, et que tout le monde veut épouser, pour adresser de jolies choses à une dame qu'il est du bon ton de trouver charmante, qui d'un sourire fait une réputation, et qui chaque jour perd quelque chose de la sienne. Quelques négociants se groupent dans un coin et parlent *bourse*. Des jurisconsultes discutent un point de *droit*. Des financiers raisonnent *impôt*, et prouvent qu'en finance deux et deux ne font quelquefois qu'un. Les jeunes gens parlent *chevaux;* les jeunes femmes *modes*. Pendant ce temps-là, on apprête les tables de jeu. Le petit poëte, le chanteur, le danseur disparaissent, et vont à leur sixième étage arranger leur écot du lendemain.

On prend les cartes, on perd, on gagne, on digère. On se retire à minuit pour reprendre les cartes le lendemain, le surlendemain, tous les jours. On fera la même chose pendant trente, quarante ans, et on croira avoir vécu.

Au milieu de la partie, arrive un jeune homme... Oh, celui-ci est un personnage important; car toutes les femmes posent leur jeu, se tournent avec empressement; toutes lui sourient, toutes semblent l'inviter à parler... Que va-t-il dire?

Il sort du Théâtre-Français; il a vu tomber une nouveauté *pitoyablement écrite*, et son amour pour les vers ne lui a pas permis d'apprendre l'orthographe. Mademoiselle une telle a joué *horriblement*. Mademoiselle une telle a rejeté ses vœux. Un homme raisonnable, qui ne juge pas les nouveautés de sa chambre à coucher comme certain journaliste, ou comme un sot, lui demande des détails. Le jeune homme fait une pirouette sur la pointe du pied, tire une boîte de jujubes, s'excuse sur la faiblesse de sa poitrine, et court débiter à une femme, qu'il voit pour la première fois, des compliments si hors d'à propos qu'ils ressemblent à des impertinences. Il lui chante une romance; il l'accompagne sur un piano. Les autres femmes s'impatientent, se dépitent; le jeune homme jouit de leur petite colère; il s'échappe avec inhumanité. Les re[illegible] le suivent, l'accompagnent : c'est un homme à la mode. Pourquoi? [illegible] n'en sait rien.

Il va de cercle en cercle promener ses petits talents et sa fatu[illegible] Il rentre enfin chez lui, bien convaincu qu'il a employé sa journ[illegible] Il sait tout, il prononce sur tout, et il ne se doute pas que dans [illegible] ans il ne lui restera rien de la belle fortune que son père lui a lais[illegible]

Pourquoi cette nullité de tant de jeunes gens qui pourraient [illegible] laborieux et utiles? Pourquoi ces jolies têtes si fraîches, si séduisan[illegible] que la raison pourrait embellir, encore sont-elles si légères, si futi[illegible] si vides? A quoi attribuer cette sorte de dégradation d'une partie [illegible] l'espèce humaine? A l'amour inconsidéré des arts.

Voulez-vous juger de l'esprit d'une éducation? demandez ce que coût[illegible] un maître de chant et un maître de langue. De quelque côté que [illegible] l'avantage, la question sera résolue.

Une soirée s'ouvre à Paris. Quelle est la jeune personne qui [illegible] l'objet de toutes les prévenances, de tous les égards? Sera-ce c[illegible] qui, dirigée par une mère prévoyante, apprend d'elle l'art de [illegible] conduire une maison, de suppléer par l'économie à ce qui manque [illegible] moyens; qui cache cette économie même sous un air d'aisance, et [illegible] fait tout valoir par des grâces naturelles; qui, exercée à mille pe[illegible] ouvrages agréables et utiles, se suffit à elle-même, et ne paye pas [illegible] impôt périodique à ces marchandes qui vivent des folies d'autr[illegible] Non. On ne lui accordera que cette froide politesse qu'on ne peut [illegible] fuser à personne.

Celles qui fixeront invariablement l'admiration, qui attacheront [illegible] les hommes à leurs pas, seront celles qui dansent le mieux la *ru[illegible]* et qui exécutent avec plus de facilité une difficulté sur le piano ou la harpe.

Je conviens qu'on peut danser la russe et pincer de la harpe s[illegible] négliger les choses essentielles. Mais lorsque les petits arts occup[illegible] exclusivement toutes les classes de la société, que les hommes y a[illegible] chent la plus haute importance, et que les plus grands succès en [illegible] genre entraînent leurs hommages, il est tout simple qu'une jeune p[illegible] sonne consacre des années entières à les mériter.

Séduits par la vogue, par quelques agréments extérieurs, des h[illegible] mes, sensés d'ailleurs, épousent ces demoiselles. Cependant on [illegible] lasse d'entendre pincer de la harpe et de voir danser la russe [illegible] femme. On lui cherche des qualités, et on ne trouve que la russe e[illegible] harpe. L'ennui prend des deux côtés, et, pour s'y soustraire, la je[illegible] femme, qui ne sait vivre que de plaisirs, court dans tous les quart[illegible] de Paris danser la russe et pincer de la harpe. L'époux isolé cher[illegible] chez lui sa compagne : ici il trouve de la musique, là des chauss[illegible] de bal, plus loin une femme de chambre qui dort sur un divan en[illegible] tendant sa maîtresse.

Madame rentre au lever du soleil. Elle a les yeux cavés, la fig[illegible] tiraillée. Son mari lui adresse de tendres reproches; elle y répond [illegible] lui annonçant qu'elle donne le lendemain une fête où elle réunira [illegible] *virtuoses* les plus distingués de Paris. Monsieur fait des observatio[illegible] madame ne conçoit pas qu'on ne mette point un *virtuose* au-dessu[illegible] tout. Monsieur se défend, madame insiste; elle menace, elle intimi[illegible] la fête a lieu. On en donne dix, on en donne trente. On dépense [illegible] parures et en brillantes bagatelles au delà de ce que coûtent les fê[illegible] Au bout de quelques années, madame n'a plus ni fortune ni bea[illegible] La harpe semble repousser un bras dépouillé de ses grâces; perso[illegible] ne lui fait danser la russe, et de sa vie elle n'a su faire que cela.

Celle dont nous parlions tout à l'heure, qui a de l'économie, l'am[illegible] de l'ordre, de la retraite, du travail, de l'esprit sans prétention, s[illegible] mariée un peu tard, parce qu'elle n'est pas très-jolie. Elle n'a [illegible] épousé un violoncelle, un cor, un recueil de madrigaux; ell[illegible] rencontré un homme honnête et sensible qui l'a appréciée et qui [illegible] grette chaque jour de ne l'avoir pas épousée plus tôt.

Chaque jour elle acquiert de nouveaux amis et elle n'en perd auc[illegible] On la considère autant qu'on l'aime, et ses yeux seront fermés [illegible] des enfants qui n'auront pas usé leur sensibilité en dansant la russ[illegible] en pinçant de la harpe.

BIBLIOTHÈQUE IMPR.

Paris. Typ. Henri Plon, rue Garancière, 8.

RELIURES ILLUSTRÉES.

GUSTAVE BARBA, Éditeur, 31, rue de Seine, à Paris.

LA FRANCE ILLUSTRÉE

éographie, Histoire, Administration et Statistique,

PAR V. A. MALTE-BRUN.

.ée d'un nouvel Atlas de 105 Cartes,

PAR A. H. DUFOUR.

ıx volumes in-8°, ornés de 310 gravures et 105 car- géographiques coloriées, prix, broché : 42 fr.

Relié en demi-chagrin, prix : 50 fr.

LE JARDIN DES PLANTES

ILLUSTRÉ PAR GRANVILLE

I. Boitard; précédé d'une Notice par M. Jules ın. 1 beau volume-album, orné de 300 gravures, ., br. : 4 fr.

é en toile, doré sur tranche, prix : 6 fr.

HISTOIRE DE FRANCE

ILLUSTRÉE PAR BELLANGÉ

e en quatre parties, par A. Challamel : 1re, Histoire de France; 2e, Histoire de la Révolution; 3e, toire de Napoléon; 4e, Histoire de Paris. 1 beau -album, orné de 125 gravures, prix, broché : 4 fr.

é en toile, doré sur tranche, prix : 6 fr.

OEUVRES DE MOLIÈRE

ILLUSTRÉES PAR JANET-LANGE

lle édition augmentée d'une vie de Molière et de ices sur chaque pièce, par Émile de la Bédollière. 1 beau volume-album, orné de 140 gravures, ., broché : 4 fr.

é en toile, doré sur tranche, prix : 6 fr.

Même ouvrage, orné de 10 gravures en taille- ce (les chefs-d'œuvre) dessinées et gravées sur r par A. Riffaut, prix, broché : 5 fr.

é en toile, doré sur tranche, prix : 7 fr.

OEUVRES DE CORNEILLE

ILLUSTRÉES PAR PAUQUET

lle édition augmentée d'une vie de Corneille et notices sur chaque pièce, par Émile de la Bédollière. 1 volume-album, orné de 85 gravures, ., broché : 2 fr. 50 c.

OEUVRES DE RACINE

ILLUSTRÉES PAR PAUQUET

lle édition augmentée d'une vie de Racine et de ces sur chaque pièce, par Émile de la Bédollière. 1 volume-album, orné de 85 gravures, prix, ché : 2 fr. 50 c.

NEILLE et RACINE réunis en un fort volume

é en toile, doré sur tranche, prix : 7 fr.

LE TOMBEAU NAPOLÉON Ier AUX INVALIDES

ORNÉ DE 43 GRAVURES PAR BEST.

volume-album, cartonné en toile, prix : 5 fr.

LA CASE DU PÈRE TOM

PAR Mme STOWE.

RADUCTION DE LA BÉDOLLIÈRE.

NDE ÉDITION DE LUXE, 1 beau vol. grand s vélin, orné de 48 gravures anglaises tirées à t; br. 7 fr.

é en mosaïque, doré sur tr., prix : 10 fr.

TE ÉDITION DE LUXE, 1 volume in-8°, orné 8 gravures; broché : 3 fr.

é en toile, doré sur tranche, prix : 4 fr.

TION PORTATIVE, 1 volume in-18 jésus, orné 9 gravures, broché : 2 fr.

é en toile, doré sur tranche, prix : 3 fr.

HISTOIRE DE LA GUERRE D'ORIENT

ILLUSTRÉE PAR JANET-LANGE

ORNÉE DE CARTES GÉOGRAPHIQUES,

PAR A. H. DUFOUR.

Premier volume, contenant : *les Turcs et les Russes; la Russie et l'Europe; Sébastopol; Histoire de la Crimée.* 1 beau volume-album, orné de gravures et de cartes, prix, broché : 4 fr.

Relié en toile, doré sur tranche, prix : 6 fr.

DEUXIÈME VOLUME

Contenant : *Inkermann; Malakoff; Histoire de Pologne.* 1 beau volume-album, orné de gravures et de cartes, prix, broché : 4 fr.

Relié en toile, doré sur tranche, prix : 6 fr

TROISIÈME VOLUME

Contenant : *Kinburn; le Congrès de Paris; Histoire de Turquie.* 1 beau vol.-album, prix, broché : 4 fr.

Relié en toile, doré sur tranche, prix : 6 fr.

LE MÉMORIAL DE SAINTE-HÉLÈNE

ILLUSTRÉ PAR RAFFET ET JANET-LANGE

Première série, par M. le comte de Las Cases, publiée avec le concours de M. Emmanuel Las Cases. 1 beau vol.-album orné de 125 gravures, prix, broché : 4 fr.

Relié en toile, doré sur tranche, prix : 6 fr.

Deuxième série par O'Méara, Antommarchi, E. Las Cases. 1 beau volume-album, orné de 125 grav., prix, broché : 4 fr.

Relié en toile, doré sur tranche, prix : 6 fr.

OEUVRES CHOISIES DE WALTER SCOTT

TRADUCTION DE LA BÉDOLLIÈRE

ILLUSTRÉES PAR JANET-LANGE

Contenant : *Quentin Durward, Rob Roy, Ivanhoé, le Capitaine Dalgetty, la Fiancée de Lammermoor, le Puritain d'Écosse, la Prisonnière d'Edimbourg, le Pirate.* 2 beaux volumes-album, orné de 126 gravures, prix, broché : 4 fr. chacun.

Relié en toile, doré sur tranche, prix : 6 fr.

OEUVRES DU CAPITAINE MAYNE REID

ILLUSTRÉES

PAR J.-LANGE, HARVEY ET J. DUVAUX.

Premier volume contenant : 1° *les Chasseurs de chevelures;* 2° *les Tirailleurs au Mexique;* 3° *le Désert;* 4° *les Chasseurs de bisons.* 1 beau volume-album, orné de 126 gravures, prix, broché : 4 fr.

Relié en toile, doré sur tranche, prix : 6 fr.

OEUVRES D'HOFFMANN

TRADUCTION DE LA BÉDOLLIÈRE

ILLUSTRÉES PAR FOULQUIER

Contenant : *les Contes fantastiques, les Contes nocturnes, l'Elixir du diable,* et *les Frères Sérapion.* 1 beau volume-album, orné de 126 gravures, prix, broché : 4 fr.

Relié en toile, doré sur tranche, prix : 6 fr.

OEUVRES DE COOPER

ILLUSTRÉES PAR BERTALL

Nouvelle traduction par E. de la Bédollière, ornée de 750 gravures. 6 volumes-album, prix, brochés : 24 fr.

Reliés en toile, dorés sur tranche, prix : 36 fr.

OEUVRES DE PAUL DE KOCK

ILLUSTRÉES PAR BERTALL

Nouvelle édition ornée de 750 gravures. 6 volumes-albums, prix, brochés : 24 fr.

Reliés en toile, dorés sur tranche, prix : 36 fr.

GÉOGRAPHIE DE L'EUROPE

PAR MALTE-BRUN

ILLUSTRÉE PAR GUSTAVE DORÉ

1 fort volume grand in-8°, orné de 150 gravures et 52 cartes géogr. coloriées, dressées et divisées par nationalités, par A.-H. Dufour, prix broché : 20 fr.

Relié en demi-chagrin, prix : 24 fr.

LE LIVRE DE LA JEUNESSE

PREMIÈRE SÉRIE,

ILLUSTRÉ PAR BERTALL, FOULQUIER ET G. JANET.

Cet ouvrage contient : 1° *Fables de la Fontaine*, 2° *Fables de Florian;* 3° *Fabulistes populaires;* 4° *Œuvres de Boileau;* 5° *Histoire de Charles XII;* 6° *Nouvelles Genevoises.* 1 beau volume-album, orné de 126 gravures, prix, broché : 4 fr.

Relié en toile, doré sur tranche, prix : 6 fr.

LE LIVRE DE LA JEUNESSE (LES ROBINSON)

DEUXIÈME SÉRIE,

ILLUSTRÉ PAR J.-LANGE, BERTALL ET FOULQUIER

Contenant réunis : *Robinson Crusoé*, par Daniel Foë; *Robinson suisse*, par madame de Montolieu; *Robinson américain*, par F. Cooper; *le Dernier Robinson*, par E. de la Bédollière. 1 beau volume-album, orné de 126 gravures, prix, broché : 4 fr.

Relié en toile, doré sur tranche, prix : 6 fr.

LE LIVRE DE LA JEUNESSE (3e SÉRIE)

ILLUSTRÉ PAR G. SÉGUIN, WATTIER, NANTEUIL ET PAUQUET,

Contenant : 1° *le Robinson du Nord;* 2° *le Cabinet des Fées;* 3° *Luxe et Misère;* 4° *les Aztecs.* 1 beau volume-album, orné de 126 gravures, prix, broché : 4 fr.

Relié en toile, doré sur tranche, prix : 6 fr.

LE LIVRE DE LA JEUNESSE (4e SÉRIE)

ILLUSTRÉ PAR FOULQUIER, JANET-LANGE, PAUQUET

Contenant : 1° *Fleur de mai;* 2° *l'Allumeur de réverbères;* 3° *l'Emigrant;* 4° *le Capitaine Canot.* 1 beau volume-album, orné de 126 grav., prix, broché : 4 fr.

Relié en toile, doré sur tranche, prix : 6 fr.

CHRONIQUES DE L'OEIL-DE-BOEUF

PAR TOUCHARD-LAFOSSE,

ILLUSTRÉES PAR JANET LANGE

2 beaux vol.-alb. ornés de 240 grav., prix, br. : 8 fr.

Reliés en toile, dorés sur tranche, prix : 12 fr.

MÉMOIRES DE LA BELLE GABRIELLE

SUIVIS DES

MÉMOIRES DU CARDINAL DUBOIS

ILLUSTRÉS PAR JANET-LANGE

Ces deux ouvrages sont reliés en 1 beau volume-album, orné de 125 gravures, prix, broché : 4 fr.

Relié en toile, doré sur tranche, prix : 6 fr.

MÉMOIRES DE MADAME DU BARRI

ILLUSTRÉS PAR JANET-LANGE

1 beau volume-album orné de 125 grav., prix, br. : 4 fr.

Relié en toile, doré sur tranche, prix : 6 fr.

MÉMOIRES SUR L'IMPÉRATRICE JOSÉPHINE

PAR Mlle G. DUCREST

MÉMOIRES DE Mme DE GENLIS

ILLUSTRÉS PAR JANET-LANGE

Ces deux ouvrages forment 1 beau volume-album, orné de 25 gravures, prix, broché : 4 fr.

Relié en toile, doré sur tranche, prix : 6 fr.

— Paris. Imprimé par Henri Plon, rue Garancière, 8. —

GÉOGRAPHIE UNIVERSELLE

DE

MALTE-BRUN

ILLUSTRÉE PAR

GUSTAVE DORÉ

ACCOMPAGNÉE D'UN NOUVEL

ATLAS POPULAIRE

DIVISÉ ET DRESSÉ PAR NATIONALITÉS

PAR A. H. DUFOUR.

100
CARTES GÉOGRAPHIQUES
COLORIÉES
dressées et divisées
PAR NATIONALITÉS
PAR
A. H. DUFOUR.
à 20 c.

100
LIVRAISONS DE TEXTE
IMPRIMÉES PAR H. PLON
800 VIGNETTES
gravées
PAR
J. BEST.
à 20 c.

Si l'histoire naturelle a fait tant de progrès depuis la fin du siècle dernier; si l'étude s'en est popularisée, c'est parce qu'un homme de génie, rassemblant dans une œuvre immense des milliers de matériaux épars, les a colorés de son style magique, a rendu la science attrayante, et l'a mise à la portée de tous.

On peut dire de Malte-Brun que c'est le Buffon de la géographie. Il n'existait avant lui que des traités arides qui n'avaient pour lecteurs que les hommes spéciaux. Malte-Brun a vivifié la géographie. A de sèches nomenclatures il a substitué des tableaux pleins d'animation; il a su rattacher à la description du globe l'histoire des peuples, la philosophie historique, l'astronomie, la physique, la zoologie, la botanique, la peinture de tous les êtres créés. La masse considérable de faits qu'il avait recueillis, groupée avec un art infini, a formé un ensemble d'un intérêt puissant; l'étude de la géographie, jusqu'alors restreinte, s'est répandue dans toutes les classes. La régénérer, lui donner une impulsion féconde, lui ouvrir des voies nouvelles, telle a été la mission de Malte-Brun.

Aussi avons-nous jeté les yeux sur la Géographie universelle, lorsque, encouragé par le succès de la *France illustrée,* nous avons voulu entreprendre pour le monde entier une publication pareille à celle que nous avions consacrée exclusivement à notre patrie. Nous songions à faire paraître une géographie populaire, complète, exécutée avec luxe, accompagnée de cartes indispensables, et présentant toutefois des conditions de bon marché exceptionnelles. La *Géographie universelle* de Malte-Brun devait être naturellement l'objet de notre choix.

Il importait de mettre ce livre au courant des connaissances actuelles, d'y insérer les documents nouveaux, d'y enregistrer les découvertes récentes. Ce travail était dans la pensée de l'illustre écrivain qui, depuis l'apparition de ses premiers volumes, jusqu'à sa mort, n'avait cessé de remanier son œuvre, d'y introduire des améliorations, de tenir compte des changements qu'amenaient les révolutions politiques. Cette tâche difficile a dû être continuée. Elle a été consciencieusement accomplie par des membres distingués de la Société de géographie, qui ont eu soin de suivre les données de l'auteur, de respecter la forme élégante et pittoresque de l'ouvrage, en même temps qu'ils opéraient une révision indispensable.

Notre savant géographe A. H. Dufour a bien voulu nous prêter son concours, et composer un nouvel atlas de 100 cartes, dont on vante à juste titre la finesse, la netteté et l'exactitude. Cet atlas, contenant tous les chemins de fer, est divisé par nationalités, suivant un plan dont Malte-Brun avait souvent désiré la réalisation. M. Dufour, qui a eu l'honneur de connaître le grand géographe et de travailler avec lui, était plus apte que tout autre à lui servir pour ainsi dire d'exécuteur testamentaire en ce qui concerne l'Atlas par nationalités. Cette division, déjà adoptée pour le texte, outre qu'elle est claire et logique, permet aux acquéreurs de prendre séparément, à leur choix, la géographie complète de chaque pays.

Un artiste qui, dès ses débuts, s'est placé au premier rang, M. Gustave Doré, s'est chargé des illustrations. On connaît son talent original et varié; on sait surtout qu'il excelle à saisir les traits distinctifs des objet[s] qu'il reproduit. N'était-ce pas à lui qu'il appartenait d'enrichir de vi-gnettes la vaste encyclopédie géographique de Malte-Brun ? M. Gustave Dor[é] fait passer tour à tour sous nos yeux les populations diverses de la terre ave[c] leurs costumes et leurs types particuliers; la végétation, les paysages d[u] monde entier en ce qu'ils ont de plus caractéristique; les animaux d[e] chaque climat surpris dans les allures qui leur sont le plus familières. Ce[s] dessins sont non-seulement des œuvres d'art, mais encore des documen[ts] précieux, puisés aux meilleures sources, dignes d'être admirés par le[s] peintres et consultés par les savants.

Afin que l'exécution matérielle du livre fût en rapport avec son impor-tance, nous avons confié la gravure des vignettes à M. J. Best, la part[ie] typographique à M. Henri Plon; les caractères neufs, fondus tout exprè[s,] sont d'une netteté remarquable, et le tirage est fait avec le plus gra[nd] soin sur le papier du Marais.

Nos souscripteurs pourront s'assurer, par l'examen des premières livrai-sons, que nous n'avançons rien d'exagéré; que, malgré l'excessive mod[i]cité du prix, nous n'avons reculé devant aucun sacrifice; que nous teno[ns] scrupuleusement toutes nos promesses, et que nous offrons au public [un] beau livre à bon marché.

GUSTAVE BARBA.

ON PEUT TOUJOURS SOUSCRIRE AU CHOIX :

1° Par LIVRAISON contenant 16 pages de texte et la Carte, 40 c. — 2° Par SÉRIE de 5 Livraisons et 5 Cartes, 2 fr. 10

3° Par VOLUME contenant 20 feuilles de texte et 20 Cartes, 8 fr. — 4° Par PAYS séparés.

LA GÉOGRAPHIE COMPLÈTE (texte). 20 fr. — L'ATLAS POPULAIRE COMPLET. 20 fr

Il paraît régulièrement une double Livraison (Texte et Carte) le mercredi de chaque semaine.

Publiée par GUSTAVE BARBA, Libraire-Éditeur, 31, rue de Seine, à Paris.

PARIS. TYPOGRAPHIE DE HENRI PLON, 8, RUE GARANCIÈRE.

www.ingramcontent.com/pod-product-compliance
Ingram Content Group UK Ltd.
Pitfield, Milton Keynes, MK11 3LW, UK
UKHW032001260826
14628UKWH00005B/2219

9 782329 346359